Artfull Accounting, Accounting in Art

예술로 풀어낸 회계
마음으로 이해하기

도상호 · 김혜진

도서출판
청람

예술로 풀어낸 회계
마음으로 이해하기

추천사 1

이 책은 그림, 시 음악, 고서와 역사적 유물 등 문화예술분야의 명작 속에 나타난 재미있는 이야기를 통해 왜 회계가 필요하고 중요한가를 흥미롭게 기술하고 있다. 뛰어난 미술작품은 한 폭의 작은 공간에 역사적 사건이나 시대상을 함축적으로 보여주고 있다는 점에서 상당기간 동안 발생한 많은 경제적 거래들의 결과를 하나의 표에 함축적으로 나타내는 회계와 상당히 유사한 점이 많다.

예술작품은 그 설명을 듣기 전까지는 단순한 작품이지만 설명을 듣고 이해할수록 그렇게 많은 내용이 그 좁은 공간에 함축적으로 표현되고 있다는 점에 놀라게 되고 그 작품이 점점 위대해보이기 시작한다. 회계 역시 단순한 방정식을 이용하는 숫자계산이지만 이해하면 할수록 단순한 회계방정식을 이용하여 매우 많은 경제적 사건과 이해관계를 나타낼 수 있다는 점에서 놀랍고 위대하게 보이기 시작한다.

그러나 안타깝게도 많은 사람들이 예술작품이나 회계정보 모두 어렵게 생각하기 때문에 이러한 점을 이해하지 못하는 경우가 많다. 이 책은 유명한 역사적 사실을 표현하고 있는 예술작품에 대한 쉬운 설명을 통해 예술작품에 대한 흥미는 물론, 어렵고, 지루하고, 딱딱하기까지 한 회계에 대한 흥미까지 북돋우려 하고 있다. 이에 회계를 처음 접하는 분들은 물론, 회계분야에 오래 종사해 온 분들에게도 일독을 권하고 싶다.

2020년 1월

한국회계학회 회장

정석우

예술로 풀어낸 회계
마음으로 이해하기

추천사 2

산업혁명 이후 현대사회는 엄청난 변화를 겪고 있다. 이 변화 속에서 미술은 사진에게 그 역할을 내어주고 시대적 문제를 미술로 끌어들이면서 인간의 본질을 파고들고 있다. 전통적인 개념의 순수예술은 무너졌고, 심지어 오늘날 작가의 작업실에는 붓과 물감 대신 카메라와 편집기계가 자리를 대신하고 있다. 이렇듯 개념에서부터 도구에 이르는 모든 영역에서 새롭고 다양한 방법으로 우리는 표현 욕구를 채우고 있다.

이 책은 미술이 겪어온 변화를 딱딱한 회계학에 적용하여 이야기 식으로 풀어나간다. 벨라스케즈와 살바도르 달리의 〈시녀들〉, 윌리엄 터너의 〈비, 증기, 그리고 속도: 대서부 철도〉, 김득신의 〈야묘도추〉 등 동서양의 당대 명작들이 회계보고서와 함께 해석되어 자못 흥미롭다. 회계학도는 미술작품을, 미술학도는 회계학을 공부해볼 수 있는 일석이조의 이야기들이 펼쳐져 있는 것이다. 얼핏 억지 춘향이 아닌가 하는 선입견도 있지만, 도대체 어떻게 연관지었을까 하는 호기심이 더 발동된다.

첫 장을 넘기면서 저자의 수고로움과 노력을 짐작할 수 있다. 저자가 수고로움을 기꺼이 마다하지 않은 것은 회계학에도 지속적으로 불어오는 변화의 바람을 모른 척 할 수 없기 때문일 것이다. 저자의 바람대로 회계학도 미술처럼 변화의 바람에 돛을 올려 순항하리라 기대한다.

2020년 1월

국립현대미술관 학예연구관

박미화

예술로 풀어낸 회계
마음으로 이해하기

감사의 글

안개처럼 흐릿하던 아이디어를 책으로 엮어 보겠다고 결심한 후에도 3년이 넘는 시간이 필요하였다. 초기에 커피 한 잔을 같이 마시면서 다양한 의견을 주신 여러 교수님들, 미완의 주제를 한 학기 내내 열심히 들어주고 응원해준 학부 및 경영대학원 학생들에게 고마움을 표한다. 지식과 예술적 감수성을 조금도 망설이지 않고 기꺼이 나누어준 정미옥 교수님, 나경아 교수님 그리고 최성희 박사님과 교류할 기회가 주어졌다는 것은 커다란 행운이었다. 늘 그렇듯이 이번에도 수익성보다는 아이디어에 투자해 주신 도서출판 청람의 이수영 사장님께 존경을 표시하며, 힘든 작업을 깔끔하게 마무리해 주신 편집실의 이영란 실장님을 비롯한 스태프들에게도 고마움을 전한다. 아빠를 위해 멀리까지 가서 멋진 사진을 찍어준 막내 희원에게 늘 사랑한다는 말을 이 기회에 전한다.

2020년을 시작하면서

도상호

무엇보다도 먼저 이처럼 새로운 도전을 함께할 수 있도록 기회를 주신 도상호 교수님께 가장 큰 감사의 말씀을 드립니다. 교수님의 멋진 제안에 앞뒤없이 동참하였으나 부족한 능력으로 은사님의 역작에 폐를 끼친 것이 아닌지 염려가 되기도 합니다. 그리고 이심전심이라 믿고 있지만, 언제나 멋진 나의 가족들에게도 다시 한번 감사의 마음을 전합니다. 이 책을 통해 사람들이 한발짝 더 회계에 다가설 수 있다면 그 기쁨은 더할 나위 없을 것입니다. 그런 넛지효과를 바라면서…

김혜진

Contents of

예술로 풀어낸 회계 마음으로 이해하기

| 그림 차례 |

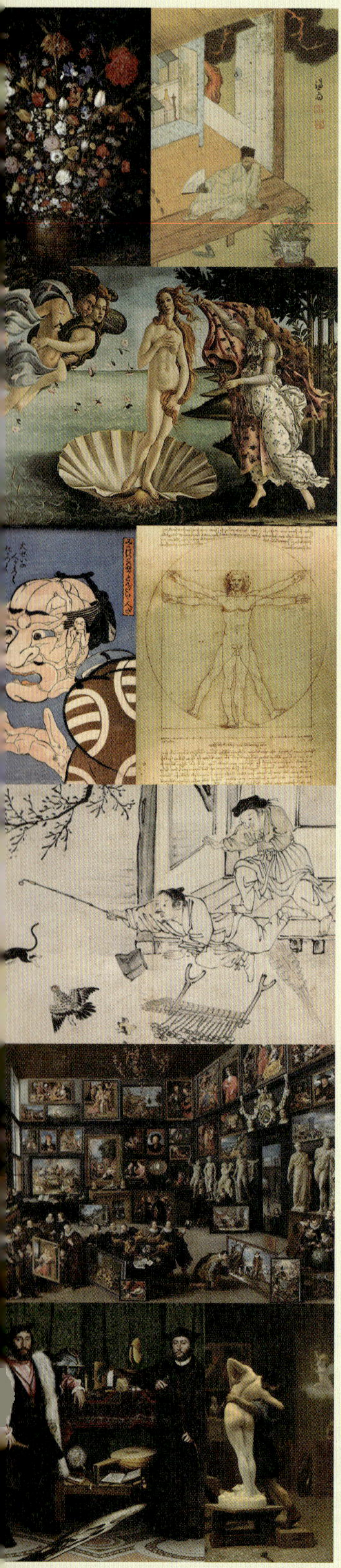

0 들어가는 말

기업의 역할은 사회가 맡겨놓은 자원을 활용하여 부가가치를 창조하고 확대하는 것이다. 그리고 기업이 이러한 역할을 얼마나 효율적으로 달성하고 있는지를 우리 사회의 구성원들에게 알리는 수단으로 회계라는 언어를 선택하였다. 그래서 회계를 기업의 언어(business language)라고 하는 것이다. 그러므로 기업을 이해하려면 회계라는 언어를 이해하여야 한다.

그렇지만 회계를 전공하지 않았거나 회계보고서를 접해본 경험이 많지 않은 사람들은 회계가 보고하는 정보를 불편해하는 경우도 있다. 회계가 다루고 있는 크고 복잡한 숫자 때문에 회계를 이해하려면 높은 수학적 재능이 필요할 것이라는 선입견과 한자어로 이루어진 전문용어에 대한 익숙하지 않음은 회계정보가 어렵다는 부정적인 인식을 강화시키기도 한다. 그러나 이러한 경향은 회계의 기본적 개념과 전달 방식에 익숙하지 않기 때문에 만들어지는 경우가 많다.

회계와 관련된 이러한 편견에 대하여 회계전문가들 역시 문제의식을 가지고는 있지만 적극적으로 해결방안을 찾아보려는 노력은 부족하다. 오히려 회계의 세부적인 측면에 매몰되어 — 또는 지나치게 매료되어 — 기술적인 부분에만 집중하는 경우가 많다. 회계적 지식이 현대 경영활동에 필요한 기본적 소양이기는 하지만 그 자체가 목적은 아니라는 점을 회계전문가는 분명히 인식하여야 할 뿐만 아니라 회계의 영역을 넘어 기업경영 전반과 기업을 둘러싼 환경으로까지 시야를 확장하려는 노력을 하여야 한다.

이 책은 회계의 기본 개념을 쉽게 이해하고 기업이 전달하는 이야기를 듣고 싶어하는 독자들 그리고 그들을 위한 이야기를 전달하기 위해 노력하는 회계전문가들을 위하여 쓴 책이다. 따라서 회계전문가가 아니라도 이 책을 흥미롭게 읽을 수 있도록 노력하였다. 그러기 위하여 문화예술 작품을 도구로 선택하였다. 미술과 음악, 문학뿐만 아니라 영화 등의 대중예술까지 포함하여 생활 속에서 다양한 매체를 통해 접할 수 있는 문화예술 작품을 회계적 관점에서 바라보는 과정을 통해 회계는 지루하고 어렵다는 기존의 편견을 덜어내려고 하였다. 이 책에 소개된 작품들은 널리 알려진 예술작품일 수도 있고, 문화예술 분야의 전문가들이 이미 많은 해설을 한 작품일 수도 있다. 그러나 이 책의 목적은 문화예술작품에 대한 깊이 있는 해석을 시도하는 것이 아니다. 기존의 해석을 받아들이는 것은 물론, 회계적 관점에서 새롭게 살펴봄으로써 회계의 개념을 설명하는 도구로 사용한다.

예술가가 작품을 제작하고 전시하는 것은 자신의 작품을 통해 다른 사람들에게 이야기를 전하려는 것이라고 할 수 있다. 예술작품은 작품 그 자체, 작품의 시대적 배경, 제작 당시 작가의 상황 등에 대한 이해도가 높을수록 풍부한 감성으로 작가의 이야기를 감상할 수도 있고, 작품이 만들어진 시기의 해석에 집착할 필요 없이 언제든지 재해석이 가능하기도 하다. 4차산업혁명시대를 맞이하여 많은 사람들이 회계와 회계전문가들도 새로운 시대에 적응하여 살아남기 위해서는 변화하여야 한다고 강조한다. 그리고 그 변화는 지식의 축적보다는 풍부한 창의성과 감성의 함양에서 비롯된다고 한다. 그러나 현실적으로 기업의 회계현장에서 또는 대학에서 어떻게 회계전문가들이 창의성을 함양하고 감성을 배양해야 하는지에 관해서는 알려주지 않는다.

이 책은 문화예술 분야의 뛰어난 인물들이 그들의 작품을 통해 보여주려 했던 것과 같은 다양한 관점을 회계전문가들에게도 소개하려는 마음에서 평소 강의실에서 조금씩 활용하면서 시작되었다. 회계전문가가 되려는 학생들, 회계전문가들을 양성하는 교육자들, 회계전문가들을 활용하려는 다른 분야의 전문가들을 포함하여 회계에 관심을 가지고 있는 모든 사람들이 회계의 기본적인 원칙을 이해할 수 있기 바란다.

이 책의 1장에서는 〈시녀들〉이란 작품을 통하여 많은 사람들이 정확하게 이해하지 못하는 회계전문가의 역할을 설명한다. 또한 2장에서 4장까지는 프랑스 대혁명과 함무라비 법전, 그리고 남해회사 등 회계의 역사와 관련된 이야기를 소개하고, 5장에서는 기업과 회계전문가가 어떠한 태도로 회계활동에 임해야 하는가를 설명한다.

6장에서는 〈바벨탑〉이란 작품을 통하여 기업의 언어로서 회계의 본질을 설명한다. 7장에서 10장까지는 바지유(Frédéric Bazille), 몬드리안(Piet Mondrian), 김득신(金得臣)의 작품과 황금비율(De Divina Proportione)의 개념을 통하여 회계보고서 중 가장 일반적인 재무상태표와 손익계산서에 대한 설명을 제공한다.

11장과 12장은 게인즈보로(Thomas Gainsborough), 브뤼헐(Pieter Brueghel), 쿠니요시(歌川國芳)의 작품을 통하여 기업의 활동과 기업의 이해관계자를 설명하고 이를 보고서에 어떻게 담아내는가를 주제로 하였다.

13장과 14장에서는 인간의 욕심과 기업활동에 관한 이야기를 풀어내었다. 인간의 욕심은 사회발전의 원동력이기도 하지만, 지나치면 인간 및 공동체를 파멸의 구렁텅이로 몰아넣기도 한다. 로랭(Claude Lorrain), 정선(鄭敾), 워터하우스(John William Waterhouse), 제롬(Jean-Leon Gerome), 그리고 도미에(Honoré Daumier)의 작품을 통하여 욕심의 본질에 대한 설명을 제공한다. 또한 이러한 욕심이 우리가 살아가고 있는 글로벌 경제체제에 어떠한 부정적 영향을 미치는가에 관하여 영화라는 종합예술을 통하여 보여준 스톤(Oliver Stone) 감독의 〈월스트리트: 돈은 결코 잠들지 않는다〉 및 이와 관련된 예술작품을 소개한다. 특히 케플러(Udo Keppler)의 작품은 이 책을 읽는 독자에게 많은 것을 시사해 줄 것이다.

15장에서 18장은 기업의 실체를 어떻게 전달할 것인지를 주제로 하고 있다. 렘브란트(Rembrandt Harmenszoon van Rijn), 윤동주(尹東柱), 뒤러(Albrecht Dürer), 레이메르스바엘(Marinus van Reymerswaele)의 작품을 소개하고, 과거의 유명한 회계전문가이었던 유다(Judas Iscariot)와 매튜(Matthew the Apostle), 록펠러(John D. Rockefeller)를 소개한다. 또한 편견 또는 첫인상이 미치는 영향을 설명하기 위하여 밀레(Jean-François Millet), 쿠니요시(歌川國芳), 루벤스(Peter Paul Rubens)와 오스틴(Jane Austen)의 작품에 나타난 주제를 소개하였다. 또한 에이크(Jan van Eyck)와 홀바인(Hans Holbein)의 작품을 이용하여 기업의 실체를 전달하기 위한 노력을 설명하였다.

19장에서는 프리드리히(Caspar David Friedrich), 아이바조브스키(Ivan Aivazovsky), 카이유보트(Gustave Caillebotte) 및 엥그르(Jean Auguste Dominique Ingres)의 작품을 통해 기업의 최고경영자의 활동과 역할, 그리고 회계전문가의 동반자적 관계를 설명하였다. 20장과 21장에서는 기업과 최고경영자의 가장 중요한 역할인 의사결정을 살펴보았다. 헤이덴(Jan van der Heyden)과

프로스트(Robert Lee Frost)의 작품을 통해 의사결정의 본질을 살펴보고, 신화 속의 트로이 전쟁과 판도라의 상자를 통하여 의사결정의 과정이 얼마나 중요한지를 설명하고자 하였다. 또한 22장에서는 회계 및 경영 의사결정의 주체가 되는 인간의 마음이 어떤 역할을 하는지 설명하기 위하여 풍번문답(風幡問答)과 베르메르(Johannes Vermeer)의 작품을 소개하였다.

마지막 23장에서는 터너(J. M. William Turner)의 작품 두 점을 통하여 우리들이 어떠한 자세로 4차산업혁명시대를 맞이할 것인지에 관하여 설명하였다.

이 책에 소개된 이야기를 깊이 있게 연구하려는 독자들을 위하여 가능하면 많은 주석과 참고문헌을 달았다. 다만 종이책이라는 특성 때문에 음악작품이나 영상매체를 충분히 소개할 수 없다는 한계가 있었으며, 다음 기회에는 이를 극복하기 위하여 노력할 것이다. 이 책의 내용은 단순히 회계 분야에 한정되지 않고, 경영 전반의 모든 분야로 확장시켜 이해할 수도 있다. 이 책을 접하는 모든 사람들이 창의성과 융합적 감성을 길러 지다린 변화를 요구하는 지금의 시대적 상황에 맞추어 혁신을 일으키는 주역이 되기를 바란다.

1 회계전문가의 역할과 〈시녀들(Las Meninas)〉

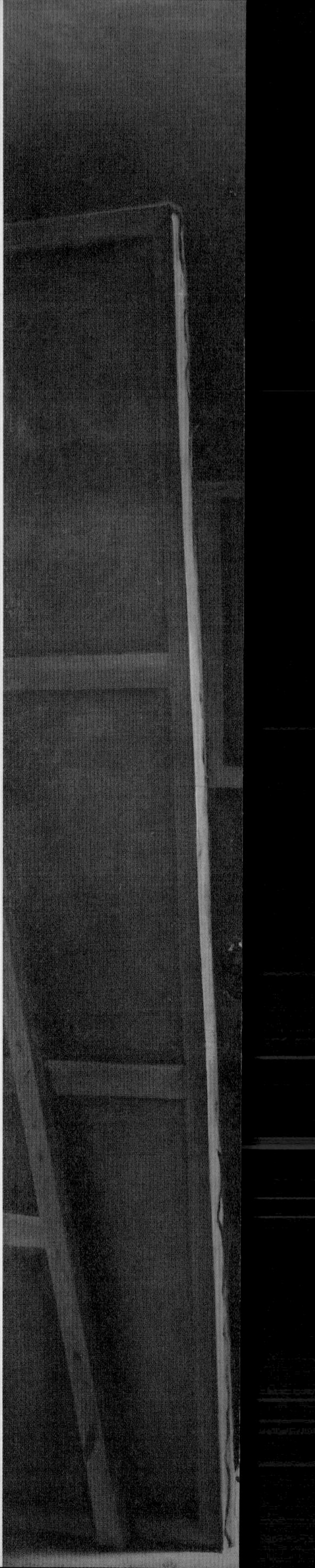

벨라스케즈의 〈시녀들(Las Meninas)〉

스페인의 수도 마드리드에 있는 프라도 미술관(Museo del Prado)에는 스페인의 황금시대[1] 당시 궁정화가였던 디에고 벨라스케즈(Diego Velázquez)의 작품 〈시녀들(Las Meninas)〉[2]이 전시되어 있다. 벨라스케즈는 당대에도 궁정화가로 명성을 떨쳤지만, 현대미술의 시작으로 여겨지는 19세기 인상주의 화가들에 의해 그의 작품이 재조명되면서 미술사에서 중요한 화가 중 한 사람이 되었다.

이 작품은 스페인의 국왕 펠리페 4세의 가족을 그린 것으로 알려져 있는데, 그 시대 왕가의 초상화는 왕과 왕비가 그림의 중앙에 근엄하게 자리잡고 있는 구도로 제작되는 것이 일반적이었다. 그러나 이 작품을 보면 시중을 받는 듯한 모습으로 한 가운데 서서 시선을 끌고 있는 어린 소녀[3]가 공주처럼 보인다는 점을 제외하면 왕이나

1) 스페인에서 예술과 문학이 꽃피던 시절을 스페인의 황금시대(Siglo de Oro)라고 한다. 정확한 기간은 정의되지 않았지만 합스부르크 왕조가 번영하던 시기와 함께 하는데, 대략 1492년 이후부터 1681년까지의 기간이라고 본다(Weller, T. 2010. The "Spanish Century." *EGO: European History Online*. 2019.6.30. 최종확인).

2) 19C에 제작된 프라도 미술관의 작품 목록집에서 〈Las Meninas〉으로 소개되었다. 그림의 가장 앞부분에 시녀 두 명이 등장하는데, '메니나(menina)'는 여자아이 혹은 궁정에서 왕족의 시중을 드는 소녀를 뜻한다.

3) 공주는 Philip IV세의 딸인 Margaret Theresa(1651~1673)라고 알려져 있다.

〈시녀들(Las Meninas: The Maids of Honour)〉 1656년. 디에고 벨라스케즈(Diego Velázquez) 작.
프라도 미술관(Museo del Prado, Madrid) 소장

다른 가족의 모습을 찾기 힘들다. 그래서 이 그림을 마주한 관람객들은 작품의 설명에 선뜻 동의하지 못하고 국왕의 가족이 아니라 공주를 그린 것 아닌가 하는 의문을 가질 수밖에 없다. 의문은 여기에 그치지 않고, 그렇다면 제목이 왜 공주가 아니고 시녀들이며, 국왕의 가족을 그린 그림이라는 설명은 왜 붙이는 것일까? 라는 질문을 하게 된다.

이런 의문을 해결하기 위해 먼저 제작 배경을 살펴보면, 작품 속 공간은 궁 안에 있던 벨라스케즈의 작업실인데 그곳에서 초상화의 모델이 되고 있던 왕과 왕비를 보기 위해 공주가 방문하였다고 한다. 이런 맥락에서 그림 속에 등장하는 인물들을 좀 더 살펴보기로 하자.

가운데 있는 어린 소녀는 공주이며 양 옆에는 공주를 보살피는 두 시녀가 있다. 왼쪽의 시녀는 공주에게 빨간 병을 건네주고 있다.[4] 그림의 오른쪽 아래에는 순한 모습으로 앉아 있는 개 한 마리와 난장이 두 사람이 보인다. 주인에게 충성을 다하는 개와 키가 작은 난장이는 왕족과 가까우면서도 왕실 사람들을 돋보이게 하는 역할을 한다. 그 중 한 난장이는 장난스럽게 개 위에 발을 올려놓고 있다. 그들 뒤로

부분: 〈시녀들(Las Meninas)〉 중 개의 모습

4) 그림 속에서 시녀가 공주에게 건네는 붉은 병에는 납으로 만든 약이 들어 있다고 한다. 당시에는 피부가 하얀 미인을 선호하였고, 납은 피부를 창백하게 만드는 효과가 있다고 믿었다. 그래서인지 공주는 병약하였고 22세의 젊은 나이에 사망하였다. 왕가의 시녀들은 후에 왕족과 혼인을 맺길 원하는 귀족 자녀인 경우가 많았다.

는 샤프롱(Chaperon)과 경호원이 보인다. 샤프롱은 옆에 있는 경호원에게 눈길을 주며 말을 걸고 있지만, 경호원은 앞을 쳐다보며 짐짓 모른 척하고있다. 그러나 둘 사이가 매우 친밀하다는 것을 숨길 수가 없다. 뒤쪽의 열린 문에는 시종이 계단에 걸쳐 선 채로 방 안을 주시하고 있다.

자세히 살펴보면 공주의 뒤편에 거울이 있고, 거기에 반사된 모습으로 남녀가 보이는데 이들이 바로 국왕 부부이다. 거울은 이 작품의 구도를 이해하는 데 큰 역할을 하고 있는데, 그림 속에 보이는 공간뿐만 아니라 공주 앞쪽에 큰 공간이 추가로 있고 화가가 그곳에 서 있는 왕을 그리면서 쳐다보고 있다는 사실을 짐작할 수 있게 해준다. 이 작품 속에 등장하는 인물들은 2+1의 형태를 띄면서 작품을 꽉 채우고 있다. 두 시녀와 공주, 두 난장이와 개, 샤프롱과 경호원과 시종, 그리고 마지막으로 국왕 부부와 화가의 형태이다.

뒤쪽의 벽에는 두 점의 그림이 나란히 걸려 있는 것이 보인다. 이 그림들은 오비디우스(Ovid)의 변신이야기(Metamorphoses)를 주제로 루벤스(Peter Paul Rubens)가 그린 작품과 조르댕(Jacob Jordaens)의 작품을 모사한 그림이라고 한다. 두 작품 모두 지혜의 여신이며 예술의 후원자인 미네르바와 관련되어 있는데, 신에게 도전한 인간의 가혹한 결말을 묘사하고 있다. 각각의 그림이 걸린 위치와 등장하는 인물들이 여성들과 남성들로 각각 구분되어 왕비와 왕에 대응되어 있다.[5] 오른쪽 벽에는 조금 더 작은 크기의 그림 8개가 걸려 있다. 이들 역시 루벤스의 변신이야기 연작을 모사한 그림이라고 한다. 이렇게 신화적인 주제를 가진 작품들을 벽에 걸어놓은 것은 이 장소가 궁 안이라는 것을 알려주려는 의도가 있다. 또한 권위에 도전한 자들의 말로를 보여줌으로써 왕권의 권위를 세우려는 의도도 있다고 보여진다.

펠리페 4세와 왕비 그리고 공주가 등장하기 때문에 초기에는 '펠리페 4세의 가족 초상화'로 불렸는데, 거울에 희미하게 비친 모습으로 그려진 왕과 왕비의 모습

5) 거울에 비친 왕비의 위쪽인 왼쪽 그림은 루벤스의 1636~1637년도 작품인 〈팔라스와 아라크네(Pallas and Arachne)〉 또는 〈미네르바에게 벌을 받는 아라크네(Minerva Punishing Arachne)라고도 함〉이고, 국왕의 위쪽인 오른쪽의 작품은 조르댕의 〈판에게 승리한 아폴로(Apollo as Victor over Pan) 또는 판과의 음악 경연에서 아폴로를 승리자로 인정하는 티몰루스(Tmolus declaring Apollo winner in musical competition with Pan and Apollo)〉이다(Kahr, M. M. 1975. Velazquez and Las Meninas. *The Art Bulletin*. 57(2). pp.225–246).

은 그 시대를 고려하면 상당히 이례적인 표현인데[6] 이 정도의 창의적인 작품활동이 허용될만큼 화가가 인정받고 있었다는 의미로 이해할 수 있을 것이다. 이 작품을 모더니즘 이전의 고전시대를 통틀어 회화의 백미라고 극찬하는 사람도 있는데, 이렇게 높은 평가를 받는 이유를 이해하기 위해서 이제 이 작품에 적용된 구도와 기법을 좀 더 살펴보도록 하자.

〈시녀들〉은 그림의 절반 정도를 어둡게 표현된 천정과 뒷벽이 차지하고 있는데, 이같은 구도는 관람객이 그림을 마주했을 때 그림 속의 인물들과 마치 한 공간에 서있는 것 같은 느낌을 주는 특별한 역할을 한다. 관람객이 왕과 왕비가 되는 것이다. 관람객은 왕의 위치에 서서 공주와 눈을 맞추고 화가와 시녀의 시선을 받으며 관람객이 아니라 작품 속 등장인물이 되는 것이다. 등장인물들의 시선 또한 흥미로운 부분이다. 왼쪽에 붓을 들고 당당하게 서 있는 화가는 눈으로 관찰하고 머리로 생각하는 구상을 곧 화폭 위에 옮길 듯한 자세로 잠시 멈추어 서서 국왕을 응시하며 생각에 잠겨 있는 것처럼 보이기도 하고, 국왕 너머에 있는 관람객을 정면으로 바라보며 눈을 맞추고 있는 듯하기도 하다.[7] 달리 보면 화가와 등장인물들이 관람객을 쳐다보는 것이 아니라 앞쪽에 거울이 있어서 모두가 거울에 비친 자신의 모습을 보는 것 같기도 한 묘한 시선을 하고 있다. 고전적인 회화와 다르게, 보이지 않는 것을 보여주려고 하는 것이 현대 미술이라면 아마 〈시녀들〉의 구도는 너무나 현대적인 구도라고 할 수 있을 것이다.

---

6) 벨라즈케즈가 궁정화가가 될 때 그 이외의 화가는 왕의 초상을 그릴 수 없다는 조건이 있었다고 한다(차홍규, 김성진. 2018. *알수록 다시 보는 서양미술100*. 미래타임즈). 스페인 제국의 몰락이 시작되는 시기의 왕이었던 펠리페 4세는 모든 것이 자신의 탓이라는 생각을 가졌다고 한다. 그렇다고 하더라도 이런 구도가 가능했던 것은 총신정치로 왕의 권위가 약화되었기 때문이 아니라 공주가 중심이 되는 화가의 작품이 왕의 마음에 들었기 때문이라고 하는 것이 더 설득력 있는 설명이 될 것이다.

7) 이 기사단의 십자가는 벨라스케즈가 '한낱 기술자나 장사치가 아니라 궁정의 정식 관리'이며 왕실로부터 인정받고 있다는 것을 보여주는 아주 중요한 장치이다. 벨라스케즈는 화가란 단순히 손재주만 있는 기술자가 아니고, 머리로 생각하는 지적인 존재라는 자부심을 갖고 있었다. 이러한 자부심의 상징이 그림 속 벨라스케즈의 가슴에 그려진 십자가이다. 이 십자가는 스페인이 아랍 왕국에게 점령당했을 때 나라를 지키고자 모인 가톨릭 기사들의 모임인 산티아고 기사단의 표시이다. 벨라스케즈는 1659년에 산티아고 기사단에 입단하였는데, 그로서는 매우 자랑스러운 일이었을 것이다. 벨라스케즈는 그림이 완성되고 나서 3년 후에 산티아고 기사단의 십자가를 받았다. 일각에서는 국왕이 직접 기사단의 십자가를 화가의 가슴 위에 그려넣어 주었다고도 한다(Kahr, M. M. 1975. Velazquez and Las Meninas. *The Art Bulletin* 57(2). pp.225–246).

작품의 또다른 특징은 어둡고 넓은 공간과 대조적으로 중앙에 환한 빛이 들어오도록 배치된 열린 문에서 찾을 수 있다. 어둠의 중앙에 배치된 열린 문은 관람객들의 시선을 화폭 안에 고정시키지 않고 화폭 밖으로 확장시킨다. 관람객의 상상에 따라 그림 속의 공간은 문 밖으로 확장되기도 하고 문 밖의 공간을 그림 속으로 끌고 들어오기도 한다. 화가는 열린 문을 통해 그림 안의 공간과 그림 밖의 공간이 소통할 수 있도록 만들었고 이런 구도는 그림이라는 평면적인 한계를 극복하고자 한 화가의 노력이 맺은 결실이라고 볼 수 있을 것이다.

작품의 구도가 가져온 이러한 특별한 효과를 제외하고도, 이 작품이 인상주의자들에 의해 회화가 순수 시각미술로 전환되는 계기가 되었다고 평가를 받는 이유는 빛에 대한 화가의 해석에 있다. 벨라스케즈는 빛의 변화를 거친 붓질을 통해 시각화하여 생생한 현실감을 얻고자 하였는데, 그 예로 작품의 오른쪽 아래에 있는 개를 살펴보자. 앉아서 졸고 있는 개가 지극히 사실적이고 생동감 넘치게 보이기 때문에 정교하고 세밀하게 그려진 것이라 생각하기 쉽다. 그러나 가까이 다가가서 보면 우리의 기대를 저버린 거친 붓자국을 선명하게 볼 수 있다. 벨라스케즈는 정교하고 세밀한 표현에 집중하기보다는 빛이 시각에 어떻게 작용하는지를 포착하여 사람들이 그림을 볼 때 대상을 가장 사실적으로 느낄 수 있도록 작업하였다. 이런 회화적 표현은 모네(Monet)와 드가(Degas) 등 인상파 화가들에게 많은 영향을 미쳤다. 이런 방식의 기법은 인상파가 대중화된 이후에 많이 쓰였지만 벨라스케즈 당시의 미술계에서는 아주 혁신적인 표현방식이었다.[8)]

벨라스케즈의 〈시녀들〉은 화가의 미적 감수성이 훌륭하게 나타났을 뿐만 아니라 당시의 일반적인 미술작품과 구분되는 혁신적인 구도와 기법을 도입한 작품이다. 이러한 요소들 때문에 미술은 물론 심리학과 정신분석학 등의 여러 학문 분야에서도 이 작품을 분석하고 해석하려는 다양한 시도가 이루어졌다.

---

8) 이처럼 세밀한 묘사가 아니라 즉흥적인 생동감을 표현하기 위하여 밑그림이 없이 그리는 기법을 알라 프리마(Alla Prima 또는 wet-on-wet)기법이라고 한다. 이러한 붓질은 공주에게 빨간 병을 건네는 시녀의 옷에서도 찾아볼 수 있다. 마네(Édouard Manet)는 벨라스케즈를 '화가 중의 화가'라고 극찬하였다(Carr, D. W. and X. Bray. 2006. Velázquez. in *Velázquez*. (eds.) D. W. Carr and X. Bray. London: National Gallery). 마네는 벨라스케즈의 즉흥적이고 생동감있는 붓질을 칭찬하였을 뿐만 아니라 벨라스케즈의 주제를 자신의 작품 속에서 발전시키기도 하였다(Schjeldahl, P. November 10, 2002. The Spanish Lesson: Manet's gift from Velázquez. *The New Yorker*. https://www.newyorker.com/magazine/2002/11/18/the-spanish-lesson 2019.9.26. 최종확인).

혁신

벨라스케즈는 혁신적인 구도를 이용하여 관람객에게 다양한 등장인물과 풍부한 내부공간을 보여주면서도 시야를 그림 밖으로 확장시켜서 감상하라고 말하고 있다. 1656년도에 완성된 벨라스케즈의 〈시녀들〉이 그 당시 사람들에게 충격적으로 받아들여졌던 것은 일반인은 물론 미술계의 전문가들에게도 그의 메시지 전달 방법이 익숙하지 않았다는 점 때문일 것이다. 익숙하지 않음은 불편한 것이며 때로는 사람들에게 두려움을 불러일으키는 요인이 되기도 한다. 그러나 익숙한 것만 고집한다면 변화는 이루어지지 않는다. '익숙하지 않은 것' 또는 '낯선 것'을 '나쁜 것'으로 여겨 배척하였다면 위대한 작가들의 수많은 예술작품들은 빛을 보지 못했을 것이다.

미술뿐만 아니라 문학과 과학 분야에서도 혁신적이고 익숙하지 않은 개념들이 초창기에는 적대시되고 환영받지 못했지만 결국 인간의 지성을 확장시키는 역할을 하곤 하였다. 예를 들어 코페르니쿠스(Copernicus)의 태양중심설(Helicocentrism)은 당시의 사람들에게 매우 생소하고 민심을 어지럽히는 학설이었다. 그러나 지금은 지구가 공전한다는 것이 너무나도 당연한 과학적 진실이지 않은가?

이런 맥락에서 이 작품을 살펴보면 회계전문가의 입장에서 또다른 의미를 찾을 수 있을 것이다. 혁신(Innovation)은 현대회계의 출발점이었다. 현대회계의 아버지라 불리는 루카 파치올리(Luca Pacioli)가 소개한 복식부기의 개념은 단식부기에 익숙한 사람들에게 혼란스럽고 복잡한 시스템이었다. 복식부기가 사회시스템의 기본으로 자리잡은 2000년대의 우리나라에서도 정부회계에 복식부기를 도입하자 실무 현장에서는 복잡하고 어렵다는 불만들이 제기되었을 정도였다. 그러나 복식부기는 회계실체의 재무상태와 경영성과를 기록하는 관행을 획기적으로 변화시켰고, 신뢰를 기반으로 하는 현재의 자본주의 경제사회가 확립되는 데 막대한 공헌을 하였다.

그 외에도 회계의 역사를 통해 보면 익숙한 것만을 고수하고 낯선 개념을 배척하였더라면 현실화되지 못했을 매우 혁신적인 제도들이 있다. 대규모 자본을 동원하여 산업의 발전을 가능하게 만든 주식회사 제도는 투자자들에게 유한책임을 지게 하는 혁신적인 개념을 도입함으로써 가능해졌다. 투자자들이 가진 투자지분을 일반 상품처럼 거래 대상으로 삼은 증권거래소 또한 전통적인 거래 대상에 대한 혁신이었다. 전통적인 원가회계의 원가 왜곡을 극복하기 위해 고안된 활동기준원가계산(ABC: Activity Based Costing) 역시 원가를 바라보는 새로운 시선을 도입한 혁신이다. 최근에는 인간의 심리와 회계적 개념을 결합하여 설명하는 마음회계(Mental Accounting)를 제시한 리차드 테일러(R. Thaler)[9]와 같은 학자들에게 결국 노벨 경제학상의 영광이 돌아가지 않았는가? 기업이 성장하고 생존하기 위해서는 지속적인 혁신이 매우 중요한 요소이며,[10] 그 속에서 회계 역시 혁신을 거듭하였으며 지금도 다가오는 4차산업혁명 등의 환경에 맞추어 변화하는 중이다.

회계전문가의 역할

회계는 기본적으로 기업이라는 조직의 정보를 기업 내부와 외부의 이해관계자에게 전달하는 언어이자 정보시스템이다. 즉, 회계는 기업의 이해관계자들과 소통(communication)하는 것을 목적으로 한다. 경영진을 비롯한 기업 내부의 이해관계자들과 소통하는 회계의 영역을 관리회계라 하고, 주주 및 채권자들과 같은 외부의 이해관계자들과 소통하는 영역을 재무회계라고 한다.

부분: 〈시녀들(Las Meninas)〉 중 문 앞의 계단에 서 있는 시종의 모습

〈시녀들〉은 약간 어둡지만 풍부한 공간을 위쪽에 둠으로써 그림에 등장하는 인물들 뿐만 아니라 관람객들까지 그림 속으로 끌어들인다. 또한 중앙에 배치된 밝은 통로는 외부와 이어지며 이를 통해 내부의 공간이 외부로 확장되는 효과를 얻고 있다. 이런 구도는 회계가 내부와 외부의 이해관계자들을 모두 포

9) Thaler, R. 1999. Mental accounting matters. *Journal of Behavioral Decision Making* 12(3). pp.183-206.

10) 신홍철. 1994. 경영혁신과 관리회계의 관련성에 관한 소고. *회계저널* 12(1). pp.75-90.

용하면서 이해관계자에게 기업의 정보를 제공하는 통로가 되고 있다는 점과 일맥상통한다.

중앙의 통로에 서서 자신의 앞에 있는 모든 등장인물들을 한눈에 바라보면서 외부와의 통로를 지키고 있는[11] 인물은 시종이다. 그의 오른발은 위 계단을, 왼발은 아래 계단을 디딘 채로 서서 오른쪽 팔로 커튼을 젖혀 빛이 방 안으로 더 잘 들어올 수 있도록 하고 있다. 이 그림 전체의 구도를 살펴보면 문에 서있는 시종, 조금 더 정확히 말하면 시종의 굽은 팔꿈치가 이 그림의 소실점 역할을 하고 있다. 소실점은 또한 시작점이다. 모여드는 점이기도 하지만 퍼져나가는 점이기도 하다.

그림의 구도상 소실점에 위치하고 있는 시종에게 마치 방 안의 모든 정보가 모여들고 있는 것처럼 되어 있다. 그는 방 안에서 일어나는 활동을 잘 관찰하고 정보를 종합하여 즉시 외부에 알려서 활동에 필요한 자원을 준비할 수 있도록 할 것이다. 또한 인적・물적자원이 준비되는 대로 방 안에서 다음 순서의 활동이 원활하게 진행될 수 있도록 조정할 것이다. 이처럼 그는 정보를 종합하고 활동을 통제할 수 있는 위치에 있다. 벨라스케즈가 시종을 문에 서있도록 하여 방 안으로 들어올 수도 바깥의 공간으로 나갈 수도 있도록 배치한 것은 바로 시종의 이러한 역할 때문일 것이다.

이와 같은 시종의 역할은 기업 내부의 정보를 종합하여 기업 외부와 내부에 있는 관계자에게 정보를 전달하는 업무를 맡은 회계책임자(CAO: Chief Accounting Officer 또는 Controller)의 역할과 같다. 방 안의 활동이 시종에 의하여 조정 및 통제되는 것이다. 외부로 통하는 문에 홀로 서서 내부를 응시하는 시종의 모습은 얼핏 외로워보이기도 한다. 이러한 시종의 모습에서 우리는 최고경영자를 도와 기업의 회계정보를 종합하고 분석하여 전달하며 자원의 활용에 관한 대안을 마련하는 업무를 맡고 있는 회계책임자의 모습을 떠올릴 수 있다. 회계책임자는 이 그림에 나타난 시종의 역할에 더하여 모든 정보를 계량화하기 위하여 노력한다는 점이 다를 뿐이다.

벨라스케즈의 이 작품에 매료되어 자기만의 해석으로 〈시녀들〉을 다시 그린 화가들이 많이 있다. 특히 피카소(Picasso)는 벨라스케즈의 작품을 종합적으로 재해석하고 재창조하여 1957년 하반기에만 이와 관련된 58점의 작품을 연작으로 제작

11) 미술 분야의 전문가들은 이 그림에서 시종이 방 안으로 들어오는지 또는 밖으로 나가려 하는지에 관하여 많은 논쟁을 벌였다(Stone, H. 1996. *The Classical model: literature and knowledge in seventeenth century France*. p.35. Cornell Univ., Ithaca: NY).

할 정도로 〈시녀들〉에 집중하였다.[12] 또한 통찰력과 예지력이 남다른 화가인 살바도르 달리(Salvador Dali)[13]도 벨라스케즈의 〈시녀들〉에 많은 관심을 보였다. 달리는 벨라스케즈의 작품을 구조적으로 분해하여 개별 인물들을 주인공으로 등장시키거나 시점을 달리하여 창 밖에서 벨라스케즈가 그림을 그리는 장면을 바라보는 듯한 작품을 제작하기도 하였다.

화가 달리의 그림 중에서도 특히 눈길을 끄는 재미있는 작품은 1960년도에 발표한 작품인데 바로 등장인물들을 숫자로 표현한 〈시녀들(The Maids in Waiting - Las Meninas)〉이다. 달리는 이 작품에 등장하는 12인물 중 개를 포함한 10명의 인물들에게 1부터 9까지의 숫자를 부여하였다. 숫자를 부여받지 않은 등장인물은 거울 속에 희미하게 보이는 왕과 왕비[14]뿐이다.

벨라스케즈의 원작과 비교해보자. 드레스를 입고 가운데에 서있는 작은 키의 공주는 8번으로 표현되어 있다. 공주의 양 쪽에서 공주를 보살피고 있는 시녀들은 공주 쪽으로 약간씩 기울어져 있는 각각 4번과 5번의 번호가 부여되었다. 충성심의 상징인 강아지는 벨라스케즈의 원작에서는 고개를 약간 숙인 듯 점잖게 앉아 있었는데, 달리의 작품에서는 목을 좀 더 반듯하게 세운 후에 2번을 부여받았다. 강아지 위에 다리를 올리고 있던 난장이 시종은 그 다리의 모양대로 날렵한 1번, 그 뒤

12) 스페인의 바르셀로나에 있는 피카소 미술관(Museu Picasso–http://www.museupicasso.bcn.cat)에 대부분 보관되어 있다.

13) 달리의 통찰력과 예지력에 관한 유명한 일화가 있다. 학교에서 선생님이 밀레의 1857년도 작품 〈만종(L'Angélus)〉을 보여주는 순간 달리는 그림 속에 등장하는 부부가 아이의 장례식을 치른다는 것을 알아차렸다고 한다. 달리의 주장을 확인하기 위하여 루브르(Louvre) 미술관에서 밀레의 그림에 X–선을 조사해 보았다. 그 결과 밀레 당시에 사용했던 어린 아이의 관 모양과 매우 유사한 기하학적 모양의 상자가 그림 속 두 주인공 앞에 나타났다고 한다. 밀레는 어린 아이의 장례를 그렸다가 나중에 관 모양의 상자를 덧칠해서 안보이도록 한 것으로 보인다(Schneider, N. March 24, 2015. The Angelus at Work. *America*. https://www.americamagazine.org/content/all–things/angelus–work 2019.9.25. 최종확인). 밀레의 이 작품은 쿠르베(Gustav Courbet)의 1850년도 작품 〈오르난에서의 장례(A Burial at Ornans)〉에서 그 구도를 차용하여 밀레가 거주하던 지역의 풍습대로 재구성하고 교회의 종탑도 그려 넣었다고 한다.

14) 거울 속에 희미하게 나타난 국왕과 왕비는 펠리페 4세 이후에 쇠락해갈 스페인 황금시대의 운명을 표시한다는 주장도 있다(Brown, D. 1969. *The World of Velázquez: 1599–1660*. New York: Time–Life Books). 그러나 벨라스케즈는 이 그림을 완성한 4년 후에 사망하였으므로 벨라스케즈의 작품에 이러한 해석을 적용하는 것은 무리이다. 또한 달리가 이 작품을 제작할 즈음에는 스페인의 황금시대가 저물었다는 것이 이미 역사적인 사실이므로 의도적으로 거울 속에 희미하게 표현했을 가능성이 있다.

〈시녀들(Las Meninas – The Maids in Waiting)〉 1960년. 살바도르 달리(Salvador Dali) 작.

의 뚱뚱한 난장이 시종은 뚱뚱한 3번을 부여받았다. 경호원에게 그윽한 눈길을 주고 있는 샤프롱은 눈길이 가는 방향으로 약간 기울어진 6번이다. 그리고 앞만 바라보던 경호원은 약간 뒤로 빼는 듯한 9번이 되었다.

원작에서 벨라스케즈가 사실상 가장 중요하게 생각한 등장인물은 화가 자신인데, 달리의 작품에서 화가는 7번을 부여받았다. 서양의 숫자 7의 의미는 매우 긍정적인 의미[15]로 쓰여 왔는데, 달리가 존경하는 선배이자 자부심이 가득한 화가인 벨라스케즈에게 7번을 부여한 것은 상징적인 의미가 있다. 그런데 등장인물 중에 7번을 부여받은 인물이 또 하나 있다. 바로 중앙의 통로에 서서 자신의 앞쪽에 있는 모든 등장인물들을 한 눈에 바라보고 있으며 외부로 통하는 문을 지키고 있는 시종이다.

작품 속 상황에서 시종의 역할은 소통과 통제이다. 국왕 부부와 공주는 물론 시녀들이 화가 벨라스케즈와 함께 목표인 그림을 완성할 수 있도록 상황을 통제하고 필요한 자원을 제공하며, 이를 위해 안과 밖의 구성원들과 소통하는 역할이다. 현대 기업에서 회계전문가가 해야 할 가장 중요한 역할이 바로 이것이다. 화가 달리는 시종의 이러한 역할[16]을 중요하게 평가하여 벨라스케즈와 같은 번호인 7번을 부여하였을 것이다. 이 정도의 직관력을 가진 달리라면 회계전문가가 되었더라도 매우 유능하다는 평가를 받았을 것이다. 다만, 불분명한 행보를 보인 그의 생[17]을 보면 회계전문가가 되지 않고 예술에만 전념한 것이 무척이나 다행스럽게 생각되기도 한다.

---

15) 서양에서 숫자 7은 주로 행운과 희망의 상징이다. 예를 들면, 제2차 세계대전 중에 미국 해군이 운영하던 병원선 중 한 척에 'AH-7'의 분류번호를 붙였는데, 이 병원선의 별명은 '희망(USS Hope)'이었다. 또한 미국의 유명한 TV쇼인 'The Price Is Right'라는 퀴즈 프로그램에서도 '행운의 7(Lucky Seven)' 게임이 있었다. 1달러짜리 지폐를 여러 장 받은 출연자는 이 지폐를 사용하여 자동차의 가격을 한 자리 한 자리 맞추어 나갈 기회를 산다. 만일 자동차의 가격을 다 맞춘 후에도 지폐가 남아있으면 그 자동차를 1달러에 살 수 있었다. 호주의 뉴사우스웨일즈(New South Wales)주에서는 'Lucky 7'이라는 복권을 판매하기도 하였다.

16) 실제로 벨라스케즈는 왕가의 생활 전반에 관여하였다고 알려져 있다. 그림 속의 시종도 그의 친척인 호세 벨라스케즈(JoséNieto Velázquez)가 모델이라고 한다. 호세 벨라스케즈도 국왕과 왕비를 가장 가까운 거리에서 모시는 시종이었다고 한다(참조: Snyder, J. 1985. Las Meninas and the Mirror of Prices. *Critical Inquiry*. 11(4). pp.539-72).

17) 달리는 부인하였지만 히틀러를 찬양했고 원자폭탄을 찬양하였다는 비난을 받았다(참고: Greeley, R. A. 2006. *Surrealism and the Spanish Civil War*. Yale University Press. p.81). 스페인 내전이 발발하자 스페인에서 도망을 쳤고, 제2차 세계대전 중에도 모호한 태도를 취하여 조지 오웰(George Owell)로부터 이기적이라는 비난을 받기도 하였다(참고: Orwell, G. Benefit of Clergy: Some Notes on Salvador Dalí. https://www.orwellfoundation.com/the-orwell-foundation/orwell/essays-and-other-works/benefit-of-clergy-some-notes-on-salvador-dali/2019.10.9. 최종확인. Jones, J. 2009. Why George Orwell was right about Salvador Dalí. *The Guardian*. https://www.theguardian.com/artanddesign/jonathanjonesblog/2009/jun/09/george-orwell-art-critic-salvador-dali 2019.10.9. 최종확인).

2 최초의 정부회계보고서와 프랑스 대혁명

"A faut esperer q'eu se jeu la finira bentot(이 상황이 곧 끝나기만을 바라야 할 것이다)."

이 말은 프랑스의 절대왕정인 루이(Louis)왕조가 마지막 불꽃을 태우고 프랑스 대혁명의 에너지가 축적되고 있는 즈음에 일반 민중들의 생활을 풍자하는 그림에 붙어 있는 설명이다. 당시 프랑스에서 가장 힘든 생활을 하면서도 국가에 세금을 바치고 있는 제3계급인 평민(paysan)계급이 성직자(clergé)와 귀족(noble)계급을 등에 업고 있는 모습이다.

열심히 일하지만 성직자와 귀족을 부양하느라 허리가 휠 정도로 힘들어 하는 민중들의 삶이 생생하게 느껴지는 그림이다. 민중의 노동으로 생산된 음식물로 새와 동물들까지도 배불리 먹어야 하니 민중들의 고단한 삶을 이보다 더 잘 표현한 그림은 없을 것이다.

18세기 당시 유럽은 일종의 소빙하기[1]였고 흉년이 들어 농업생산이 감소하였다. 당시 파리는 런던에 이어 유럽에서 두 번째로 큰 도시였으며, 프랑스는 계몽주의(Enlightenment)를 주도하던 선진국으로서의 자부심을 갖고 있었다. 루소(Jean

1) 중세의 온난기 이후 아이슬란드에서 화산이 폭발하고 이로 인해 기온이 하락한 기간으로 대략 1350~1850년 사이의 기간이다. 소빙하기(小氷河期, little ice age)의 특징은 기후의 불안정성이다. 혹한의 겨울, 몹시 찌는 여름, 극심한 가뭄, 폭우, 흉년 그리고 온화한 겨울과 따뜻한 여름들이 불규칙적으로 나타났고, 중세 온난기의 안정된 기후에 익숙한 사람들은 이러한 불규칙적인 기후에 적응하는 데 큰 어려움을 겪었다. 가뭄과 저온현상으로 곡식들이 여물지 않아 수확량이 감소되었고, 이로 인해 특히 유럽 경제는 악화되었다. 악화된 위생상태, 부족한 영양과 난방으로 인해 각종 전염병이 크게 유행하였다(출처: 한국기상학회, 기상청. 2015. *최신 대기과학용어사전*. 시그마프레스).

〈세 계급(Troisordres)〉 1789년. 작가 미상

Jacques Rousseau), 몽테스키외(Charles de Montesquieu) 그리고 디드로(Denis Diderot) 등 유럽사회를 선도하는 지식인들이 있었고, 산업화와 도시화가 발달되어 돈과 실력을 갖춘 부르주아(Bourgeoisie) 계층이 형성되어 있었다. 문맹률도 낮은 편이어서 많은 국민들이 책과 신문을 통해 영향을 받으며 여론을 형성하고 있었다.[2)]

프랑스는 루이 14세 시절의 방만한 재정운영과 스페인 왕위 계승전쟁(the War of Spanish Succession, 1701~1714) 등의 전쟁비용 때문에 심각한 재정적 위기에 몰려 있었다. 이 위기를 탈출하기 위해 중앙은행인 방크 제네랄(Banque Générale)[3)]을 설립하고 존 로(John Law)가 주도하여 설립한 미시시피회사(the Mississippi Company)를 통해 국가채무의 구조조정을 시도하였다. 그러나 화폐정책의 실패로 인하여 미시시피회사의 주식은 휴지조각으로 변하고 민심은 이반되었다.[4)] 연이어 미국대륙에서 벌어진 영국과의 전쟁에 들어간 비용도 프랑스 재정에 막대한 부담이 되었다. 이 시기에 등장하여 프랑스의 재정을 관리한 인물이 자크 네커(Jacques Necker)였다. 그는 최초로 정부회계보고서를 작성하여 일반에게 공개한 공로가 있지만, 이 보고서가 거짓 정보를 담고 있었다는 것이 문제였다.

자크 네커(Jacques Necker)는 민중과 신흥 중산층 그리고 기존의 보수세력인 성직자와 귀족 사이의 갈등이 부글부글 끓기 시작하는 1732년 스위스의 제네바에서 태어났다. 제네바 대학의 법학교수인 그의 아버지 칼 네커(Karl friedrich Necker)는 1747년에 그를 프랑스의 파리로 보내 친구가 경영하는 은행의 점원으로 일하게

---

2) Andress, D. 1999. *French Society in Revolution, 1789–1799*. Manchester University Press.

3) 프랑스 최초의 중앙은행인 방크 제네랄(Banque Générale, Banque Générale Privée 또는 General Private Bank)은 루이 14세(Louis XIV)가 죽은 후에 존 로(John Law)에 의하여 설립되었다. 침체된 프랑스의 경제를 활성화시키고, 점증하는 국가부채를 해결하는 것이 설립목적이었다. 1718년 존 로의 요청에 따라 국유화되었으며, 왕립은행(Banque Royale)으로 이름이 바뀌었다. 초기에는 성공적으로 운영되었으나, 존 로의 지나친 상업주의적 욕심 때문에 결국 미시시피 버블(Mississippi Bubble)이 발생하였다. 그 후 프랑스에서는 중앙은행제도를 포기하였다. 이러한 제도적 미비가 경제위기를 막지 못하고 프랑스 대혁명(French Revolution)으로 이어졌다. 은행(Banque)이라는 용어도 쓰지 않고, 상자 또는 계산대를 뜻하는 'Caisse'란 용어를 대신 사용하였다. 나폴레옹(Napoleon)이 권력을 잡은 후인 1800년에야 다시 프랑스은행(la Banque de France: Bank of France)이라고 하였다.

4) 이 사건을 미시시피 버블(the Mississippi Bubble)이라고 부르며, 같은 시기에 영국에서 일어난 남해회사의 버블(the South Sea Bubble)과 함께 유럽을 경제적 공황상태로 몰아넣었다.

하였다. 1762년 고향 출신의 동업자와 함께 직접 은행을 설립하였고, 은행 업무를 통해 회계와 금융 그리고 경제에 관한 실무지식을 익혔다. 그 후 네커는 프랑스 정부의 재무성에서 대출하는 사업과 곡물투기를 이용하여 많은 돈을 벌었다. 공직에 눈을 돌린 네커는 프랑스가 설립한 동인도회사(French East India Company)의 이사가 되기도 하였다.[5] 이익이 나지 않는 동인도회사의 처리방안을 놓고 벌어진 논쟁에서 네커는 회사의 자율적 경영을 옹호하고 반대파를 설득하여 능력을 인정받았다.

스위스 출신과 프로테스탄트라는 신분상의 약점에도 불구하고 재능을 인정받은 네커는 1777년 프랑스의 재무성을 책임지는 자리에 오르게 되고 1781년까지 프랑스의 재정을 실질적으로 통제하는 강력한 권한과 책임을 갖게 되었다. 이 기간에 네커는 인두세를 평등하게 부과하고, 세금을 인상하는 대신 부채를 이용하여 프랑스 정부의 재정 문제를 해결하려 하는 등 여러 가지 변혁적인 정책을 시행하였다.

네커는 1781년 초에 최초의 정부회계보고서인 '국왕에게 제출하는 보고서(Compte rendu au roi)'를 발행하였다.[6] 이 책은 재무성 장관인 네커가 국왕인 루이 16세에게 프랑스의 재정을 보고하는 형태로 작성되었지만,[7] 프랑스의 재정을 최초로 일반에게 공개하는 계기가 되었으며 국가의 재정에 대해 일반 대중들이 관심을 갖도록 만들었다. 이 책으로 말미암아 그 전까지는 국가의 재정에 관하여 잘 알지 못하였던 일반 시민들도 세금의 규모와 쓰임새를 알게 되었으며 이로 인하여 깨어 있는 시민으로서의 소양을 갖추는 계기가 되었다.[8]

5) 1764년에 결혼한 부인 수잔 커쇼드(Suzanne Curchod)는 상류층과를 화려한 교류를 즐겼다. 그녀는 파리에서 두 번째로 규모가 큰 고급 살롱(Salon)을 운영하며 정계, 재계 및 문화계의 거물들과 어울리고 인맥을 쌓는다. 그녀는 남편인 자크에게는 공직에 진출하도록 권하고 자신의 인맥을 이용하여 후원하였다. 그녀는 가장 오래된 어린이 병원인 네커 아동병원(the Necker-Enfants Malades Hospital)을 설립하는 데 공헌하였다.

6) 우리나라도 왕실의 재정을 국왕에게 보고한 기록은 있으나, 'Compte rendu au roi'와 같이 공개된 보고서는 아니었다.

7) 예를 들면, 왕은 일반 공중보건보다 자신의 형제들에게 더 많은 돈을 쓴다고 되어 있다(Smith, Jadon B. 2015. France's Financial Crisis: Analyzing the Role of the Finance Minister. *Bound Away: The Liberty Journal of History*: Vol.1: Iss.1, Article 4).

8) Schama, S. 1989. *Citizens*: A *Chronicle of the French Revolution*. New York: Random House. p. 94.

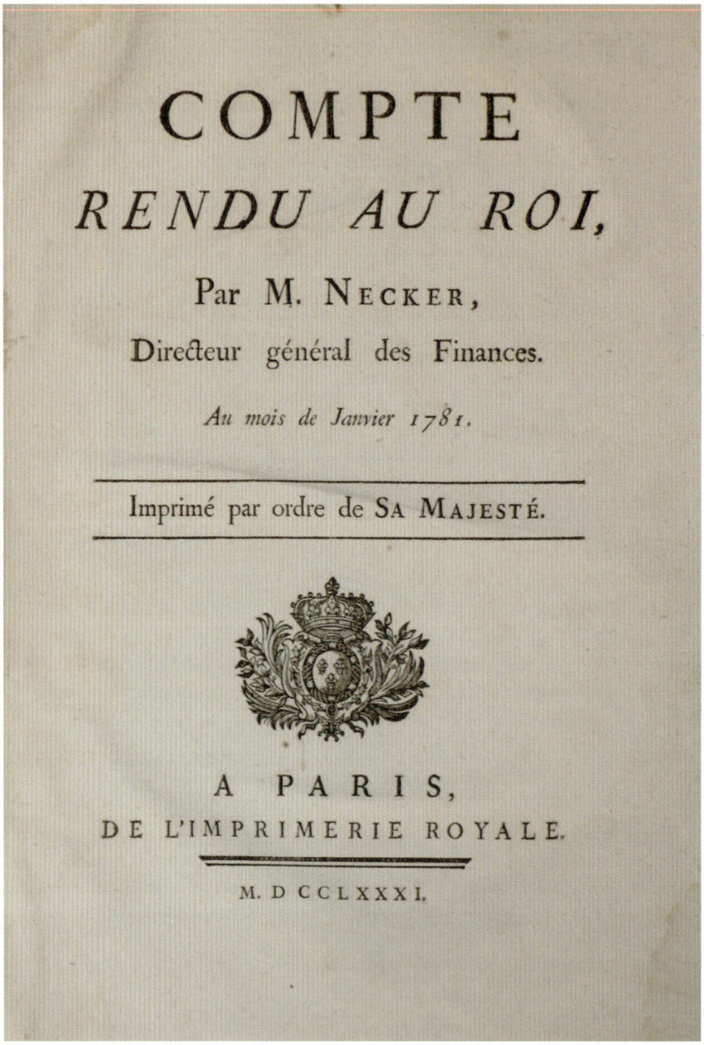

COMPTE

RENDU AU ROI,

Par M. NECKER,

Directeur général des Finances.

Au mois de Janvier 1781.

Imprimé par ordre de SA MAJESTÉ.

A PARIS,

DE L'IMPRIMERIE ROYALE.

M. DCCLXXXI.

〈국가의 재정보고서(Compte Rendu au Roi de Necker)〉 첫 페이지. 1781년. 자크 네커(Jacques Necker) 저. 롬바르드 도서관(Lombards Library, Paris) 소장

이 보고서에 따르면 당시 프랑스의 경상수익은 경상지출보다 1,000만 리브르(livre)[9]를 초과하여 흑자재정을 이루는 것으로 나타났다. 은행을 경영하였던 네커의 경력과 그가 작성한 보고서의 재정건정성은 일반대중과 정부에 돈을 빌려준 채권자들의 정부에 대한 신뢰를 탄탄히 하였다. 그 결과 프랑스 정부는 빚을 더 얻을 수 있게 되었으며, 추가로 얻은 채무를 당시 미국독립전쟁에 참여한 프랑스 군부의 전쟁비용으로 충당할 수 있었다.[10]

그러나 최초의 정부회계보고서인 'Compte rendu au roi'는 분식된 보고서였다. 네커가 재무성 장관을 지내던 1777년과 1781년 사이에 프랑스 정부는 5억 2,000만 리브르의 부채를 추가로 얻었는데, 보고서에는 이 사실이 누락되어 있었다. 이 부채가 사실대로 보고서에 기재되었더라면 상황은 달라졌을 것이다. 정치적·사회적 이유 때문에 네커가 재무성 장관에서 사임한 후 프랑스 재정의 불건전성이 수면 위로 드러났고 후임 재무성 장관이 시스템 개혁의 필요성을 역설하였지만 기득권층은 회계시스템의 변화와 개혁에 소극적이었다.

루이 16세가 네커를 다시 불러들여 재무성 장관으로 임명하지만, 네커가 당시의 경제문제를 해결하기에는 역부족이었다. 네커의 조작된 정부회계보고서가 역설적으로 폭로한 프랑스의 열악한 재정상태, 대내외 경제여건의 악화, 그리고 삼부회를 둘러싼 사회적 갈등은 드디어 1789년 7월 14일 바스티유(Bastille) 감옥을 습격한 사건으로 불이 붙은 프랑스 대혁명을 촉발하게 된다. 장 피에르 우엘(Jean-Pierre Houël)의 작품 〈바스티유 감옥의 습격(The Storming of the Bastille)〉은 민중들이 바스티유 감옥을 공격하면서 수비대와 물리적으로 충돌하면서 프랑스 대혁명이 본격적으로 시작되었음을 극적으로 보여주고 있다. 아래쪽 중앙에 당시 시민들로부터 많은 원성을 듣던 주르당(Bernard René Jourdan de Launay)이 시위대에 붙잡히고 있는 장면이 보인다.

프랑스 대혁명 즈음에 그려진 시사풍자화를 보면 네커가 미친 영향을 잘 보여주고 있다. 이 그림은 프랑스의 네커(Necker)와 영국의 윌리엄 피트(William Pitt)가 미친 영향을 풍자하여 대조적으로 표현한 그림인데, 당시의 프랑스와 영국의 상황

9) 당시 프랑스의 화폐 단위

10) 당시 프랑스는 절대왕정을 구축한 루이(Louis) 왕실의 낭비, 1700년대 초에 발생한 미시시피 버블(Mississippi Bubble), 그리고 스페인 계승 전쟁과 아메리카 대륙에서 발생한 독립전쟁에 개입한 프랑스 군대의 전쟁비용 등으로 국가의 재정상황이 열악해진 것은 물론 민심까지 흉흉해져 있었다.

〈바스티유 감옥의 습격(The Storming of the Bastille)〉 1789년. 장 피에르 우엘(Jean-Pierre Houël) 작. 프랑스 국립도서관(Bibliothèque Nationale de France, Paris) 소장

〈프랑스와 영국; 자유와 노예(France. Britain. Freedom. Slavery)〉 1789년. 제임스 길레이(James Gillray) 작. 대영박물관(British Museum) 소장

을 대조적으로 표현하고 있다. 23세에 영국 정부의 조세수입과 집행을 관장하는 엑스체커(Exchequer)의 책임자, 24세에 수상이 된 윌리엄 피트는 새로운 세대를 정부관료로 영입하고, 프랑스와의 전쟁 때문에 늘어난 지출을 감당하기 위하여 세금을 늘렸으며, 영국 사회 내의 급진적 움직임을 봉쇄하였다. 그림의 왼쪽에서 프랑스 혁명을 실행한 프랑스 민중들은 자유(Freedom)를 획득하고 환호하는 반면, 보수세력이 장악력을 강화한 영국[11)]에서는 민중이 쇠사슬에 묶여 무릎을 꿇고 노예와 같은 생활을 하는 것으로 묘사하고 있다.

그런데 프랑스 민중이 환호하면서 시가행진을 하고 있는 그림에는 의자 위에 앉아 군중의 환호를 만끽하고 있는 인물이 있는데 그가 바로 국가회계보고서를 조작한 네커이다. 최초의 국가회계보고서를 작성한 인물이 조작된 보고서 때문에 열악한 국가재정을 세상에 드러나도록 하였고, 프랑스 대혁명에 불쏘시개 하나를 제공하였다는 것은 매우 역설적이다.

11) 프랑스에서 대혁명이 진행되는 동안 영국에서는 윌리엄 피트(William Pitt the Younger)가 개혁을 주도하였다. 그는 21세에 의회에 입성하였다. 뛰어난 행정가인 그는 능률적이고 성공적으로 개혁작업을 수행하였다.

3 가장 오래된 회계기준: 함무라비 법전

함무라비 법전(Code of Hammurabi)은 고대 메소포타미아 지역에 존재하던 바빌론 왕국의 법률이다. 이 법률은 우리에게 '눈에는 눈, 이에는 이'라는 처벌 원칙으로 잘 알려져 있다.[1] 이 기록은 기원전 1792~1750년까지 거슬러 올라가니, 글로 쓰여진 가장 오래된 기록 중의 하나이다. 바빌론의 여섯 번째 왕인 함무라비가 이 법률을 시행하였는데, 그 중의 일부가 돌로 된 비석에 새겨진 채로 1901년에 고고학자들에 의하여 발굴되었다. 이 비석은 높이가 2.25m나 되는 현무암인데, 그 모양이 커다란 검지손가락을 닮았으며, 손톱에 해당하는 부분에는 인물들이 부조되어 있다.

법률의 내용은 가족관계, 병역 등에 관한 것이지만, 가장 많은 부분이 거래의 계약과 임금과 같은 대가의 지불에 대하여 규정하고 있다.[2] 예를 들면, 집이 무너졌을 경우 건축업자가 부담하여야 할 채무 또는 다른 사람에게 맡겨 두었던 재물이 손상되었을 경우의 보상 등에 관한 원칙이다.

농업과 목축이 주된 산업이던 그 당시의 사회에서 목동의 부정행위에 관한 규정도 있다. 만일 목동이 돌보고 있던 소나 양과 같은 가축을 부정한 방법으로 팔아서 금액을 횡령하거나 개체 수의 자연적인 증가를 속인다면, 그 손실의 10배에 해당되는 금액을 주인에게 배상하여야 한다고 하였다(제265조). 또 댐을 적절하게 관리하

---

1) 복수의 원칙(lex talionis)에 따라 다른 사람을 다치게 한 사람을 비슷한 정도로 처벌하는 원칙이다. 그러나 정확하게 대응하여 처벌하는 것은 아니었고 사회적 지위와 남녀의 구분에 따라 차별적으로 처벌하였다. 처벌의 실행은 피해자가 하였다. 이 원칙은 과도한 처벌을 제한하고 피해를 받은 만큼만 처벌하려는 의도에서 만들어진 것이라고 해석하기도 한다(Plaut, G. 2006. *The Torah – A Modern Commentary*. 2nd ed. Central Conference of American Rabbis: New York).

2) https://oll.libertyfund.org/titles/hammurabi-the-code-of-hammurabi

〈함무라비 법전(Code de Hammurabi, Roi de Babylone)이 새겨져 있는 검지손가락 모양의 현무암 비석〉 기원전 1792~1750년. 루브르 미술관(Musée du Louvre) 소장

지 못해서 댐이 무너지거나 하여 물이 흘러 넘쳐 농지를 침수시킬 만큼 게으른 자는 댐을 팔아서 그 금액으로 수확을 망친 옥수수 값을 변제하여야 한다고 하였다(제53조).

상거래에 관한 제49조에는 다음과 같은 내용이 있다.

> 상인으로부터 돈을 빌리고 옥수수밭이나 깨밭을 맡긴 후에 "밭을 경작해서 옥수수나 깨와 같은 수확물을 거두시오"라고 하여 그 밭에 옥수수나 깨를 길렀다면 추수를 한 후에 농작물의 소유권은 밭의 주인에게 있다. 단, 주인은 상인으로부터 빌린 돈의 원금과 그에 대한 이자 그리고 경작에 필요한 원가를 작물로 상인에게 지급하여야 한다(Nagarajan, K. V. 2011. The Code of Hammurabi: An Economic Interpretation. *International Journal of Business and Social Science*. Vol.2. No.8. pp.108-117).

이 규정에는 농산물 수확의 원가와 채무의 이자에 관하여 언급하고 있다. 구체적으로 원가와 이자를 인식하고 측정하는 방법은 설명하고 있지는 않지만, 원가와 이자의 개념이 그 당시에도 있었다는 사실을 알 수 있다. 이자를 어떻게 계산하는지에 대한 자세한 기록이 남겨져 있지는 않지만, 함무라비 법전 전체에 흐르는 의도를 볼 때 합리적인 범위 안에서 계산하였을 것이라 여겨진다. 만일 터무니 없이 높은 이자를 물렸다면, 즉 고리대금업을 하였다면 이 또한 처벌을 받았을 것으로 생각되지만 이에 대한 구체적인 기록은 보이지 않는다.

고리대금과 이자와 관련하여 가장 유명한 이야기는 셰익스피어(William Shakespeare)가 1600년도에 펴낸 작품인 〈베니스의 상인(The Merchant of Venice)〉일 것이다.[3] 이 이야기는 가난한 상인 바사니오(Bassanio)가 포시아(Portia)와 결혼하기 위하여 필요한 돈을 유태인인 샤일록(Shylock)에게서 빌리는 것으로부터 시작한다. 신용이 없는 바사니오는 부자 친구인 안토니오(Antonio)를 보증인으로 내세운다.

---

3) 이 작품은 수많은 연극무대에 올려져 공연되었으며, 여러 차례 영화로 제작되기도 하였다. 가장 최근에 제작된 영화는 래드포드(Michael Radford) 감독의 2004년도 〈베니스의 상인(The Merchant of Venice)〉이다. 알 파치노(Al Pacino)가 샤일록 역할을 맡았고 제레미 아이언스(Jeremy Irons)가 안토니오 역을 맡았다(https://www.imdb.com/title/tt0379889).

〈샤일록과 포시아(Shylock and Portia)〉 1835년. 토마스 설리(Thomas Sully) 작.
폴저 셰익스피어 도서관(Folger Shakespeare Library, Washington DC) 소장

평소 이탈리아인들로부터 부당한 대우를 받고 사회적 편견에 시달리던[4] 샤일록은 이번 기회를 이용하여 복수를 꿈꾼다. 거금을 빌려주는 대가로 당연히 받아야 할 이자를 포기하는 대신, 친구 대신 보증을 선 안토니오의 살 1파운드를 요구한 것이다.

그러나 계약의 허점 때문에 오히려 샤일록이 궁지에 몰리게 되지만, 셰익스피어의 이 작품은 채무와 그에 따른 이자의 대가가 목숨처럼 비쌀 수도 있다는 것을 알려주고 있다. 또한 우리에게 채무와 이자에 관한 계약이 얼마나 중요한지를 잘 보여주고 있다.

이탈리아의 작가 단테(Dante Alighieri)는 그의 서사시 〈신곡(神曲, La Divina Commedia, The Divine Comedy)[5]〉의 첫 번째 이야기 지옥(Inferno)편에서 고리대금업자(usurer)가 형벌을 받는 장면을 묘사하고 있다.

지옥은 모두 9층까지 있는데, 이 중 7층 지옥(Seventh Circle)에는 폭력(violence)을 휘두른 자들이 벌을 받는다. 이들은 세 부류로 나누어진다. 첫 번째 고리에서는 주변 사람에게 폭력을 가한 자(Ring 1: Against Neighbors)들이, 두 번째 고리에서는 자기 자신에게 폭력을 가한 자(Ring 2: Against Self)들이, 그리고 세 번째 고리에서는 신과 예술, 자연의 섭리에 해를 끼친 자(Ring 3: Against God, Art, and Nature)들이 고통받고 있다. 고리대금업자들은 세 번째 고리에서 벌을 받고 있다.[6]

단테가 살던 시기에는 돈을 빌려주고 이자를 받는 것을 신의 섭리에 어긋나는 일이며 천한 일로 여겼기 때문에 일반적인 이탈리아 사람들은 대부업을 하지 않았다.

4) 부당한 대우에 쌓인 울분을 터뜨리면서 외치는 샤일록의 대사 "유태인은 눈이 없단 말인가?(Hath not a Jew eyes?)"는 인간성에 대하여 셰익스피어가 던지는 외침이기도 하다.

5) 단테는 이 서사시를 1308년부터 쓰기 시작하여 사망하기 1년 전인 1320년에 완성하였다. 모두 3편인데, 1편 지옥(Inferno), 2편 연옥(Purgatory), 그리고 3편 천국(Paradiso)으로 구성되어 있다. 원래의 제목은 희곡(Comedia)이고 1472년 인쇄된 초판본에도 그렇게 인쇄되었다고 한다. 'Divina'라는 말은 나중에 보카치오(Giovanni Boccaccio)가 덧붙이고, 이탈리아의 시인 돌체(Lodovico Dolce)가 새로운 제목으로 부르기 시작하였다고 한다. 1555년에는 인쇄업자인 가브리엘 지올리토(Gabriele Giolito de' Ferrari)가 새로운 제목으로 책을 출판하였다(Terpening, R. H. 1997. *Lodovico Dolce, Renaissance Man of Letters*. Toronto: University of Toronto Press. p.166).

6) 단테는 자신이 살던 14세기에서 15세기에 걸쳐 유럽 각지에서 고리대금업자로 유명하던 카스텔로(Catello di Rosso Gianfigliazzi), 치아포(Ciappo Ubriachi), 레히날두(Reginaldo degli Scrovegni), 그리고 지오반니(Giovanni di Buiamonte)를 이 지옥에 배치하였다.

〈지옥의 지도(La Mappa dell'Inferno)〉 1485년. 산드로 보티첼리(Sandro Botticelli) 작, 바티칸 도서관(Vatican Library) 소장

따라서 대부업은 주로 유태인이 할 수 있는 업종이었다. 또한 일을 하지 않으면서 돈을 빌려준 후 합리적이지 않은 높은 이자를 받아 이익을 얻는 것도 순리에 위반한다고 생각하였다. 그래서 고리대금업자들은 7층 지옥의 세 번째 고리에 있는 뜨거운 사막에서 하늘에서 내려오는 불덩어리를 고스란히 맞는 고통을 받고 있다.[7)]

함무라비 법전에는 거래 또는 계약의 당사자가 의무를 다하지 않았을 때 부담하여야 할 채무의 내용과 계산방식을 규정하여 놓았다. 그 중 특별히 눈에 띄는 것은 상업편에 있는 104조와 105조이다. 104조에 따르면 상인이 중개인에게 옥수수나 양모, 기름 또는 기타 운송할 다른 상품을 주었다면 중개인은 해당 금액을 지불하고 영수증을 주어야 한다. 중개인도 상인에게 지불한 금액에 대한 영수증을 받아야 한다.[8)] 그런데 105조에서는 중개인이 태만하여 상인에게 지불한 돈의 영수증을 받지 않았다면 그 영수증 없는 금액은 자신의 장부에 기록할 수 없다고 하였다.[9)]

현대 회계에서도 증빙서류 또는 전자증빙 없이 거래를 회계장부에 기록할 수 없다. 만일 이러한 거래를 장부에 기록한다면 가공의 거래이고 회계부정 또는 사기와 관련되어 있을 가능성이 높다. 지금 회계학 시간에 강조하여 가르치고 있는 것이 이미 3800년 전의 기록에 나와 있다는 것이 놀랍지 않은가? 회계기록의 타당성과 회계책임성을 함무라비 왕은 벌써 설명하고 있었던 것이다.

함무라비 법전은 완전한 체계를 갖추지는 못하고 있는 점으로 미루어 정식으로 만들어진 법전으로 보기보다는 함무라비 왕이 판결한 내용을 중심으로 정리한 것으로 보는 것이 타당하다는 견해도 있다.[10)] 즉, 함무라비 왕의 지혜를 자랑하고 명

---

7) 단테는 두 번 밖에 만나지 않은 베아트리스(Beatrice Portinari)를 평생 짝사랑하였다. 그러나 은행가인 그녀의 아버지 폴코 포르티나리(Folco Portinari)는 베아트리스를 같은 업종에 종사하는 시모네(Simone dei Bardi)와 결혼시켰다. 이러한 이유 때문에 단테가 고리대금업자를 7층 지옥에 보냈다고 추측할 수도 있을 것이다.

8) If a merchant give an agent corn, wool, oil, or any other goods to transport, the agent shall give a receipt for the amount, and compensate the merchant therefor. Then he shall obtain a receipt from the merchant for the money that he gives the merchant(출처: 예일대학교 법대. https://avalon.law.yale.edu/ancient/hamframe.asp. 2019.7.28. 최종확인).

9) If the agent is careless, and does not take a receipt for the money which he gave the merchant, he cannot consider the unreceipted money as his own(출처: 예일대학교 법대. https://avalon.law.yale.edu/ancient/hamframe.asp. 2019.7.28. 최종확인).

예와 권위를 드높이기 위하여 기록으로 남겼다는 것이다. 그렇다고 하더라도 우리는 함무라비 왕의 판결을 통해 고대 농업사회와 그 사회를 유지하는 규칙, 상업의 실태와 거래의 규칙을 파악할 수 있다. 특히 부채의 인식, 부채의 크기, 부채를 부담하는 주체, 거래의 기록 등에 관한 규칙을 보면 함무라비 왕이 매우 훌륭한 회계전문가이었으며 현대의 회계가 중요하게 다루는 주제들을 그 당시에도 중요하게 생각하였음을 알 수 있다.

10) Bottéro, J. 1995(Reprinted ed.). "The 'Code' of Hammurabi" in *Mesopotamia: Writing, Reasoning and the Gods*. Translated by Bahrani, Z. and M. Van De Mieroop. University of Chicago Press. pp.156–184.

4 음악의 어머니 헨델과 외부감사제도의 출발

1717년 어느 날 헨델(Frederic Händel)은 영국의 왕 조지 1세(King George I)와 함께 배에 올라 테임즈 강가에서 연주되는 〈수상음악(Water Music)〉을 즐기고 있었다. 함만(Edouard Hamman)의 작품 〈수상음악(Water Music)의 첫 연주를 감상하는 조지 1세와 헨델(King George I and Georg Frideric Händel at the first performance of his Water Music)〉을 보면 헨델은 그림의 한 가운데에 앉아 있다. 그는 지금 오른팔을 뻗어 강변에서 연주하는 음악가들을 가리키면서 왼쪽에 자리잡은 왕에게 무언가를 설명하고 있는 중이다. 이 그림이 그려진 1717년에는 헨델의 작품 〈수상음악〉이 테임즈 강가에서 왕과 손님들을 모시고 3번이나 연주[1]되었다고 하니 헨델이 조지 1세 왕이 아끼는 측근임을 공개적으로 알리는 자리였을 것이다.

조지 1세가 헨델을 아끼기 시작한 것은 적어도 7년 전인 1710년경이었다. 이때 조지 1세는 아직 영국의 왕이 아니라 독일의 왕자였고 헨델은 조지 1세가 다스리는 영지에서 악장(Kapellmeister)을 맡고 있었다. 그러나 헨델은 안정된 자리를 박차고 독일을 떠나 이탈리아에서 잠시 활동을 하다가 1712년에 최종적으로 영국에 정착하기로 결정하였다. 그런데 조지 1세가 1714년에 (England와 Ireland를 합친) 영국의 왕이 되어 영국으로 건너왔다. 조지 1세는 독일에

1) Burrows, D. 1994. *Handel*. Oxford University Press.

〈수상음악(Water Music)의 첫 연주를 감상하는 조지 1세와 헨델(King George I and Georg Frideric Händel at the first performance of his Water Music)〉 1717년. 에드와르 함만(Edouard Hamman) 작

서 자신의 호의를 버리고 떠난 헨델에게 섭섭한 감정이 있었는데, 서먹서먹하던 두 사람의 관계가 다시 회복된 것이다.

바흐(Johann Sebastian Bach), 스칼라티(Domenico Scarlatti)와 같은 해인 1685년에 태어난 헨델은 '음악의 어머니'[2]라 불린다. 그는 〈수상음악(Water Music)〉을 비롯하여 우리에게 익히 알려진 많은 곡[3]들을 작곡하였지만, 그의 생전에 가장 무대에 많이 올려진 작품은 조금 덜 알려진 〈아시스와 갈라테이아(Acis and Galatea)〉라고 한다. 이 작품은 오비디우스(Publius Ovidius Naso)[4]의 작품 〈변신(Metamorphoses 또는 Transformations)〉에 포함된 250여 개의 신화 중 하나에 기반하여 쓰여진 작품이다.

이야기의 줄거리는 매우 단순하다. 아시스는 바다의 요정인 갈라테이아와 사랑에 빠지지만 포세이돈의 아들인 외눈박이 거인 폴리페무스(Polyphemus)의 질투 때문에 살해당한다. 슬픔에 빠진 갈라테이아는 사랑하는 아시스의 피로 강을 만들었다. 클로드 로랭(Claude Lorrain)의 작품 〈아시스와 갈라테이아가 있는 해변의 풍경(Coastal Landscape with Acis and Galatea)〉을 보면 앞쪽 가운데에서 아시스와 갈라테이아가 사랑의 밀어를 나누고 있다. 그러나 뒤쪽의 어둑어둑한 산기슭에서는 폴리페무스가 마치 이 그림의 배경의 일부인 것처럼 숨어서 두 연인의 모습을 지켜보고 있다. 두 연인은 펠리페무스의 눈을 피하기 위하여 자신들의 모습을 장막으로 가려 놓았다. 두 연인과 펠리페무스는 해변과 산기슭, 햇빛이 비치는 양지와 구름 때문에 어두운 음지 등으로 대비되고 있다. 이러한 구분은 등장인물들이 마주칠 비극을 암시하고 있다.[5]

---

2) 서양 음악의 기틀을 마련한 바흐와 헨델을 가리켜 각각 '음악의 아버지'와 '음악의 어머니'라고 부른다. 바흐는 신앙심이 강해 주로 엄숙한 음악을 작곡하고, 특히 음악의 형식을 발전시켰는데, 서양 음악의 조성 체계와 다양한 기악 형식은 모두 바흐의 영향을 받았다. 이 때문에 바흐를 서양 음악의 아버지라고 부른다. 이미 바흐를 음악의 아버지라고 불렀기 때문에 음악에 많은 공헌을 한 헨델을 음악의 어머니라고 불렀다고 한다.

3) 헨델이 작곡한 많은 곡 중에서 우리에게 익히 알려진 곡들은 〈수상음악〉 외에도 〈왕궁의 불꽃놀이(Music for the Royal Fireworks)〉, 〈메시아(Messiah)〉, 11곡으로 이루어진 〈챈도스 찬송(Chandos Anthems)〉 등이 있다. 이 밖에도 영국 왕실의 대관식에서 찬가로 쓰이는 〈사제 자독(Zadok the Priest)〉도 그의 작품이며, 생전에 약 40개가 넘는 오페라를 작곡하였다.

4) 로마의 황제 아우구스투스(Augustus)가 통치하던 시기의 시인

5) 도스토예프스키(Fyodor Mikhailovich Dostoevsky, Фёдор Михайлович Достоевский)는 부인과

〈아시스와 갈라테이아가 있는 해변의 풍경(Coastal Landscape with Acis and Galatea)〉 1657년. 클로드 로랭(Claude Lorrain) 작. 알테 마이스터 미술관(Gemäldegalerie Alte Meister, Dresden) 소장

헨델은 캐논(Cannon) 지역에 머물면서 1717년부터 약 2년에 걸쳐 아시스와 갈라테이아의 이야기를 2막의 가벼운 오페라로 만들었고, 1718년에 처음 무대에 올렸다. 이 오페라는 영국에서 만들어진 최고의 목가적 오페라(pastoral opera)로 여겨진다.[6] 특히 이 오페라에 포함된 세레나데곡 〈사랑은 그녀의 눈 속에서 연주되고(Love in her eyes sits playing)〉는 매우 아름다운 곡으로 유명하다.

헨델은 〈아시스와 갈라테이아〉 덕분에 꽤 많은 돈을 손에 쥐게 되었는데, 그 중

의 유럽 여행 중 클로드 로랭의 이 작품을 보고 깊은 감동을 받았다고 한다. 이러한 감동은 도스토예프스키의 작품에도 일정한 영향을 끼쳤다고 한다(권철근. 2008. 도스토예프스키 장편소설의 '황금시대' 테마. *슬라브硏究*. 제24권 2호. p.162).

6) Sadie, S. Acis and Galatea. *Grove Music Online*. (ed.) L. Macy. grovemusic.com(참조: https://doi.org/10.1093/gmo/9781561592630.article.O005248 2019.8.1. 최종확인).

상당한 금액을 당시 유럽에서 3대 버블[7]로 꼽혔던 남해회사(South Sea Company)의 주식에 투자하였다. 헨델은 남해회사의 주식을 1716년에 사들였다가 거품이 붕괴되기 전에 매도하여 거금을 벌었다.[8] 이때 벌어들인 돈은 후일 헨델이 귀족들과 함께 영국식 오페라를 이어가기 위한 음악가를 양성하는 왕립음악학교(Royal Academy of Music)를 세우고 음악계에서 자신의 입지를 공고히 하는데 사용하였다고 한다.

남해회사[9]는 영국 정부가 진 빚을 구조조정하기 위하여 1711년에 설립된 특수목적회사이다. 당시 영국 정부는 대외적으로 두 개의 전쟁[10]에 개입하고 있었기에 전쟁비용을 조달하기 위한 재정적 압박을 받고 있었고, 거래은행인 영국은행(Bank of England)[11]의 서비스에 대한 불만이 고조되어 있었다. 영국 정부의 부채관리방식은 주먹구구식이어서 정부 내 각 부처별로 부채를 조달하였을 뿐 정부 전체의 부채규모를 파악한다거나 부채상환계획을 세우지 않아 통합적 관리가 이루어지지 않고 있었다. 그러던 중 로버트 할리(Robert Harley)가 정부부채에 관한 종합적인 정보를 제공하며 의회를 설득하여 정부의 부채를 조사하는 위원회를 구성하였다.[12]

---

7) 3대 버블은 네덜란드의 튤립 버블(Tulip Bubble), 프랑스의 미시시피 버블(Mississippi Bubble), 그리고 영국의 남해회사 버블(South Sea Company Bubble)을 지칭한다.

8) Deutsch, O. E. 1955. *Handel: A Documentary Biography*. London: Adam and Charles Black. pp.70–71.

9) 남해회사(South Sea Company)의 공식 명칭은 "어업을 장려하고 남해 및 아메리카 대륙의 다른 지역과 교역하기 위한 대영제국의 상인들의 회사와 총재(The Governor and Company of the merchants of Great Britain, trading to the South Seas and other parts of America, and for the encouragement of fishing)"이다(출전: Dale, R. 2004. *The First Crash: Lessons from the South Sea Bubble*. London: Princeton University Press. p.40).

10) 한편으로 스페인의 왕위 계승을 놓고 프랑스와 전쟁을 벌이고 있었고, 또 한편으로는 발트해 지역의 패권을 놓고 스웨덴과 반 스웨덴 세력이 벌인 제2차 북방전쟁(the Second Northern War 또는 Great Northern War)에 개입되어 있었다.

11) 영국은행은 1694년에 영국 정부에 서비스를 제공하기 위하여 설립된 은행이다. 세계에서 8번째로 오래된 은행이며, 설립 당시에는 사기업이었으나 1946년 국유화되었다(Clapham, J. H. 2008. *The Bank of England: A History*. Cambridge University Press, London).

12) 이 위원회의 구성원은 로버트 할리 자신과 자신의 형제인 에드워드 할리(Edward Harley), 처남 매부 사이인 폴 폴리(Paul Foley), 영국 정부의 화폐주조 사업을 총괄하던 재무성 장관(the Secretary of the Treasury)인 윌리엄 로운즈(William Lowndes), 투표를 함께 하기로 한 의원들 200여 명이 결성한 10월 클럽(the October Club)의 대표이던 존 아이슬라비, 그리고 병사들에게 지급하던 선불수당(Imprests) 등 정부예산의 사용처에 대한 감사인 2명 등이다.

위원회의 조사결과 정부는 9,000,000파운드의 부채를 지고 있는 것으로 결론을 내렸으나, 이를 갚을 수 있는 수익을 창출할 방안은 없었다.

에드워드 할리와 존 블런트(John Blunt)는 남해회사(South Sea Company)를 새로 설립하고 남해회사의 주식을 채권자들에게 액면가에 사도록 하여 어마어마한 금액의 정부 부채를 정리하고자 계획을 세웠다. 주식에 대한 납입액은 채권 금액으로 대체하고, 대신 정부는 연리 6%의 이자와 상당액의 비용을 배당 형식으로 주주들에게 매년 지급하기로 하였다. 이에 대한 보상으로 남해회사에는 남아메리카 해역의 무역에 관한 독점적인 권한을 주었다. 이러한 독점적 무역 권한은 얼핏 보기에 매우 매력적이었지만, 당시 영국은 남아메리카와 인근 해역의 패권을 장악하고 있던 스페인과 전쟁 중이었다. 따라서 독점적 무역권은 전혀 실속이 없는 권한에 불과했고 남해회사의 수익모델은 출발부터 실패가 예정되어 있는 부실한 계획이었다. 실제로도 남해회사는 이 독점적 무역에서 수익을 실현하지 못하였다.

할리와 블런트를 비롯한 정치인들은 남해회사의 경영에 관여하여 여러 가지 명목으로 엄청난 고액의 보상을 받았다. 예를 들면, 블런트는 남해회사의 정관을 마련한 대가로 3,846파운드를 수령하였다. 헨델이 유트레흐트 조약을 기념하여 유트레흐트 데 데움과 쥬빌라테(Utrecht Te Deum and Jubilate)를 작곡하여 앤 여왕(Queen Anne)에게 바친 후 앤 여왕에게 특별히 받기로 한 연봉이 200파운드에 불과한 것과 비교하면 이는 엄청난 특혜였다. 이 정치인들은 영국은행과 동인도회사(East India Company)의 관리자들은 남해회사의 경영에 참여할 수 없도록 배제하였으며, 남해회사의 주식을 설립 초기에 낮은 금액으로 구입하기도 하였다.

영국은 1713년의 유트레흐트 평화협정(Treaty of Utrecht) 덕분에 스페인의 영토[13]에 매년 4,800명의 노예를 30년간 공급할 수 있는 아시엔토(Asiento) 계약을 맺게 되었다. 이 계약에 따라 노예무역에 참여한 남해회사는 첫 해에 공식적으로 1,230명의 노예를 신고 북미 대륙으로 건너갔다.[14] 비공식적으로는 노예선 선장이

---

13) 영국은 당시 스페인의 영토였던 부에노스아이레스(Buenos Aires), 카라카스(Caracas), 카르타헤나(Cartagena), 하바나(Havana), 파나마(Panama), 포르토벨로(Portobello) 및 베라크루즈(Vera Cruz)에 영업소를 개설하고 노예선을 보낼 수 있게 되었다.

14) 당시 노예의 거래가격은 16세 이상의 성인 1명당 10파운드, 10세 이상 16세의 노예는 8파운드였다. 노예들 중 2/3는 남자였고, 90%가 성인이었다고 한다(Carswell, J. 1960. *The South Sea Bubble*. London: Cresset Press).

자신의 이익을 위해 더 많은 노예를 태웠을 것으로 추측된다. 첫 번째 노예선은 스페인 당국이 아시엔토 계약을 인정하지 않아서 손실을 보고 거래를 하기도 하였다.

프랑스에서 벌어진 일도 남해회사의 주가에 영향을 미쳤다. 스코틀랜드에서 살인을 저지르고 프랑스로 건너간 존 로(John Law)가 세운 은행이 프랑스의 국립은행인 왕립은행(Banque Royale)으로 지정되고 존 로는 프랑스의 경제를 좌우하는 자리를 차지한 것이다. 이러한 사건은 블런트를 자극하여 그는 자신들의 영향력을 확대하려고 더욱 노력하였고, 남해회사의 주식을 산 다른 사람들에게 일확천금의 꿈을 꾸게 만들었다.

1719년에 크랙스(Craggs)는 의회에 새로운 제안을 하였다. 즉, 1710년 이후에 발행된 복권의 당첨금을 남해회사의 주식으로 지급하자는 것이었다. 주식으로의 전환은 자발적 의사에 따르도록 하였지만, 당첨금을 전부 주식으로 전환한다면 2,500,000파운드 어치의 주식이 발행되어야 했다. 남해회사는 연리 5%의 이자율로 750,000파운드를 정부에 대출할 예정이었다.

그 해 봄에 제임스 에드워드 스튜어트(James Edward Stuart)가 스코틀랜드에서 반란을 일으켰다. 반란군의 수뇌가 사로잡혔다는 조작된 소문이 퍼져 남해회사의 주가가 상승하였고, 이로 인해 남해회사도 반사이익을 보았다. 1719년에 영국 정부는 그동안의 조치가 성공적이라 평가하고, 새로운 시도를 하기로 하였다. 프랑스에서 존 로가 만든 회사의 주가가 급상승하였다는 소식이 전해지고 대형 보험 투자안 2개가 등장하면서 시중의 자금이 다른 곳으로 이동하고 있다고 판단한 남해회사의 경영진은 급히 대처방안을 내어놓아야 했다.

아직 정리되지 않은 채로 남아 있는 영국 정부의 채무총액 약 50,000,000파운드 중 30,981,712파운드를 남해회사의 주식으로 전환시키기 위한 새로운 계획은 다음과 같았다. 채권자들에게 매년 지급하던 금액을 5%의 이자율을 적용하여 일시불 지급액, 즉 현재가치로 계산한 후 이 금액을 액면가로 하여 채권자에게 주식을 발행한다. 주가가 계속 오르고 있는 중이기 때문에 채권자들의 불만을 달랠 수 있었고, 오히려 유동성을 선호하는 채권자들의 환영을 받았다. 주식은 채권총액만큼 발행하고 채권자에게 발행한 주식을 제외한 나머지 주식은 회사와 정부의 몫으로 하였다. 따라서 채권을 주식으로 전환하기 전에 주가가 많이 오를수록 회사에는 이득이 되는 것이었다. 영국 정부는 현재가치로 계산된 금액을 원래 채권자와의 약정과 같이 일정 기간에 걸쳐 회사에 지급하기로 약속하였다. 그러나 이자율은 7년 뒤에

4%로 떨어뜨리기로 하였다. 그 1년 뒤에는 회사가 오히려 정부에 3,000,000파운드를 4분기에 걸쳐 나누어 지급하기로 하였다.

이러한 계획이 실행되기 전에는 영국 정부가 채무 때문에 매년 1,500,000파운드를 지출하고 있었다. 그러나 이제 영국 정부는 현금을 받을 수 있게 되었고, 7년 뒤에는 채무를 갚는 시기를 조절할 수 있게 되어 채무위험에 대한 통제를 할 수 있게 되었다. 남해회사의 입장에서도 정부를 돕는다는 명분이 있을 뿐더러, 경쟁사인 영국은행이 금융시장에서 차지하는 영향력을 빼앗아 올 수 있었다.[15] 당시 남해회사의 주식은 주당 123파운드에 거래되었고, 새로운 주식 발행으로 약 5,000,000파운드의 새로운 자금이 산업계로 유입되었다.

의회에 이런 계획이 보고되자 영국은행이 더 유리한 계약을 제시할 수도 있다는 주장이 제기되어 영국은행과 남해회사 사이의 경쟁이 시작되었다. 최종적으로 남해회사는 이자율을 낮추는 시기를 7년에서 4년으로 앞당기고, 영국 정부에 지불하는 금액을 3,000,000파운드에서 4,000,000파운드로 증가시키는 동시에 채권의 주식 전환액수에 따라 추가로 지불하기로 약속하였다. 또한 영국은행이 취급하던 1,000,000파운드 상당의 정부 채권도 대신 매각해주기로 하였다. 이로 인하여 영국은행의 주가는 급격히 추락하였다.

남해회사는 1719년 크리스마스 경에 배당금의 지급을 12달 연기한다는 공시를 하면서 회사가 곤경에 빠져있다는 첫 번째 신호를 보내기 시작하였다. 회사는 부정적인 신호를 감추고 우호적인 여론을 형성하기 위하여 일부 주주들에게 주식을 시장가격에 매각할 수 있는 주식을 발행하였다. 현대의 스톡옵션(stock option)과 유사한 이 제안은 보유 주식을 미래 아무 때나 회사에 팔 수 있도록 한 것이었다. 이렇게 특별한 옵션을 가진 주

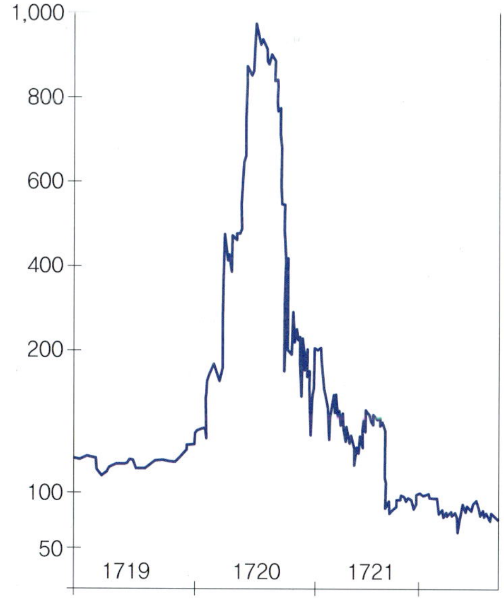

남해회사의 주가변동(단위: 파운드/주)

15) Carswell, J. 1960. *The South Sea Bubble*. London: Cresset Press. pp.102–107.

식은 크랙스(Craggs) 부자와 가우어(Gower) 경, 랜즈다우니(Lansdowne) 경, 그리고 다른 네 명의 의원들에게도 발행되었다. 주가가 1파운드 오를 때마다 선더랜드(Sunderland) 경은 500파운드씩 이득을 얻었고, 국왕 조지 1세의 연인과 그 자녀들은 120파운드씩, 아이슬라비(Aislabie)는 200파운드씩, 스탠호프(Stanhope) 경은 600파운드씩 이득을 얻었다. 심지어 해군성의 재무담당관인 햄덴(Richard Hampden)은 국고 25,000파운드를 전용하여 자신의 명의로 이 특별한 주식에 투자하였다.

1720년 봄에 채권의 주식 전환이 시작되었고, 남해회사는 정시상환채권의 80%와 수시상환채권의 85%를 주식으로 전환하였다. 채권의 주식 전환이 시작되기 직전인 1, 2, 3월에는 주가가 128파운드, 175파운드, 그리고 330파운드로 상승하기 시작해서 주식 전환이 마무리된 5월 말에는 550파운드가 되었다. 남해회사의 주가수익률(PER: Price Earnings Ratio)이 이렇게 높을 수 있었던 배경에는 의회와 국왕이

〈남해회사 사기극(Emblematical Print on the South Sea Scheme)〉 1721년. 윌리엄 호가스(William Hogarth) 작(출처: Ronald, P. *Hogarth's graphic works*. 3ed. 1989. London: Print Room).

배후에서 도와주어 생긴 70,000,000파운드 가량의 신용자금 때문에 풍부해진 시장의 유동성 때문이었다.

당시의 남해회사 주식에 대한 열풍이 얼마나 대단하였는지는 영국 풍자화의 아버지라 불리는 윌리엄 호가스(William Hogarth)의 풍자적인 작품 〈남해회사 사기극(Emblematical Print on the South Sea Scheme)〉에 잘 나타나 있다.

이 그림의 배경은 런던이다. 왼쪽에 런던시청(the Guildhall)과 커다란 고그(Gog or Magog)족의 동상이 있으며, 오른쪽에는 런던의 대화재 기념비(The Monument to the Great Fire of London) 위에 고전적인 양식의 기둥이 서 있다. 뒤쪽으로 세인트 폴 성당(St Paul's Cathedral)의 돔이 건물 사이로 보이고 있다. 기둥의 밑에는 여우 두 마리가 싸우고 있으며, 받침에는 이렇게 적혀 있다: "이 기념비는 남해회사가 1720년에 도시를 황폐화시킨 것을 기념하기 위해 세워졌다." 호가스의 작품에서 도시의 욕망을 상징하는 기념비가 기독교의 사랑을 상징하는 세인트 폴 성당을 작아 보이게 만들 정도로 크게 그려진 것이 우연은 아닐 것이다.

작품의 중앙에는 당시의 사회계층을 대표하는 다양한 인간들이 행운의 회전목마(Wheel of fortune or merry-go-round)를 타고 있다. 왼쪽에 창녀와 성직자, 가운데에 구두닦이와 노파, 그리고 제일 오른쪽에 스코트랜드의 귀족이 살찐 말을 타고 있는데 이들은 남해회사 사기극에 희생된 사람들을 상징한다. 회전목마 위에는 염소 한 마리가 올라가 있고 "누가 타시겠습니까?"라는 구호가 적혀 있다. 옷을 잘 차려입은 채 회전목마를 타려고 서로 밀치고 있는 군중들은 남해회사의 주식을 사려는 사람들의 어리석음을 상징한다. 회전목마 앞쪽에 있는 군중들 속에 키작은 소매치기가 어느 신사의 주머니를 마음 놓고 탐색하는 것이 보인다.[16)]

수레바퀴의 이미지는 쟈크 칼롯(Jacques Callot)의 연작 〈전쟁의 재난과 불행(The Miseries and Misfortunes of War)〉 중의 하나인 〈교수형(La Pendaison)〉이란 작품을 익살맞게 모방한 것이고, 군중들은 〈바퀴(La Roue)〉란 작품에서 빌려온 것이다. 왼쪽 위에 있는 발코니에는 여인들이 남자들의 사교 모임에 들어가기 위해 줄을 서 있다.[17)]

---

16) 이 소매치기는 당시 남해회사 사기극으로 이익을 얻은 교황 알렉산더(Alexander Pope)를 묘사한 것이고 신사는 존 게이(John Gay)라고 한다(Paulson, R. 1992. *Hogarth The modern moral subject*, 1697-1732. Lutterworth Press. p.65).

17) 입구에 적혀 있는 문구는 다음과 같다: "여기에서 남편감을 복권 방식으로 판매합니다."

등장하는 인물들의 모습을 추상적 단어로 묘사한 데에서 풍자는 절정을 이룬다. 왼쪽 중앙에는 돈 많은 상속녀가 눈가리개를 채우고 머리카락이 묶인 채로 시청(악마의 상점)의 발코니에 걸려 있다. 그녀의 신체는 날개를 달고 있는 악마가 낫으로 베어내어 피가 뚝뚝 떨어지는 채로 군중들에게 던져지고 있다. 왼쪽 아래에서는 입고 있는 옷으로도 판별이 가능한 가톨릭, 유대교 그리고 신교의 사제들이 모여 뒤편의 떠들썩한 광경은 아랑곳하지 않고 자기들끼리 도박판을 벌이고 있다. 그들의 오른쪽에는 이기심(Self-interest)에 의하여 파산한 채로 벌거벗은 정직(Honesty)이라는 인물이 바퀴 위에 벌거벗은 채 누워 있다. 이를 영국 국교의 사제가 내려다 보고 있다. 좀더 오른쪽에는 기둥 아래에서 착하게 보이도록 해주는 가면을 벗어 다리 사이에 거꾸로 집어넣은 악당이 영광(Honour)에게 매질을 하고 있다. 바로 옆에는 흉내쟁이의 상징인 원숭이가 신사처럼 모자를 쓰고 검을 찬 채로 영광(Honour)의 망토를 빼앗아 두르고 있다. 오른쪽 아래 구석에는 거래(Trade)가 이 모든 상황을 무시한 채 죽은 듯이 누워 있다.

정치인들도 주식을 시가에 구입하였다. 다만, 이들은 주식의 구매를 약정만 하고 대금은 치르지 않았다. 이들은 주가가 상승하면 원하는 시기에 남해회사에 주식을 매도하여 이득을 본 후에 차액을 지급받았다. 따라서 정치인들은 주가를 상승시킬 동기를 갖게 되었고, 남해회사는 유명 정치인의 이름을 후광으로 이용하여 일반인들의 주식 매입을 유도하였다.

당시 영국에서 이러한 방식으로 일반 대중의 자금을 끌어모으는 회사는 남해회사 하나 뿐만이 아니었다. 주식회사 형태의 다른 많은 회사들이 해외에 수익성 있는 투자를 진행한다는 등의 터무니없는 주장을 하였다. 때로는 보험회사를 설립하기 위한 목적으로 자금을 모집하기도 하였다. 당시의 사람들은 이러한 시도들을 '거품(Bubbles)'이라고 불렀다. 이들 회사들은 설립정관이 없거나 승인된 정관이 있더라도 정관에 규정된 사업목적 이외의 사업을 하고자 하였다.

1720년 2월 존 헝거포드(John Hungerford) 의원이 주도하여 구성한 위원회가 40,000,000파운드의 자금을 모집한 대표적인 회사들의 영업활동을 조사하고 승인된 정관에 규정된 사업 이외의 사업은 할 수 없도록 하는 원칙을 세웠다. 그러나 남해회사의 운영에 깊숙하게 관련되어 있던 할로우 스워드 블레이드(Hollow Sword Blade)사를 조사하려는 안건이 위원회에 회부되었을 때 남해회사와 이해관계가 일치한 의원들이 대거 위원회에 몰려가서 이 안건을 부결시켰다. 이러한 일이 가능했던 것은 당시 영국 하원의 위원회 제도 때문이다. 하원에는 '개방된(open)' 위원회와 '비밀(secret)' 위원회가 있었는데, 의원들은 언제든지 개방된 위원회의 위원이 될 수 있었기 때문이다. 이 위원회의 위원장이던 헝거포드도 뇌물을 받은 혐의로 하원에서 추방된 전력이 있을 정도였다. 이 같은 방해와 견제에도 불구하고 거품법안(Bubble Act)은 월폴(Walpole)과 크랙스(Craggs)의 지원을 받아 결실을 맺게 되었다. 그 결과 왕립거래보험사(Royal Exchange Assurance Corporation)와 런던보험사(London Assurance Corporation)의 정관을 규정하였으며, 이 회사들은 사업을 승인받은 대가로 300,000파운드를 납부하였다. 또한 이 법안은 주식회사가 의회나 국왕의 승인을 받아야만 설립되도록 규정하였다.

이 법안이 통과되어 경쟁회사의 설립이 어려워지자 남해회사의 주식은 1720년 6월에 주당 890파운드까지 상승하였다. 그러자 사람들이 주식을 내다 팔기 시작하였고 주가는 떨어지기 시작하였다. 주가의 폭락을 막기 위하여 남해회사의 관리자들은 시장에서 주식을 사들여 750파운드 선에서 주가를 떠받쳤다. 남해회사의 주가가 상승하자 영국의 농부에서 귀족까지 많은 사람들이 남해회사의 주식을 좇아 부화뇌동의 군집행동(herd behavior)[18]을 하였다. 그 결과 주가는 8월에 1,000파운드까지 상승하지만, 결국 1720년 말에는 100파운드로 떨어진다. 이 과정에서 빚을 내어 주식을 매입했던 사람들은 파산상태에 내몰려 급하게 주식을 내다 팔았고, 공매도하는 사람들도 있었다. 회사가 주가를 부양할 목적으로 돈을 빌려주면서 주식을 사도록 부추긴 사람들도 빚을 갚기 힘들어졌다. 이 때문에 주가는 더 떨어지게 되어 악순환에 빠져들었다. 공교롭게도 프랑스에서는 존 로의 미시시피회사도 파산에 내몰렸다.

주가가 폭락하면서 개인들은 물론 은행가, 금세공인과 귀족들도 많은 피해를 보았고, 이들의 원성은 의회를 움직였다. 의회의 주도하에 위원회가 구성되어 남해회사를 조사하였다. 외부의 감사인으로 이 조사과정에 참여한 찰스 스넬(Charles Snell)은 남해회사의 장부를 조사하는 임무를 맡았다. 그러나 관련자들 중 일부는 관련 기록을 들고 영국을 떠나 다른 나라로 도피하여 완벽한 조사를 할 수는 없었다. 스넬의 최종 보고서에 따르면 경영진 사이에는 부정이 만연되어 있었으며, 부패한 의원들이 이들에게 우호적인 태도를 보이며 감싸주고 있었다. 이 보고서 덕분

18) Paul, H. J. 2010. The South Sea Bubble: an economic history of its origins and consequences, *Routledge Explorations in Economic History*. Routledge, London.

에 찰스 스넬은 회계 역사상 최초로 회계부정을 조사하기 위하여 외부에서 고용된 감사인으로 공인되었으며, 이 사건은 영국공인회계사(Charterd Accountants) 제도가 출발하는 계기가 되었다.[19)]

존 아이슬라비, 제임스 크랙스 부자, 스탠호프 경, 선더랜드 경 등이 조사를 받았는데 '가장 악명 높고, 위험하며 저질적인 부패'를 저지른 것으로 판명된 아이슬라비는 감옥에 갇히게 되었다. 남해회사의 이사 33명이 직위해제되었으며, 그들의 재산 중 평균 82%가 몰수되었다. 이 돈은 남해회사 버블의 피해자들에게 지급되었고, 남해회사의 주식은 영국은행과 동인도회사가 인수하였다.

이 조사를 주도한 로버트 월폴(Robert Walpole)은 공공시스템에 대한 대중의 신뢰를 회복시켰을 뿐만 아니라, 국왕인 조지 1세와 그의 연인이 다치지 않도록 조치하였으며 여러 명의 장관들이 탄핵되지 않도록 정치적 수완을 발휘하였다. 그는 하노버 왕조와 휘그(Whig)당을 위기에서 구해낸 것이다. 월폴은 이러한 공로를 인정받아 정치가로서 승승장구하게 되고, 영국 역사상 실질적인 최초의 내각 수반이 되어 20여 년간 장기집권하였다.

헨델은 남해회사의 주식에 투자하여 이득을 보았지만 투자에 실패하여 쓴 맛을 본 유명인들도 있다. 예를 들면, 과학자인 아이작 뉴튼(Isaac Newton)은 남해회사의 투자에 실패하고서는 "별들의 움직임을 계산해 낼 수는 있지만, 사람들의 광기는 계산할 수 없다(I can calculate the movement of the stars, but not the madness of men)"고 하였다.[20)] 뉴튼 외에도 〈걸리버 여행기(Gulliver' Travels)〉를 쓴 조나단 스위프트(Jonathan Swift)도 남해회사의 주식에 투자하여 손실을 보았다.

남해회사의 거품 뒤에는 정부의 부채를 언제 정리할지에 관한 정보를 미리 알아내어 채권을 미리 구매함으로써 큰 이익을 본 내부거래자들도 있었고, 내부거래가 가능하도록 도와주고 큰 액수의 뇌물을 받은 정치인들이 있었다.[21)] 회사의 공금으로 자사주를 취득하거나 회사에서 돈을 빌려 주식을 산 후 그 주식을 담보로 더 많

---

19) Singleton, T., A. Singleton, J. Bologna, R. Lindquist. 2006. *Fraud Auditing and Forensic Accounting*. 3rd ed. Wiley & Sons. Hoboken, NJ. p.37.

20) O'Farrell, J. 2008. *An Utterly Impartial History of Britain: (Or 60 Years of Upper Class Idiots in Charge)*. Black Swan.

21) Marshall, D. 2014. *Eighteenth Century England*. Taylor & Francis. pp.121–130.

은 주식을 사기도 하였다. 남아메리카에서의 독점무역권이 남해회사가 큰 돈을 벌 수 있도록 하여 줄 것이라는 예상은 대중으로 하여금 주식을 사도록 유도하는 도구로 사용되었으나, 가격은 추정 이익과는 관계없이 거품이 끼게 되었다.[22)]

남해회사는 이후 구조조정을 거쳐 다른 영업 분야, 예를 들면 북극 지방에서의 고래잡이에도 진출하면서 생존하기 위해 노력하였다. 그러나 정부가 남해회사의 포경업에 면세의 특혜를 주었음에도 불구하고 이익을 내지 못하였고 1732년 이후에는 더 이상 배를 띄우지 않았다.[23)]

---

22) Paul, H. J. 2010. *The South Sea Bubble: an economic history of its origins and consequences*. Routledge Explorations in Economic History. Routledge, London.

23) 이 사건을 계기로 경쟁사이던 영국은행은 영국 정부의 거래은행으로서의 지위를 확고히 하게 된다(Thornbury, W. 1878. Threadneedle Street. *Old and New London: Volume 1*. pp.531–544. BRO(British History Online), London(https://www.british-history.ac.uk/old-new-london/vol1/2019.8.2. 최종확인)).

5 전신사조(傳神寫照)와 내부회계관리제도

조선시대에 그려진 자화상이 그리 많지는 않지만 그 중에서 가장 독특한 작품이 공재 윤두서[1]의 〈자화상(自畵像)〉이다. 이 자화상은 윤두서가 17세기 후반에 정쟁으로 자신의 꿈을 접고 한양에서 고향으로 내려온 이후에 그렸다고 한다. 가로 20㎝, 세로 38㎝의 이 그림은 원래 반신상으로 그려졌으나 유탄으로 그린 상반신 부분은 오랜 세월이 지나면서 희미해지고 채색된 얼굴 부분만 남았다고 한다.[2]

눈 주위의 안경 자국은 물론 콧수염과 구레나룻이 한 올 한 올 세밀하게 그려져 있으며, 정면을 응시하는 부리부리한 눈, 힘있게 다문 입, 치켜 오른 눈썹, 턱수염이 강렬하게 시선을 끌고 있다. 특히 형형하게 쏟아지는 눈빛은 그가 강인한 정신력과 자존감을 지니고 있는 인물임을 알려주고 있다. 화가가 자신이 처한 어려운 상황 속에서도 굳건한 의지를 잃지 않고 의연함을 확인하기 위해 그린 자화상[3]이 아닐까

---

1) 윤두서(尹斗緖, 1668~1715)는 해남의 명문가 출신이다. 자는 효언, 호는 공재이다. 그의 증조부가 고산 윤선도이고, 외증손자는 정약용이다. 조선 후기의 뛰어난 화가인 삼재(三齋: 恭齋 윤두서, 謙齋 정선, 玄齋 심사정) 중 하나로 꼽힌다.

2) 적외선을 이용하여 윤두서의 이 자화상을 검사한 결과, 원래 귀와 목을 포함한 상체가 다 그려져 있었다고 한다. 또한 윤두서는 단정하게 여민 옷깃과 정돈되고 완만한 옷 주름까지 생생하게 묘사된 도포를 입고 있었다. 이처럼 그림의 일부가 육안으로 보이지 않는 이유는 제작 당시 사용된 유탄 등의 안료가 오랜 세월에 훼손되었거나 윤곽선이 화면의 뒷면에 그려져 있기 때문일 수 있다(참고: 천주현, 유혜선, 박학수와 이수미. 2006. 〈尹斗緖 自畵像〉의 표현기법 및 안료 분석. *미술자료*. 74. pp.81-95).

3) 공재 윤두서의 이 작품은 2013년 개봉된 영화 〈관상(觀相)〉의 주연 배우 송강호의 포스터를 위한 모티브로 사용되었다고 한다.

〈자화상(自畵像)〉 17C 후반. 공재 윤두서 작. 국보 제240호. 고산 윤선도 유물전시관 소장

하는 생각이 들 정도이다.

우리가 느끼는 이런 강렬함은 그의 얼굴이 원래 특별히 개성적으로 생겼다든가 세월에 따라 얼굴만 도드라지게 남은 특이한 구도 때문만은 아니다. 얼굴선을 따라 억세게 치켜올라간 짧은 수염들이 세밀하게 묘사되어 수염 한 올 한 올이 각자 자기 주장을 강하게 하고 있는 것 또한 강렬한 인상을 주는 중요한 요소이다. 윤두서가 그런 의도를 가지고 그렸는지는 알 수 없지만, 그가 조선시대 초상화의 작성원칙을 충실하게 지켜 작업했다는 것은 분명히 알 수 있다.

예로부터 동양의 자화상이나 초상화에는 '털끝 하나라도 틀리면 그 사람이 아니다(一毫不似 便是他人)'[4]라는 원칙이 있었기에 화가들은 인물을 묘사함에 있어 얼굴의 점 하나, 터럭, 그리고 주름 하나는 물론 땀구멍까지도 놓치지 않고 표현하였다.[5] 초상화와 자화상의 인물을 왜곡하지 않고 있는 그대로 그려야 한다는 시대적인 공감대가 있었던 것은 제사에 사용하는 영정이 실제 모습과 다르면 다른 사람에게 제사를 지내는 것과 같다고 여겼기 때문이다. 정조가 정승을 지낸 채제공의 늙고 초라한 초상화를 보고 마음 아파하며 다시 그리라고 권하자, 채제공은 이처럼 자신의 모습을 잘 담은 그림은 다시 없을 것이라고 말하며 고사했다는 일화에서도 초상화에 대한 조선 선비들의 사회적 함의를 읽을 수 있다.

조선시대의 초상화 작업은 '일호불사 편시타인(一毫不似 便是他人)'의 원칙에 더하여 인물을 단순히 재현하는 데 그치지 않고 그 정신까지 담아내야 한다는 의미를 가진 '전신사조(傳神寫照)'[6]라는 더 까다로운 개념을 충족시켜야 하는 어려운 작업이었다. 즉, 단순히 똑같이 그려내는 것만으로 훌륭한 그림이 되는 것이 아니고 대상의 인품이 그림에서 배어나도록 그려야 한다는 것이다. 극사실적인 묘사가 단순

---

4) 북송의 성리학자인 정이(程頤, 1033~1107)가 이러한 원칙을 주장하였다고 한다(오주석. 2017. *한국의 미 특강*. 푸른역사).

5) 이러한 조선 회화의 사실주의 사조는 얼굴의 근육과 피부의 결을 따라 운율적으로 붓을 찍어 얼굴의 요철과 명암을 표현함으로써 인물을 보다 현실적으로 표현하는 육리문(肉理紋) 기법을 발전시키기도 하였다.

6) 전신사조(傳神寫照)는 동진시대의 대화가였던 고개지(顧愷之, 344~406)가 주장한 중요한 원칙이다. 고개지는 〈위진승류화찬(魏晋勝流畵贊)〉이란 책의 서평에서 '열녀(列女)' 그림에 대해 "사람 그리기가 가장 어려운 것이다. 열녀를 그리는데 조각하여 용모와 자세를 만든다 하더라도 생기를 그릴 수 없다" 라고 논평하였다. 조각하여 용모와 자세를 만든다고 하는 것은 인물의 형사(形似)에 중점을 둔 틀에 박힌 그림을 말하는 것이다.

〈자화상(Autoportrait)〉 1893년. 알프레드 르 쁘띠(Alfred Le Petit) 작

히 있는 그대로를 의미하지 않는다는 것이다. 윤두서는 그림을 그릴 때 그 대상을 면밀히 관찰하고 그 참모습에 털끝만큼도 의심이 없을 때에 비로소 붓을 들었다고 한다.

우리나라에서는 고려시대부터 인물화를 그릴 때 비단을 많이 사용하였는데, 서양의 그림처럼 비단의 앞부분에 붓을 대고 그리는 것이 아니라 비단의 뒷면에 안료를 칠하여 그것이 앞쪽으로 배어 나오도록 하는 배채법(背彩法) 방식을 사용하였다.[7] 윤두서의 〈자화상〉에서 인물이 가진 내면의 기운이 배어나오는 것처럼 느껴지는 데에는 이러한 회화적 기법도 한 몫 거들었으리라 생각된다.

서양에서도 많은 화가들이 자화상을 그렸는데 그 중에서 알프레드 르 쁘띠(Alfred Le Petit)의 〈자화상(Autoportrait)〉을 살펴보자. 일반적인 자화상과 달리 이 자화상은 화가의 작업과정을 담아 그린 독특한 구도의 작품이다. 알프레드 르 쁘띠는 거울을 앞에 놓고 그 거울에 비친 자신의 모습을 화폭에 옮기고 있는 중인데, 이 자화상에는 4명의 알프레드 르 쁘띠가 등장한다. 노란 테두리의 거울 안의 화가, 그 뒤쪽으로 또 다른 거울에 뒷모습이 비추어진 화가, 거울에 비친 모습을 바라보며 캔버스에 옮기고 있는 화가와 아직은 완성되지 않은 초상화에 나타난 화가가 그들이다.

그림 속에서 화가는 자신의 앞모습을 정면으로 하는 자화상을 그리고 있다. 그럼에도 불구하고 자화상에는 나타나지 않을 자신의 뒷모습과 옆모습까지 관찰하고 있다. 2차원의 캔버스에 자신의 모습을 담아내야 하기 때문에 앞모습을 선택하여 그리고 있지만, 자신의 모습을 보다 충실하게 담고 싶어서 옆모습과 뒷모습까지 함께 3차원적으로 관찰하고 있는 것이다. 그의 이런 노력 덕분인지 작품 안에 얼굴이 보이는 3명의 알프레드는 모두 같은 모습으로 그려져 있는데, 이를 보고 유추해보건데 그의 자화상이 실제 그의 모습과 다르지 않을 것이라는 생각을 하게 된다.

윤두서와 알프레드 르 쁘띠의 작품에서 우리는 자화상을 그리는 화가들이 자신의 모습을 있는 그대로 파악하고 그리려 노력한다는 것을 알 수 있다. 우리나라의 자화상은 배채법을 이용하여 인물의 전체 모습을 드러내려 노력하였고, 르 쁘띠와

7) 조선시대에는 왕의 초상화인 어진을 비롯한 인물화에 이러한 방법을 많이 사용하였는데 안료가 오래되어 긁히고 깎여서 떨어지는 현상이나 검은색 배경에서 생기는 안료의 얼룩 등을 방지하고 채색 작품이 오랜 시간 자연스럽게 유지되도록 하였다. 고려시대부터 이어져 온 이 방법을 배채법(背彩法) 또는 복채법(伏彩法)이라고 한다.

같은 화가들은 뒷모습을 비추는 거울을 이용하여 뒷모습까지 앞모습에 담으려고 노력하였다.

자화상을 그리는 화가들의 이런 자세는 회계보고서를 작성하는 경영자에게 우리 사회가 바라는 모습이기도 하다. 자신을 직접 볼 수 없는 화가가 거울에 자신의 모습을 비추어보며 자화상을 그린 것처럼, 조직구성원들의 활동이 기록되는 회계시스템을 통해 경영자는 기업의 경영활동과 상태를 파악하고 재무제표를 작성한다. 회계시스템이 기업의 모습을 비추어주는 거울과 같은 역할을 하고 있는 것이다. 만일 거울이 평탄하지 않거나 깨져 있다면 그 거울에 비친 모습 또한 왜곡되어 제대로 본 모습을 비출 수 없을 것이다. 마찬가지로 회계시스템이 정상적으로 설계되고 운영되지 않는다면 그 기업이 제공하는 보고서는 기업의 실체를 정확하게 반영하지 못하게 된다. 마치 놀이공원에 있는 마술거울에 비춰진 모습처럼 회계보고서가 왜곡되는 것이다. 잘못된 정보를 토대로 내린 의사결정은 당연히 좋지 않은 결과로 이어질 가능성이 높다. 따라서 경영자는 기업에 대한 정확한 정보를 파악하기 위해서 기업의 활동과 회계시스템을 잘 설계하고 운영하여 기업의 실체가 왜곡되어 회계보고서에 나타나지 않도록 통제하여야 한다.

기업의 경영목적을 달성하기 위해서 경영자가 하는 역할 중 핵심적인 부분은 계획과 통제에 있다. 자원의 조달과 사용에 관련된 구성원들의 활동을 계획하고 실제 활동이 계획대로 이루어지도록 통제하는 것이 경영활동인 것이다. 이런 목적으로 만든 모든 제반 절차와 과정을 내부통제제도(Internal Control System)[8]라 하고, 그 중 회계정보의 신뢰성과 투명성을 확보하기 위해서 기업내부에 설치하는 내부회계관리규정과 이를 관리 · 운영하는 조직을 내부회계관리제도(Internal Accounting Control System)라고 한다.[9]

내부회계관리제도의 예를 들자면 다음과 같다. 주식을 발행하거나 차입을 통해 자금을 조달하려면 그 이전에 자금을 사용할 사업계획과 상환계획의 적절성이 검토되고 이사회의 승인을 거쳐야 할 것이다. 자산과 부채를 평가하는 기준 또는 수익과 비용을 인식하는 기준 등은 반드시 이사회의 결의를 거쳐서 구체적인 회계처

8) 1992년 발표된 COSO보고서에서 내부통제의 목적을 효과적이고 효율적인 운영, 신뢰성 있는 재무보고, 법률과 제도에 대한 준법으로 규정하고, 그 구성요소를 통제환경, 위험평가, 통제활동, 정보 및 의사소통, 모니터링으로 제시하였다.

9) 주권상장법인과 직전 사업연도 말 자산총액(개별회사 기준)이 1천억원 이상인 비상장법인이 대상이다.

리 절차와 방침이 결정되어야 하며, 이사회는 감사나 감사위원회의 의견을 들어 그 타당성을 판단하여야 한다는 것이다. 이런 과정과 절차가 제대로 구축되어 있고 제대로 운영되고 있다면 회계자료에서 오류나 부정이 발생할 가능성이 낮아질 것으로 기대할 수 있다.

〈주식회사 등의 외부감사에 관한 법률(외감법)〉에 따르면 회사는 회계 또는 내부통제에 관해 전문성을 갖춘 내부회계관리자를 반드시 임명하여야 하며, 대표이

[예: 내부회계관리제도 운영실태보고서]

××주식회사 주주, 이사회 및 감사(위원회) 귀중

본 대표이사 및 내부회계관리자는 20××년 ×월×일 현재 동일자로 종료하는 회계연도에 대한 당사의 내부회계관리제도의 설계 및 운영실태를 평가하였습니다.

내부회계관리제도의 설계 및 운영에 대한 책임은 본 대표이사 및 내부회계관리자를 포함한 회사의 경영진에 있습니다.

…

…

본 대표이사 및 내부회계관리자는 보고내용이 거짓으로 기재되거나 표시되지 아니하였고, 기재하거나 표시하여야 할 사항을 빠뜨리고 있지 아니함을 확인하였습니다. 또한 본 대표이사 및 내부회계관리자는 보고내용에 중대한 오해를 일으키는 내용이 기재되거나 표시되지 아니하였다는 사실을 확인하였으며, 충분한 주의를 다하여 보고 내용의 기재사항을 직접 확인 검토하였습니다.

…

…

20××년 월 ×일

대표이사 ×××(인)

내부회계관리자 ×××(인)

사는 내부회계관리제도의 운영실태를 주총에 직접 보고해야 하며, 이사회 및 감사에게 대면보고하도록 의무화되어 있다. 외부감사인 또한 재무제표뿐만 아니라 회사의 내부회계관리제도에 대해서도 감사를 실시하여야 한다.[10] 회사의 사업보고서에는 내부회계관리제도 운영실태보고서를 첨부해야 하는데, 그 내용은 내부회계관리제도의 설계 및 운영 책임이 대표이사를 비롯한 경영진에게 있음을 명확하게 확인하고, 보고내용에 대해서도 거짓없이 투명하게 작성되었음을 직접 확인하도록 명시되어 있다.

자화상을 그리는 화가에게 거울은 반드시 필요한 도구이며 그 거울은 사물을 왜곡시키지 않는 평면의 거울이어야 한다. 자신의 경영활동에 대한 결과인 회계보고서를 스스로 작성해야 하는 경영자에게도 자신을 돌아볼 수 있는 거울이 필요하다. 이 거울 역시 오목하거나 볼록하지 않아 사물을 있는 그대로 비춰 줄 거울이어야 한다. 그런 평면거울의 역할을 기대하며 도입된 제도가 내부회계관리제도인 것이다. 경영자는 그런 거울에 먼지가 끼어 사물이 흐릿하게 비치지 않도록 부지런히 닦아 깨끗하게 관리하여야 할 것이다. 윤두서가 '일호불사 편시타인'과 '전신사조'의 원칙에 충실하였던 것처럼 털끝 하나라도 놓치지 않고 기업의 정신까지 담아낼 각오로 내부회계관리제도를 마련하고 운영할 책임을 경영자에게 요구하고 있는 것이다.

10) 내부회계관리제도에 대한 외부감사인의 확인은 2019년 자산총액 2조원 이상의 회사를 대상으로 검토 수준에서 감사 수준으로 상향되었다. 2023년부터는 모든 주권상장법인으로 대상이 확대된다.

6

〈바벨탑〉과 기업의 언어

구약 성경의 창세기 11장에 전해지는 이야기에 따르면, 고대 바빌로니아에 정착한 사람들이 도시를 건설하면서 자신들의 이름을 날리고자 하늘에 닿을 수 있게 높은 탑을 쌓기 시작하였다. 그런데 이 탑은 우리가 일반적으로 생각하는 탑이 아니라 거대한 건축물이었다.[1] 사람들은 돌과 흙 대신에 벽돌을 굽고 단단하게 접착시켜 건축하였다. 그러나 신께서 내려와 건축된 도시와 탑을 보시고는 사람과 언어가 모두 하나이니 사람들이 하고 싶은 대로 한다고 생각하셨다. 그래서 사람들의 언어를 서로 다르게 해서 서로의 말을 이해하지 못하도록 하셨다.[2] 이 때문에 의사소통이 불가능해진 사람들은 협력을 할 수 없어서 탑을 완성하지 못하였다고 한다. 그 뒤로 사람들은 세상에 흩어져서 소통을 하지 못한 채로 살게 되었다. 완성되지 못한 이 탑은 바벨(Babel)이라 불리었다.[3] 바벨은 히브리어로

---

1) 히브리 신화에서는 거인족인 네필림(Nephilim)이 바벨탑을 건설한 것으로 전해진다. 바빌론에 포로로 끌려간 유대인이 그곳에 지어진 거대한 지구라트(Ziggurat)를 보고 후대에 전한 이야기라고도 한다. 지구라트는 고대 메소포타미아 지역의 거대한 건축물인데, 위로 올라가면서 연속적으로 좁아지는 구조를 가지고 있다. 이 지구라트는 바빌론 이외에도 메소포타미아 각지에서 볼 수 있다. 가장 유명한 지구라트는 나시리아 지역의 우르의 대지구라트(the Great Ziggurat of Ur), 바그다드 근처에 있는 아카르 쿠프의 지구라트(the Ziggurat of Aqar Quf), 그리고 지금은 잔해만 남은 바빌론의 에테메낭키(Etemenanki)가 있다.

2) “Go to, let us go down, and there confound their language, that they may not understand one another's speech” (출전: Genesis 11:7).

3) “Therefore is the name of it called Babel; because the LORD did there confound the language of all the earth: and from thence did the LORD scatter them abroad upon the face of all the earth” (출전: Genesis 11:9).

'혼돈'이란 뜻이라고도 한다.[4] 이 이야기의 주제는 욕망에 물들어 타락한 인류가 신으로부터 벌을 받았다는 것이다. 그런데 신께서 주신 벌이라는 것이 동일한 언어를 사용하지 못하도록 하는 것이다. 같은 언어를 쓰지 못하는 인간들 사이에서는 의사소통이 불가능해지게 되었다. 언어의 불통 때문에 협력이 불가능해진 인간들은 서로 반목과 전쟁을 일삼게 되는 비극을 마주하게 된다.

네덜란드의 화가 피터 브뤼헐(Pieter Bruegel, the Elder)은 이 이야기를 그림으로 그려내었다.[5] 당시 네덜란드 무역이 번성하던 시기였기 때문에 바벨탑을 항구[6]에 배치하였고, 건축을 주도한 거인족의 후예 또는 바빌론의 왕인 니므로드(Nimrod)를 그림의 왼쪽에 배치하였다.[7] 브뤼헐은 이탈리아를 여행하면서 감명을 받은 로마의 콜로세움에서 영감을 얻어 바벨탑의 모양을 원형경기장처럼 그려내었다. 천년을 이어온 대제국 로마도 결국 멸망한 것처럼 인간의 욕심에서 만든 바벨탑도 결국 같은 운명을 맞이할 것이라는 암시를 주고 있다. 그림에서 뒤편에 보이는 도시가 작게 보일 정도로 바벨탑의 크기는 엄청나다. 조그마하게 보이지만 분주히 움직이는 많은 인력, 기중기와 같은 건설장비들이 투입되어 있는 것을 알 수 있다. 꼭대기 층은 이미 구름을 뚫고 올라가 있으며, 높은 곳에서 일하는 작업자들의 모습이 실루엣으로 보인다.

그러나 건설 중인 탑은 왼쪽으로 기울어져 있어 언제라도 쓰러질듯이 보인다. 이처럼 부실한 공사가 이루어지는 이유는 인간의 욕심 탓에 항구 쪽으로 보이는 1층이 다 완성되기도 전에 다른 쪽은 7층까지 쌓아올리는 등 속성으로 짓기 때문이기도 하고, 서로 다른 언어를 쓰기 때문에 협력이 이루어지지 않아서이기도 하다. 브뤼헐은 서로 소통하지 않고 탐욕을 부리는 오만한 인간들이 결국 그 대가를 치르게 될 것이라는 경고를 보내고 있는 것이다.

---

4) 그러나 bab(문)와 el(신)의 합성어라는 견해도 있다.

5) 브뤼헐은 모두 세 점의 바벨탑을 그렸는데, 한 점은 없어졌고 나머지 두 점은 크기에 따라 큰(great) 바벨탑과 작은(little) 바벨탑으로 구분한다. 여기서는 큰 바벨탑을 소개한다.

6) 당시 네덜란드에서 경제가 번성하던 플랑드르(Vlaanderen) 지방의 최대 무역항인 안트베르펜(Antwerpen)을 모델로 하였다고 한다. 당시 안트베르펜은 무역으로 번성하고 있었지만, 내적으로는 신교와 구교의 갈등, 그리고 스페인의 과도한 세금 때문에 혼돈을 겪고 있었다.

7) 브뤼헐은 거인족의 후예라는 전설과 바빌론의 왕이라는 권위를 상징하기 위해 니므로드를 다른 인물들에 비해 크게 그렸다고 한다.

〈바벨탑(The Great Tower of Babel)〉 1563년, 피터 브뤼헐(Pieter Brueghel, the elder) 작. 빈 미술사 박물관(Kunsthistorisches Museum, Vienna, Austria) 소장

구약성경에 등장하는 바벨탑과 비슷한 이야기는 여러 곳에서 전해진다고 한다. 고대 수메르(Sumer)와 아시리아(Assyria), 멕시코, 네팔, 아프리카 그리고 미국 아리조나주의 원주민 사이에서 구전되어 오는 이야기에도 오만한 인간이 쌓은 건축물과 신의 분노와 처벌이 등장한다. 이처럼 지구 곳곳에서 인간의 탐욕과 소통부족에 대하여 선인들이 후손들에게 보내는 경고는 오래 전부터 존재하여 왔다.

바벨탑에 관한 이야기는 회계 분야의 많은 주제들과 연관이 있는데, 그 중 첫번째가 인간의 탐욕과 거품(bubble)이다. 기업 자산의 절취에서부터 회계부정, 나아가서는 자본시장에서의 거품 붕괴에 이르기까지 바벨탑 이야기가 주는 경고는 회계전문가들이 늘 교훈으로 삼아야 한다. 이러한 주제는 이 책의 다른 곳에서 좀 더 자세히 다루기로 한다.

회계전문가와 회계의 이용자들이 바벨탑 이야기에 주목해야 할 두 번째 주제는 의사소통의 중요성이다. 의사소통의 목적은 정보의 전달이다. 신은 바벨탑을 건축하는 인간들이 서로 다른 언어를 사용하도록 벌을 내렸다. 언어가 다르면 정보를 전달하기 어렵기 때문에 바벨탑을 쌓아올리는 인간들 사이의 협업이 어려워진다. 바벨탑 공사가 마무리되지 못한 원인도 바로 이것이다. 바벨탑의 건축 공사를 지휘하는 CEO인 니므로드 왕과 경영활동을 현장에서 수행하는 관리자들, 그리고 건축공사를 진행하는 건설현장의 근로자들이 사용하는 언어가 다르다면 의사소통이 이루어지지 않을 것이며, 따라서 이 건축공사는 진척될 수가 없다. 그러므로 의사소통을 하기 위해서는 말하는 사람과 듣는 사람이 같은 언어를 사용하여야 한다.

의사소통이 제대로 이루어지지 않을 때 사람들이 느끼는 절망감을 잘 표현하고 있는 작품이 도레(Gustave Doré)가 목판화로 그린 바벨탑이다. 〈언어의 혼돈(The Confusion of Tongues)〉이라는 제목이 붙은 도레의 작품 속에서 공사 중인 바벨탑을 배경으로 절망스러워 하는 사람들이 보인다. 이전까지 아무런 문제 없이 소통하던 이들에게 언어가 서로 달라져 소통을 할 수 없다는 것은 절망이며 고통이다.[8)]

회계를 기업의 언어(business language)라고 부르는 이유는 회계가 기업에 관한 정보를 전달하기 위한 도구로 사용되기 때문이다. 그런데 이미 지구상에는 많은 언어들이 존재함에도 불구하고 기업을 이해하기 위해 또다른 언어를 사용해야 한다

8) 이러한 고통과 절망을 표현한 다른 작가들의 작품들도 있다. 예를 들면, 카렐 반 만데르(Karel van Mander Ⅰ)의 〈언어의 혼돈(The Confusion of Tongues)〉과 루이스 글라켄스(Louis M. Glackens)의 〈언어의 혼돈(The Confusion of Tongues)〉이 있다.

〈언어의 혼돈(The Confusion of Tongues)〉 1865~1868년. 구스타프 도레(Gustave Doré) 작

는 것은 신의 저주인가? 신의 은총인가?

회계가 언어로 사용되기 위해서 가장 필요한 조건은 단 한 가지일 것이다. 다른 언어보다 쉬울 것! 그래야 회계를 많은 사람들이 쉽게 사용하게 되고, 기업에 관한 정보의 전달이 쉬워지고, 기업활동을 하는 사람들 사이의 협업이 원활하게 이루어질 것이다.

이러한 조건을 기준으로 한다면 기업의 언어인 회계는 가장 우수한 언어이다. 그 이유는 일단 쉽기 때문이다. 왜냐하면 0~9까지의 숫자를 기본 단어로 하며, 기본 문법은 십진법과 사칙연산, 즉 덧셈(+), 뺄셈(−), 곱셈(×) 그리고 나눗셈(÷)이다. 그러므로 회계는 쉽고 매우 객관적이고 과학적인 만국공통어이다. 많은 사람들이 회계는 어렵다는 편견에 사로잡혀 있는데, 사실 회계의 기본은 초등학교 수학 수준을 벗어나지 않는다. 따라서 대부분의 사람들은 이미 회계의 기본 문법을 배운 상태이고, 회계에 발을 들여놓은 상태이다.

회계전문가가 아니라 회계정보의 이용자라면 회계라는 언어로 전달되는 기업에 관한 정보를 알아듣고 이해할 수 있으면 된다. 예를 들어, 우리가 영어나 중국어와 같은 외국어를 배우고 사용할 때 듣거나 읽는 것이 말을 하거나 글로 쓰는 것보다 일반적으로 더 쉬운 일이다. 이처럼 회계정보의 이용자는 회계가 전달하는 기업의 정보를 알아들을 수 있는 능력을 갖추면 되는 것이다.

회계의 가장 기본적인 문법은 균형(balance)이다. 이 균형은 회계의 전반을 지배하는 원칙으로 작용하며, 대차(debit and credit)가 동일하여야 한다는 회계등식(accounting equation)과 같은 단순한 형태로 표현되기도 한다. 예를 들면, 회계실체가 사용하는 자원의 유입과 유출은 균형을 갖추어야 한다. 자원이 유입되는 시점과 유출되는 시점, 유입의 원천과 유출의 목적지는 다를 수 있으나 총유입과 총유출은 균형을 이루어야 한다. 이러한 원리는 지나치게 단순해서 지루할 수도 있다. 그러나 회계에서 다루는 모든 크고 작은 항목들에는 이 단순한 원리가 반드시 적용된다. 즉, 작게는 재고자산의 개별 항목들이 유입과 유출의 균형을 이루어야 하며, 크게는 기업 전체의 자산 총액이 부채와 자본의 합계와 균형을 이루어야 한다. 기업구성원의 성과는 물론 기업 실체 전체에 대한 평가도 균형을 이루어야 한다.[9]

회계의 기본적인 문법은 너무도 단순하고 쉬워서 이를 기계적으로 반복한다면 오히려 지루하기도 하다. 이러한 모습은 니콜라스 매스(Nicholas Maes)의 작품 〈회계장부 담당자(The Account Keeper)〉에 잘 나타나 있다. 이 그림은 책상 앞에 앉아 회계장부를 정리하고 있는 주인공을 조용히 바라보고 있다. 옷차림새와 얼굴에 걸친 안경으로 판단하건대 나이가 지긋한 주인공은 회계장부를 오랫동안 책임져 온 것으로 보인다. 단순한 작업을 오래 반복하다 보니 지루할 때도 되었다. 무거운 눈꺼풀은 아래로 감기고 고개는 언제라도 앞으로 푹 수그러질 모양새이다. 앞쪽에 놓인 또다른 장부도 곧 밀려서 밑으로 떨어지기 직전이다. 철퍼덕 하고 장부가

9) 예를 들면, 기업의 성과를 단순히 당기순이익만으로 평가하지 않고 다양한 측면에서 균형 있게 평가하려는 노력의 결과가 균형잡힌 성과표(Balanced ScoreCard)이다.

〈회계장부 담당자(The Account Keeper)〉 1656년. 니콜라스 마스(Nicolaes Maes) 작. 세인트 루이스 미술관(St. Louis Art Museum) 소장

떨어지면 평화로운 적막이 깨질 것이다. 그러나 현대의 회계시스템은 발달된 정보 기술 덕분에 이처럼 지루하고 단순한 반복적 작업은 컴퓨터시스템이 맡아주기 때문에 지루해질 걱정은 없다.

회계를 좀 더 잘 이해하고 활용하기 원하거나 한 발 더 나아가 회계전문가가 되기 위해서는 고급 문법을 배워야 한다.[10] 회계전문가들은 회계의 고급 문법을 이용하여 기업에 관한 정보를 생산하고 관심을 갖고 있는 이해관계자들에게 전달하는 메신저 역할을 한다. 회계라는 언어의 문법만 잘 안다고 해서 회계전문가의 자격이 갖추어지는 것은 아니다. 지식보다는 기업의 정보를 다루는 태도와 정신이 더욱 중

〈큐피드에게 설명을 요구하며 훈육하는 비너스(Venus Chiding Cupid for Learning to Cast Accounts)〉 1771년, 조슈아 레이놀즈(Joshua Reynolds) 작

10) 회계학을 전공하면 회계라는 언어의 중급 문법과 고급 문법을 배우게 된다. 회계전문가의 능력이 있는지를 객관적으로 검증하기 위하여 공인회계사, 회계관리 및 전산회계를 비롯한 각종 자격증 시험이 있다.

요하다. 예를 들어, 정보를 전달하는 과정에서 의도적으로 또는 중대한 실수에 의해 정보의 누락, 삭제, 왜곡 또는 지연을 일으킨다면 그 사람은 회계전문가로서의 자격이 없다. 왜냐하면 회계는 경제주체의 활동을 투명하게 설명하기 위한 언어이기 때문이다. 이 때문에 회계는 가장 쉬운 숫자를 도구로 선택하였으며, 현대의 회계는 숫자로 설명하는 회계책임성(accountability)을 중시하고 있다. 즉, 회계전문가는 기업실체의 활동을 숫자로 보고하여야 하며, 역으로 보고서상의 숫자가 어떤 활동의 결과인지 또한 어떤 의미를 가졌는지를 설명해야 하는 책임을 지고 있다.

조슈아 레이놀즈(Joshua Reynolds)의 작품 〈큐피드에게 설명을 요구하며 훈육하는 비너스(Venus Chiding Cupid for Learning to Cast Accounts)〉에는 곤경에 처해 있는 꼬마 큐피드가 등장한다. 말썽꾸러기 큐피드가 자신이 저지른 실수를 제대로 설명하지 못해 어머니인 비너스에게 훈육을 받고 있다. 화살을 거꾸로 들고 설명을 요구하며 꾸짖는 비너스와 시선을 외면한 채 딴청을 부리고 있는 큐피드, 그리고 옆에서 또 하나의 화살을 들고 재미있다는 듯이 생글생글 웃으며 쳐다보고 있는 아기 천사 푸토(Putto)는 이 그림을 감상하는 사람들로 하여금 슬며시 미소 짓게 만든다.

〈설명을 못하고 있는 남자(A Man of No Account)〉
1881년. 로버트 해리스(Robert Harris) 작

그러나 회계전문가가 기업실체의 활동을 적절하게 설명하지 못하거나 중대한 실수나 오류 등을 저질러 회계정보의 이용자에게 매우 중요한 정보가 왜곡되거나 누락되었다면 회계전문가는 그 책임을 져야 된다. 이때에는 큐피드처럼 불쌍한 표정을 지으며 눈길을 피한다고 해결될 일이 아니다. 로버트 해리스(Robert Harris)의 작품 〈설명을 못하고 있는 남자(A Man of No Account)〉의 주인공처럼 정면을 외면한 채 허공만 바라보는 것으로 끝나지 않을 것이다. 혼이 나간 듯한 그의 눈동자는 아마도 머릿속에서 생생하게 그려지고 있는 자신의 앞날을 보는 중일 수도 있다.

7
〈꽁다민 가에 있는 화실〉과 재무상태표

사람들은 화가의 작업 공간인 화실은 어떻게 생겼을까? 하는 궁금증을 한 번쯤 품게 된다. 바지유(Frédéric Bazille)는 마지막 작품인 〈꽁다민 가에 있는 화실(L'Atelier de la Rue Condamine, Bazille's Studio on 9 Rue de la Condamine)〉을 통해 자신이 매일같이 일하고 있는 공간을 보여주고 있다. 인상주의적 화풍이 드러나 보이는 작품의 여유 있는 공간과 세밀한 묘사 덕분에 이 그림을 감상하는 사람들은 마치 바지유의 화실에서 등장인물들과 함께 있는 듯한 느낌을 받게 된다.

그림의 가운데에 선 키가 큰 인물이 바지유이다. 지금 바지유는 자신의 그림 〈마을 풍경(View of the Village)〉을 마네(Édouard Manet)와 모네(Claude Monet)에게 설명하고 있다. 그림 속 바지유의 얼굴을 마네가 그렸다고[1] 전해질만큼 이들은 절친한 사이였다고 한다. 다른 등장인물[2]들을 살펴보자. 그림의 왼쪽에는 계단의 난간을 붙잡고 서있는 르노와르(Pierre-Auguste Renoir)[3]가 의자에 앉아 있는 당대의 유명한 프랑스 작가인 졸라(Émile Zola)와 이야기를 나누고 있다. 오른쪽 구석에서는 바지유의 친구이자 음악가인 메트르(Edmond Maître)가 다른 사람들을 위

1) 이 때문에 바지유의 얼굴 부분은 마네의 얼굴이나 그림의 다른 부분과 붓의 터치가 다르다.

2) 바지유가 화실을 그린 또다른 작품인 〈푸르스텐베르그가에 있는 화실(Atelier de la Rue Furstenberg)〉에는 인물이 등장하지 않는다.

3) 부자집 아들이었던 바지유는 생활이 어려웠던 모네와 르노와르가 자신의 화실을 쓸 수 있도록 배려해주었다고 한다. 바지유는 그림을 사고 파는 중개상도 하였기 때문에 다른 화가들의 그림을 고객들에게 보여주기 위하여 잠시 가져다 놓기도 하였으며, 자신이 직접 매입하기도 하였다(The Virtual Museum. Frédéric Bazille: A Tragic Story. http://www.wetcanvas.com/Museum/Artists/b/Frederic_Bazille/index.html 2019.10.20. 최종확인).

하여 피아노를 연주하고 있다.

또한 화실의 벽에는 우리에게 익숙하게 알려진 작품들이 걸려 있다. 바지유 자신의 그림인 〈투망을 든 어부(Fisherman with a Net)〉가 르노와르가 서있는 뒤쪽 벽에 걸려 있고, 중앙의 흰색 소파 위에는 완성되기 전의 작품인 〈화장(La Toilette)〉이 놓여 있다. 이 밖에도 〈에그 모르뜨(Aigues-Mortes)〉, 〈메릭의 테라스(La terrasse de Méric)〉와 〈마을 풍경(View of the Village)〉이 걸려 있다.

화실 안에는 다른 화가들의 그림도 있다. 모네의 〈배와 포도가 있는 정물(Still Life with Pears and Grapes)〉, 르노와르의 〈물뿌리개를 들고 있는 소녀(A Girl with a Watering Can)〉와 지금은 전해지지 않는 것으로 알려진 〈서있는 나체 여인이 있는 풍경(Landscape with two People)〉이 바지유의 작품들과 함께 걸려 있다.

당대의 이름있는 예술가들과 많은 그림들이 등장하고 있는 이 작품은 마치 바지유가 자랑하고 싶은 또는 소중하게 여기는 것들을 한꺼번에 다 모아서 그린 것처럼 보인다. 그렇다면 우리는 이 작품에 그려진 사람들, 화실과 작품들을 통해서 화가로서의 그의 활동을 짐작해볼 수 있지 않을까? 지금 내 곁에 있는 것은 결국 내가 했던 행동의 결과일 것이기 때문이다. 나의 친구는 내가 적극적으로 친하게 지내고자 했거나 또는 소극적으로 받아들였기 때문에 지금 친구인 것이며, 내가 아끼는 물건이란 내가 소중하게 관리하고 있음을 의미한다. 바지유는 형편이 어려웠던 르노아르에게 자신의 화실을 사용하게 하였고 마네와는 그림 속에 자신을 그려줄 정도로 가까운 사이를 유지하였다. 자연스럽게 일상 속 한 순간을 포착한 이 작품에 등장하는 초기 인상주의 화가들과 밝고 따뜻한 화실의 풍경은 그가 그림을 그리는 일에 꽤나 즐거움을 느끼며 풍요로운 삶을 살았다는 것을 알게 해준다.

회계 또한 기업의 활동에 대한 기록이기 때문에 회계를 통해 기업의 운영상태를 알 수 있다. 기업활동이란 적은 자원을 이용하여 보다 많은 자원을 획득하려는 활동이므로 항상 자원과 관련되어 있다. 이 자원을 회계에서는 자산(assets)이라고 하며 자산에 대해서 보고하는 회계보고서를 재무상태표(Statement of Financial Position)라고 한다. 재무상태표는 바지유의 아틀리에처럼 기업활동의 한 순간을 포착하여 작성한다. 따라서 바지유의 작품 〈꽁다민 가에 있는 화실〉을 회계적 시각으로 표현한다면 바지유가 보유하고 있는 자산을 표현한 바지유의 재무상태표라고 할 수 있다.

이제 이 작품을 좀 더 회계적인 시각으로 살펴보자. 바지유가 가진 자산 중 가장 두드러져 보이는 것은 그림 속에 등장하는 인물들이다. 자신의 멘토였던 마네, 인상

〈꽁다민 가에 있는 화실(L'Atelier de la Rue Condamine)〉
1870년. 프레데릭 바지유(Frédéric Bazille) 작. 오르세 미술관(Musée d'Orsay) 소장

파의 거성이었던 모네, 르노와르와 유명 문필가인 에밀 졸라, 음악계의 떠오르던 신성이던 메트르까지 바지유의 인적 네트워크는 그가 보유한 자산 중 가장 가치 있는 것임에 틀림없다. 또한 햇살이 가득 들어오는 넓은 창문을 가진 화실은 빛과 색의 순간적인 느낌에 천착하는 인상주의 화가인 바지유에게 매우 중요한 자산일 것이다. 여기저기 배치된 소파, 피아노 그리고 난로와 같은 가구는 다른 자원과 비교하면 가치가 현저히 낮겠지만 화실에 필요한 물품들이다. 마지막으로 〈투망을 든 어부〉처럼 아틀리에 안에 진열된 그림들도 화가로서의 활동을 보여주는 중요한 자산일 것이다. 다만, 모네의 〈배와 포도가 있는 정물〉처럼 다른 화가의 작품들은 바지유의 아틀리에에 걸려 있지만 나중에 돌려주어야 할 작품이다. 그렇다면 바지유가 가지고 있는 자산 중에는 나중에 다른 사람에게 주어야 할 부분이 있는 셈이다.

이 기준으로 다시 정리하면 자산은 나중에 갚아야 하는 것과 갚을 필요가 없는 것으로 나누어진다. 회계에서는 갚아야 하는 부분을 부채(liabilities)라 하고, 갚지 않아도 되는 부분을 순자산(net assets) 또는 자본(owners' equity)이라고 부른다. 그렇다면 바지유의 그림에 나타난 보유자산, 부채 및 순자산은 [표 1]과 같이 정리하여 표시할 수 있다.

일반적으로 자산은 재무상태표의 왼쪽에 나열하고, 부채는 반대쪽인 오른쪽에 위치한다. 그리고 보유한 자산에서 부채를 뺀 나머지인 자본(순자산)을 부채의 아래쪽에 표시한다. 이렇게 작성하면 결국 바지유가 가진 자산은 왼쪽에 한 번, 오른쪽에 또 한 번 기록되어 모두 두 번 기록되는 셈이다. 그러나 오른쪽에 기록된 항목

〈배와 포도가 있는 정물(Still Life with Pears and Grapes)〉 1867년. 클로드 모네(Claude Monet) 작

표 1 | 〈꽁다민 가에 있는 화실〉에 기반한 보유자산, 부채 및 순자산

보유자산	부채 / 순자산
보유자산:	**부채:**
인간관계:	배와 포도가 있는 정물
마네, 모네, 르노와르, 에밀 졸라, 메트르	물뿌리개를 들고 있는 소녀
부동산:	두 여인이 있는 풍경
넓은 창이 있는 아틀리에	**순자산:**
가구:	인간관계:
소파, 의자, 테이블, 난로, 피아노	마네, 모네, 르노와르, 에밀 졸라, 메트르
미술작품:	부동신:
투망을 든 어부	넓은 창이 있는 아틀리에
화장	가구:
에그 모르뜨	소파, 의자, 테이블, 난로, 피아노
메릭의 테라스	미술작품:
마을 풍경	투망을 든 어부
배와 포도가 있는 정물	화장
물뿌리개를 들고 있는 소녀	에그 모르뜨
두 여인이 있는 풍경	메릭의 테라스
	마을 풍경

은 바지유가 현재 가지고 있는 자원을 의미하며, 왼쪽에 기록된 항목은 갚아야 하는지 아닌지를 나타내는 것으로 자산과는 전혀 다른 의미를 가지게 된다. 이렇게 자산뿐만 아니라 자산이 증가 또는 감소한 원인 및 결과를 분석하여 함께 기록하는 것이 현대 회계의 기록 방식이다. 이를 복식부기(double entry)라고 하며, 복식부기에 의한 회계처리는 항상 '자산=부채+자본'의 등식을 만족시키는 재무상태표의 작성을 가능하게 한다.

여기서 회계 쪽으로 한 걸음 더 나아가보자. 재무상태표는 자산, 부채 및 자본을 화폐액으로 표시해야 한다. 기업의 경우라면 대체로 기계, 공장이나 제품 등의 자산을 보유하고 있겠지만 기계 10대라는 식으로 자산을 표현한다면 그것이 정보로서 큰 의미가 있을까? 그렇지 않을 것이다. 사람들마다 언제 구입했는지 어떤 제품을 생산하는 기계인지 등등 궁금해할 요소가 너무 많은 표현이기 때문이다. 그렇다면 기계 10억원으로 표현하면 어떨까? 기계의 종류와 구입시기 등의 여러 요인들을 고려하는 단계를 생략하고 바로 기계의 가치를 알 수 있도록 하는 것이다. 그러면 사람들이 생각하는 가치의 편차가 확연히 줄어들 것이다. 즉, 자산의 가치를 화폐단위로 측정하는 것이 가장 객관적인 기준이 될 수 있기 때문에 회계는 화폐단위로 기록을 한다. 그러면 바지유의 자산을 화폐금액으로 생각해보자. 바지유의 자산은 가치 파악이 쉬운 자산도 있고 그렇지 않은 자산도 있다.

먼저, 바지유는 당대의 화가들 중 마네를 멘토로 삼고 모네와 교류하며 경제적으로 어려운 처지에 있던 르노와르를 경제적으로 지원하였다. 또한 문필가인 에밀 졸라와 음악계의 떠오르던 신성이던 메트르까지 바지유의 인적 네트워크는 그가 보유한 자산 중 가장 가치 있는 것임에 틀림없다. 그러나 이러한 인적 네트워크의 가치를 회계보고서인 재무상태표에 표시하려면 화폐적 가치를 측정하여야 한다. 그런데 바지유뿐만 아니라 그 누구라 하여도 인간관계의 가치를 객관적으로 측정할 수 있는 장치가 아직은 없다. 아마도 'TV쇼 진품명품'의 감정전문가들에게 부탁하여도 불가능할 것이다. 객관적으로 측정할 수 없는 자원은 그 가치가 아무리 높아도 이해관계자들에게 혼란을 줄 수 있기 때문에 재무상태표에는 표시하지 못한다. 아쉽게도 바지유의 인적 네트워크는 자산에서 빠져야 하는 항목이 된다.

바지유가 보유한 것 중 물리적인 형태를 갖고 있는 것들이 있다. 그림의 제목이기도 한 꽁다민 가의 화실은 바지유가 소유하고 있는 부동산이며, 그림 속에 등장하는 가구들도 바지유가 소유하고 있으면서 아틀리에에서 작업을 할 때 사용하는 물품들이다. 이것들은 바지유가 시장에서 거래를 통하여 구입했을 것이므로 그 기록을 바탕으로 한다면 객관적인 가치측정이 가능해져 재무상태표에 표시할 수 있는 자산이 될 것이다.

바지유가 보유한 또다른 중요한 자산은 그림들이다. 바지유 자신이 직접 그린 그림들은 바지유의 소유물이다. 그러나 이 그림들의 가치는 생각해야 할 부분이 있다. 먼저, 그림을 사겠다는 의사표시를 한 고객들이 제시한 거래금액이 있다면 그 금액이 그림의 가치일 수도 있을 것이며, 또는 그림을 그리는 데 소요된 원가가 그 그림의 가치일 수도 있다. 하지만 앞에서도 언급했지만 회계정보는 보다 객관적인 정보에 무게를 두고 있다. 그런 면에서 고객이 제시한 금액은 아직 거래가 성립되기 전의 불명확한 가치이고 이미 지출된 그림의 원가가 더 객관적일 것이다.

다음으로, 바지유의 아틀리에에 보관되어 있지만 다른 화가들이 그린 작품들은 돌려주어야 할 의무가 있는 자산이다. 따라서 이 작품들은 바지유가 보유한 자산인 동시에 부채이기도 하다. 이러한 그림들 역시 객관적인 가치로 측정하여 재무상태표에 자산으로 표시하고 같은 금액만큼 부채로 표시하여야 한다. 이 그림들을 원래 소유주에게 돌려준다면 그 순간 자산과 부채는 동시에 없어질 것이다.

▶ 표 2 | 바지유의 재무상태표

자산:		부채:	
부동산:		배와 포도가 있는 정물	×××
아틀리에	×××	물뿌리개를 들고 있는 소녀	×××
가구:		두 여인이 있는 풍경	×××
소파, 의자, 테이블, 난로, 피아노	×××		
미술작품:		자본:	
투망을 든 어부	×××	부동산:	
화장	×××	아틀리에	×××
에그 모르뜨	×××	가구:	
메릭의 테라스	×××	소파, 의자, 테이블, 난로, 피아노	×××
마을 풍경	×××	미술작품:	
배와 포도가 있는 정물	×××	투망을 든 어부	×××
물뿌리개를 들고 있는 소녀	×××	화장	×××
두 여인이 있는 풍경	×××	에그 모르뜨	×××
		메릭의 테라스	×××
		마을 풍경	×××

마지막으로 바지유의 순자산도 표시되어야 한다. 순자산의 금액은 따로 측정할 수도 있으나, 바지유가 소유한 자산의 측정가치에서 부채의 측정가치를 뺀 금액과 같을 것이다. 이 금액은 순수하게 바지유의 몫(지분)이라는 의미에서 바지유의 자본(Bazille's Equity)이라고 할 수 있다. 바지유의 재무상태표는 [표 2]와 같이 작성할 수 있을 것이다. 다만, 금액은 ×××로 표시하였다.

이미 알아차린 독자들도 있겠지만 바지유의 인간관계와 화가로서의 능력 등을 재무상태표에 객관적으로 표시하지 못한다는 점이 바로 회계정보가 가지는 한계라 할 수 있다. 객관적으로 측정하기 어려운 무형적인 자원은 복잡한 이해관계를 가진 다양한 외부이용자들에게 제시하는 회계보고서에 표시할 수 없다는 점이다. 다만, 이러한 한계점을 이해하고 있는 내부이용자들을 위한 보고서는 이러한 제한으로부터 비교적 자유롭기 때문에 추정치를 사용하여 표시할 수도 있다. 무형의 자산이 가지는 가치에 대한 논쟁은 과거에도 있었지만 4차산업시대라 일컫는 지식사회로 가고 있는 현시점에서는 더욱 중요한 이슈가 되고 있다. 현대의 회계는 이러한 한계를 넘어서고자 많은 노력을 기울이고 있으며 이에 대한 내용은 추후에 다시 언급할 기회가 있을 것이다.

8 몬드리안이 재무상태표를 작성한다면?

추상미술의 선구자인 몬드리안(Piet Mondrian)은 신조형주의(Neo-Plasticism)[1]의 원칙대로 사물을 단순한 기하학적 요소로 표현함으로써 보편적(universal)인 가치와 미를 추구하였다. 보편적인 아름다움을 표현하기 위하여 몬드리안은 세 가지 기본적인 색채(빨강, 파랑 그리고 노랑)와 세 가지 기본적인 가치(검정, 흰색 그리고 회색) 및 두 가지 기본적인 방향(수평과 수직)을 주로 사용하였다. 그는 "예술은 현실보다 고고한 것이며 현실과 직접적인 관계는 없다"라고 하였지만, 그의 예술세계는 늘 자연에 뿌리를 두고 있었다.[2]

몬드리안의 〈빨강, 파랑 그리고 노랑의 구성 Ⅱ(Composition Ⅱ in Red, Blue,

1) 신조형주의(Neo-Plasticism)는 네덜란드어로 'De Stijl(The Style)'인데, 1917년에 네덜란드에서 예술과 건축을 아우르면서 시작된 예술운동이다(출처: Linduff, D. G., B. Wilkins & K. M. Schultz. 1994. *Art past, art present*. 2nd ed. Englewood Cliffs, N.J.: Prentice-Hall. p.523). 신조형주의를 옹호하는 사람들은 형태와 색을 순수하게 추상화 · 보편화함으로써 그 본질적 요소로 환원시켰다고 주장한다. 신조형주의자들은 흑과 백, 그리고 원색을 이용하여 수평과 수직으로 시각적 구성을 단순화하였다. 몬드리안은 그의 글 '회화예술에서의 신조형주의(Neo-Plasticism in Pictorial Art)'에서 신조형주의의 범위를 정하였다. 그는 "새로운 조형주의는 세세한 외형, 즉 자연적인 형태와 색을 무시하여야 한다. 오히려 형태와 색의 추상적 표현을 찾아야 한다. 다시 말해서, 직선과 분명하게 정의된 주요 원색을 사용한 표현을 찾아야 한다"라고 하였다. 이렇게 결정한 경계 안에서 몬드리안의 예술은 원색과 무채색, 정사각형과 직사각형, 그리고 수직과 수평의 직선만을 사용하였다(출처: https://www.tate.org.uk/art/art-terms/n/neo-plasticism 2019.9.21. 최종확인). 신조형주의는 "자연은 끊임없이 변화하지만 근본적으로는 절대적인 규칙에 따라 움직인다"는 발상에 기초한 양식이다.

2) Seuphor, M. 1956. *Piet Mondrian: Life and Work*. H.N. Abrams. New York.

〈빨강, 파랑 그리고 노랑의 구성 Ⅱ(Composition Ⅱ in Red, Blue, and Yellow)〉 1930년. 피에트 몬드리안(Piet Mondrian) 작. 취리히 미술관(Kunsthaus, Zürich) 소장

〈**빅토리 부기 우기**(Victory Boogie Woogie)〉 1942~1944년. 피에트 몬드리안(Piet Mondrian) 작. 헤이그 시립미술관(Gemeentemuseum Den Haag) 소장

and Yellow)〉는 자신이 주장한 신조형주의의 원칙에 따른 대표적인 작품이다. 몬드리안 특유의 언어인 수평과 수직선, 그리고 이 선들로 만든 사각형은 빨강, 파랑, 노랑의 세 가지 원색만을 사용하여 채워 넣었고, 흰색과 검정색의 명도를 조절하여 비례와 균형을 강조하였다. 구체적으로 살펴보면, 그림 왼쪽의 공간은 검정색 수평선에 의해 세 개의 사각형들로 분할되었고, 파란색 정사각형을 아래쪽에 배치하였다. 반면에 오른쪽 위의 공간에 배치한 화려하고 원색적인 빨강은 이 작품의 주된 톤으로 매우 강하게 강조하고 있다. 가장 큰 공간을 차지하는 빨간색 사각형은 팽팽하다 못해 캔버스 가장자리 밖으로까지 터져 나갈 것처럼 보인다.

〈세모조각보〉 19C. 작가미상

이처럼 몬드리안은 화면 속의 공간과 색채가 균형을 이루어 나가는 조화를 회화의 기본 법칙으로 삼았다. 몬드리안의 이러한 미술철학은 미술뿐만 아니라 건축이나 패션과 같은 미술 이외의 영역에도 커다란 영향을 미쳤다.[3)]

몬드리안의 후기 작품인 〈빅토리 부기 우기(Victory Boogie Woogie)〉에서도 여전히 기본 3원색을 사용하고 수평선과 수직선으로 공간을 분할하기는 하지만, 훨씬 더 다양하고 재미있는 공간분할이 이루어지고 있다. 이 그림을 보면 매우 질서 있

3) Al-Saati, A. 1990. Mondrian: Neo-Plasticism and its influences in architecture. *Journal of the Faculty of Architecture*. Middle East Technical University. Vol.10. No.1-2. pp.63-74.

게 우주를 펼쳐놓은 듯한 느낌을 주기도 한다.

그런데 이와 같은 느낌은 우리나라의 전통 조각보자기[4]에서도 찾아볼 수 있다. 조선시대에 규방에서 사용하던 보자기를 보면, 다양한 색채의 작은 천 조각을 이어 붙여 옷을 싸는 보자기를 만들거나 밥상을 덮어 두는 보자기를 만들었다. 이러한 보자기에도 몬드리안의 작품과 같이 우주의 모양이 작은 천 안에 구현되어 있다. 20세기의 위대한 서양미술가나 실용적인 조선의 여인이나 조화와 질서를 통하여 보는 눈은 그다지 다르지 않았던 것 같다.

몬드리안이 강조한 조화와 균형은 우리나라의 여러 문화유산에서도 많이 찾아볼 수 있다. 예를 들면, 부여 정림사지 5층석탑은 기하학적인 구성과 함께 인간의 시선을 고려한 놀라운 건축물이다. 유홍준은 이 정림사지 5층석탑의 아름다움을 극찬하였다.[5] 이 탑은 좁고 낮은 기단에 높고 커다란 1층 몸돌이 올려져 있고 2층 3층으로 올라가면서 가팔라진다. 4층까지는 축소되는 비율이 일정하지만[6] 가장 위에 있는 5층은 오히려 상대적으로 크다. 그럼에도 불구하고 전혀 위태로워 보이지 않고 편안하고 넉넉한 느낌을 준다. 그 이유는 아래쪽에서 바라보는 사람의 입장에서 5층이 가장 멀기 때문에 약간 크게 만들어야 비례가 안정되어 보이기 때문이다. 이처럼 정림사지 석탑은 관람자의 시선까지 고려하여 눈에 비치는 체감률이 같아보

4) 조각보는 천이 귀하던 민간에서 옷이나 이불을 만들고 남은 여러 조각의 자투리 천을 모아 붙여 만든 보자기로 물건을 싸거나 밥상을 덮는 데 쓰였다(출처: 김여경, 홍나영. 2009. 조각보 의미 분석을 통한 문화상품 개발 방안. *복식*. 59(3), pp.145–156). 은은한 파스텔 톤과 원색 계통의 여러 색깔로 구성되어 있거나 무채색 위주의 단색으로 구성되어 있으며, 대부분 불규칙하거나 상호 복잡한 형상을 하고 있다. 이러한 조각보는 평범한 한국인들의 소박한 멋과 예술성을 아울러 절약성을 보여주고 있다(출처: 최윤혜, 은영자. 2004. 전통 조각보의 색채, 면구성을 응용한 패턴의 감성이미지 연구. *한국의류산업학회지* 6(3). pp.266–274).

5) "헌칠한 키에 늘씬한 몸매 그러나 단정한 몸가짐에 어딘지 지적인 분위기, 절대로 완력이나 난폭한 언행을 할 리 없는 착한 품성과 어진 눈빛, 조용한 걸음걸이에 따뜻한 눈인사를 보낼 것 같은 그런 인상의 석탑이다. 특히 아침안개 속의 정림사탑은 엘리건트(elegant)하고, 노블(noble)하며, 그레이스(grace)한 우아미의 화신이다" (유홍준. 1997. *나의 문화유산답사기 3*. 창작과비평사. p.342).

6) 정림사지 5층석탑의 기본척도는 7척이다. 지대석 너비는 그 두 배인 14척이다. 1층의 탑신과 지붕돌의 합이 7척, 1층탑의 너비 7척, 3층과 4층의 합계는 2층과 5층의 합계 높이와 같은 7척, 기단부의 높이는 7척의 반, 기단부의 높이는 7척의 1.5배, 그리고 1층 탑신부터 상륜부까지의 전체 높이는 28척이다(오혜정. 2017. *수학 언어로 문화재를 읽다*. 지브레인. pp.104–107).

이도록 5층을 크게 설계하였다.[7)]

정림사지 5층석탑 외에도 경주 남산리 3층석탑과 장항리 5층석탑, 불국사의 석가탑 그리고 남산 탑골 부처바위에 새겨진 탑, 그리고 감은사지 3층석탑의 폭과 넓이 역시 일정한 기하학적 비율을 따르고 있다. 기하학적 비율에 의한 아름다움은 석굴암에 이르러 절정을 이루고 있는 듯하다. 석굴암의 내부에는 다양한 평면 기하학과 입체 기하학의 지식들이 적용되었다.[8)] 이러한 조화와 균형을 통한 아름다움은 경주 불국사의 청운교와 백운교, 순천의 조계산 선암사의 무지개다리도 예외가 아니다.

조화와 균형은 음악에서도 빼놓을 수 없다. 불협화음 자체가 곡의 목적이 아닌 이상 모든 형태의 음악에서 조화된 음은 필수이며 기본이다. 또한 수학적 계산이 빈번하게 사용된다. 이처럼 우리 주변의 모든 분야에서 균형과 조화가 스며들어 있다는 사실은 몬드리안이 중요하게 여긴 균형과 조화가 동서양과 시대를 초월하여 모든 학문 분야에서 보편적으로 일어나는 현상이라는 것을 우리에게 알려준다.

회계학은 어떠한가? 가장 기본적인 재무보고서 중의 하나인 재무상태표(Statement of Financial Position)를 살펴보면 몬드리안의 구성 작품과 매우 유사하다. 첫째, 몬드리안이 사용한 기본 색채가 빨강, 노랑 파랑의 3원색이듯이 재무상태표는 자산, 부채 그리고 자본의 3가지 기본 요소로 구성되어 있다. 둘째, 몬드리안의 구성 작품에서 파랑, 빨강, 그리고 노랑의 비례와 균형이 중요한 것과 같이 재무상태표에서도 자산, 부채 및 자본의 비례와 균형이 매우 중요하다.[9)]

만일 몬드리안이 재무상태표를 작성한다면 어떤 모양이 될까? 자산은 기업이 소유하며 영업활동을 위하여 효율적이고 효과적으로 사용할 수 있는 자원이며, 부채는 기업이 외부에서 조달한 자원의 원천이며 레버리지(Leverage)효과를 기대할 수

7) 유홍준. 1997. *나의 문화유산답사기 3*. 창작과비평사

8) 석굴암을 석굴사라 불러야 한다는 주장도 있다. 석굴사에는 정사각형과 그 대각선의 길이인 $\sqrt{2}$의 응용, 정삼각형 높이의 응용, 원주율(π), 원에 내접하는 육각형과 팔각형 등의 비례 구성 등 다양한 수학적 기법이 총동원되고 있다(전상운. 2016. *우리 과학 문화재의 한길에 서서*. 사이언스북스).

9) 재무상태표의 예전 명칭인 대차대조표(Balance Sheet)에도 자산, 부채 그리고 자본의 잔액이 균형을 이루어야 한다는 의미에서 'Balance'란 단어가 포함되어 있었다. 물론 'Balance'라는 단어가 자산, 부채 및 자본의 잔액이라는 의미도 있다. 그래서 Balance Sheet이란 기업이 보유한 자원인 자산(Assets)과 자원을 기업 외부에서 조달한 원천인 부채와 내부에서 조달한 자본의 합(Liabilities and Owners' Equity)을 대조하는 동시에 균형을 이룬다는 이중적인 의미가 있다.

있다. 그리고 자본은 기업의 주주들이 납입하거나 영업활동의 결과 축적된 이익으로 안정적인 자원의 원천이라고 할 수 있다. 재무상태표를 구성하는 세 가지 요소의 이러한 성질을 표현하기 위하여 몬드리안이 사용한 3원색을 이용해보자. 자산은 파란색으로 표시하고, 미래에 반드시 갚아야 할 금액이기 때문에 매우 주의하여야 할 부채는 빨간색으로 표시하고, 자본은 내부에서 조달한 자본이므로 보다 안정적인 노란색으로 표시할 수 있다. 만일 재무상태표의 세 가지 요소인 자산(파랑), 부채(빨강) 그리고 자본(노랑)의 균형이 맞지 않으면 기업의 자산운용과 구성이 건전하지 않다는 뜻이다.

부채(빨강)가 지나치게 많다면 고정적인 이자비용이 증가할 것이며, 이는 불경기에 기업에 큰 부담으로 작용할 수 있다. 따라서 높은 부채비율은 기업평가에 부정적인 요소가 된다. 반면 부채(빨강)가 지나치게 적다면 고정적인 지출인 이자비용이 적어진다는 이점이 있으나 적절한 레버리지효과를 기대할 수 없다는 단점이 있다. 만약 6%의 이자를 지급하고 빌린 자금을 사업을 투자하여 10%의 수익을 달성할 수 있다면 기업은 4%의 수익을 얻을 수 있다. 그렇다면 자금을 많이 차입할수록 얻을 수 있는 수익이 확대되어 나타나는데 이를 재무레버리지(Financial Leverage) 효과 또는 지렛대효과라고 한다. 이런 효과는 부채와 자본의 특성이 다르기 때문에 나타나는 것으로, 회계에서 균형과 비례가 중요한 이유를 보여주는 대표적인 예라고 할 수 있다.

이제 우리나라의 대표 기업인 삼성전자㈜의 재무상태표를 몬드리안 작품처럼 표현해보자. 삼성전자㈜와 종속기업의 2018 회계연도 연결재무상태표([표 1])는 매우 무뚝뚝하고 건조한 인상을 준다.[10] 특정한 목적을 위하여 이 표를 검토하는 회계전문가가 아니라면 자산, 부채 및 자본과 각 항목의 명칭과 숫자가 일반 사람들의 흥미를 끌기는 어렵다. 그러나 이러한 재무상태표의 자산, 부채 및 자본을 각각 파랑, 빨강, 그리고 노란색으로 표시해보면 어떨까. 자산(파란색)을 왼쪽에, 부채(빨간색)와 자본(노란색)을 오른쪽에 배치하고, 약 91.6조원의 부채와 247.8조원의 자본을 금액의 크기에 비례하여 차지하는 면적을 배치하면 전혀 다른 표처럼 보이게 된다

10) 삼성전자㈜의 홈페이지에 게시된 연결재무상태표에서 전기(2017회계연도)와 주석을 제외하였다(출처: https://images.samsung.com/is/content/samsung/p5/sec/ir/financialinfo/inspection/2018/2018_con_quarter04_bs.pdf 2019.9.22. 최종확인).

표 1 | 삼성전자㈜와 그 종속기업의 2018년 12월 31일 현재 연결재무상태표 (단위: 백만원)

과목	금액	
자산		
Ⅰ. 유동자산		174,697,424
1. 현금및현금성자산	30,340,505	
2. 단기금융상품	65,893,797	
3. 단기매도가능금융자산	–	
4. 단기상각후원가금융자산	2,703,693	
5. 단기당기손익–공정가치금융자산	2,001,948	
6. 매출채권	33,867,733	
7. 미수금	3,080,733	
8. 선급금	1,361,807	
9. 선급비용	4,136,167	
10. 재고자산	28,984,704	
11. 기타유동자신	2,326,337	
Ⅱ. 비유동자산		164,659,820
1. 장기매도가능금융자산	–	
2. 만기보유금융자산	–	
3. 상각후원가금융자산	238,309	
4. 기타포괄손익–공정가치금융자산	7,301,351	
5. 당기손익–공정가치금융자산	775,427	
6. 관계기업 및 공동기업 투자	7,313,206	
7. 유형자산	115,416,724	
8. 무형자산	14,891,598	
9. 장기선급비용	5,009,679	
10. 순확정급여자산	562,356	
11. 이연법인세자산	5,468,002	
12. 기타비유동자산	7,683,168	
자산총계		339,357,244
부채		
Ⅰ. 유동부채		69,081,510
1. 매입채무	8,479,916	
2. 단기차입금	13,586,660	
3. 미지급금	10,711,536	
4. 선수금	820,265	
5. 예수금	951,254	
6. 미지급비용	20,339,687	
7. 미지급법인세	8,720,050	
8. 유동성장기부채	33,386	
9. 충당부채	4,384,038	
10. 기타유동부채	1,054,718	
Ⅱ. 비유동부채		22,522,557
1. 사채	961,972	
2. 장기차입금	85,085	
3. 장기미지급금	3,194,043	
4. 순확정급여부채	504,064	
5. 이연법인세부채	15,162,523	
6. 장기충당부채	663,619	
7. 기타비유동부채	1,951,251	
부채총계		91,604,067
자본		
지배기업 소유주지분		240,068,993
Ⅰ. 자본금		897,514
1. 우선주자본금	119,467	
2. 보통주자본금	778,047	
Ⅱ. 주식발행초과금		4,403,893
Ⅲ. 이익잉여금		242,698,956
Ⅳ. 기타자본항목		(7,931,370)
비지배지분		7,684,184
자본총계		247,753,177
부채와 자본총계		339,357,244

표 2 | 자산, 부채 자본을 3원색으로 분류한 삼성전자㈜와 그 종속기업의 2018년 12월 31일

과목	금액	
자산		
Ⅰ. 유동자산		174,697,424
1. 현금및현금성자산	30,340,505	
2. 단기금융상품	65,893,797	
3. 단기매도가능금융자산	–	
4. 단기상각후원가금융자산	2,703,693	
5. 단기당기손익–공정가치금융자산	2,001,948	
6. 매출채권	33,867,733	
7. 미수금	3,080,733	
8. 선급금	1,361,807	
9. 선급비용	4,136,167	
10. 재고자산	28,984,704	
11. 기타유동자산	2,326,337	
Ⅱ. 비유동자산		164,659,820
1. 장기매도가능금융자산	–	
2. 만기보유금융자산	–	
3. 상각후원가금융자산	238,309	
4. 기타포괄손익–공정가치금융자산	7,301,351	
5. 당기손익–공정가치금융자산	775,427	
6. 관계기업 및 공동기업 투자	7,313,206	
7. 유형자산	115,416,724	
8. 무형자산	14,891,598	
9. 장기선급비용	5,009,679	
10. 순확정급여자산	562,356	
11. 이연법인세자산	5,468,002	
12. 기타비유동자산	7,683,168	
자산총계		339,357,244

([표 2]).[11] 이제는 무미건조해보이던 삼성전자㈜의 재무상태표도 몬드리안의 작품이나 조선의 옷보자기처럼 삼성전자㈜의 재무적 상태에 관하여 구성 내용과 균형 상태를 재미있게 전해줄 준비를 마치게 된다.

11) 자산, 부채 및 자본의 면적을 금액의 크기에 비례하여 재배치하기 위하여 [표 2]의 재무상태표에서는 특히 부채의 항목을 통합하였다. 현실적으로도 XBRL 등의 기술을 응용한다면 세부항목은 언제나 쉽게 찾아볼 수 있으므로 이는 큰 장애가 되지 않을 것이다.

현재 연결재무상태표 (단위: 백만원)

과목	금액	
부채		91,604,067
Ⅰ. 유동부채		69,081,510
1. 매입채무, 단기차입금 및 유동성장기부채	22,099,962	
3. 미지급금, 미지급비용 및 법인세	39,771,273	
4. 선수금과 예수금	1,771,519	
5. 충당부채 및 기타유동부채	5,438,756	
Ⅱ. 비유동부채		
1. 사채 및 장기차입금/미지급금	4,241,100	22,522,557
2. 순확정급여부채, 장기충당부채 및 기타비유동부채	3,118,934	
3. 이연법인세부채	15,162,523	
자본		247,753,177
지배기업 소유주지분		240,068,993
Ⅰ. 자본금		897,514
1. 우선주자본금	119,467	
2. 보통주자본금	778,047	
Ⅱ. 주식발행초과금		4,403,893
Ⅲ. 이익잉여금		242,698,956
Ⅳ. 기타자본항목		(7,931,370)
비지배지분		7,684,184
부채와 자본총계		339,357,244

3원색으로 채워진 삼성전자㈜의 재무상태표([표 2])는 일반적인 재무상태표와 차이가 있다. 첫째, 아무런 색이 없는 재무상태표와 비교하여 자산과 부채, 자본의 특성이 잘 드러난다. 자산은 기업의 활동에 필요한 자원이며, 효율적으로 활용하여 부가가치를 증대시켜야 한다. 따라서 파란색으로 표시하였다. 부채는 기업의 활동에 사용하기 위하여 역시 외부에서 조달한 금액이다. 효과적으로 활용하면 기업의 이익을 증대시키는 레버리지효과를 주지만, 부채를 과도하게 조달하면 위험하다.

미래의 어느 시점에는 외부로 자원이 유출될 것이다. 그렇기 때문에 부채는 빨간색으로 표시하였다. 내부에 유보되어 있는 자본은 자산과 부채의 차이이며, 외부로 유출되는 자원이 아니며 기업활동의 결과 축적된 이익이 포함되어 있다. 이러한 자본의 특성을 표시할 수 있도록 노란색으로 표시하였다.

둘째, 일반적인 재무상태표([표 1])에서는 자산, 부채 및 자본의 크기가 숫자로 표시는 되어 있지만, 상대적인 크기를 시각적으로 보여주지 않는다. 따라서 잘 훈련된 회계전문가가 아니라면 삼성전자㈜의 재무상태에 대해 선뜻 판단하기가 쉽지 않다. 즉, 일반적인 재무상태표에서는 부채가 차지하는 평면과 자본이 차지하는 평면은 금액의 크기에 비례하지 않기 때문에 우리의 인지체계는 부조화(cognitive dissonance)를 일으키게 된다. 즉, [표 1]에 나타난 삼성전자㈜의 재무상태표에서는 부채를 표시한 면적이 자산이나 자본을 표시한 면적보다 훨씬 크다. 따라서 상대적으로 부채가 크게 보이는 착시현상이 생기는 데 반해서 실제로 부채 금액의 상대적인 크기는 이보다 훨씬 작다. 이러한 인지부조화를 해결하기 위해서는 부채인 빨간색이 차지하는 평면과 자본인 노란색이 차지하는 평면을 부채 금액과 자본 금액의 크기에 비례하도록 평면의 면적을 재조정하여야 한다. 이렇게 다시 작성하고 몬드리안의 3원색을 입힌 재무상태표가 [표 2]인 것이다. [표 1]의 재무상태표에 비하여 빨간색으로 표시된 부채의 면적이 줄어든 것이 확연히 드러난다.

[표 2]의 재무상태표에서 자산, 부채 및 자본의 구성 내역을 더욱 자세하게 분류하고 3원색의 채도나 명도를 조절한다면 몬드리안의 〈빅토리 부기 우기〉 또는 조선의 보자기와 같은 재무상태표가 등장할 수도 있지 않을까? 삼성전자㈜의 장·단기 전략에 따라 자산, 부채 자본의 3가지 요소의 상대적인 규모가 결정되고, 자산, 부채 및 자본 내에서 각각의 구성요소(예를 들면, 재고자산의 크기, 외상매출금의 수준 등)는 잘 짜여진 영업 및 재무 그리고 투자계획과 예산집행의 결과라는 측면에서 보면 [표 2]에 나타난 파랑, 빨강 그리고 노란색 평면의 상대적 크기는 아주 섬세하게 설계된 구성 작품과 같게 될 것이다.

몬드리안의 작품은 재무제표를 작성하고 전달하는 회계전문가는 물론 재무제표를 해석하고 이용하는 회계정보의 일반이용자에게도 비례와 균형의 관점에서 회계정보를 새로운 관점에서 바라보고 해석할 수 있는 통찰력을 제공한다. 이처럼 3원색으로 구분된 재무상태표라면 아마도 옷보자기를 만들어낸 조선의 여인들도 기업의 재무상태가 균형적인지 아닌지를 충분히 판단할 수 있을 것이다. 3원색으로 표시된 자산, 부채 및 자본의 상대적 크기와 그 구성요소들의 크기가 균형(balance 또는 equilibrium)을 이루고 있다면, 해당 기업의 이해관계자들은 이 작품을 바라보면서 마치 몬드리안의 작품을 보는 것처럼 안정감과 만족감을 느끼게 될 것이다. 그러나 빨간색이 다른 경쟁기업과 비교하여 비정상적으로 크거나 이전 연도와 비교하여 커지는 추세라면 이해관계자들은 해당 기업의 재무제표에 대해 경각심을 갖게 될 것이다.

9 황금비율: 비례와 균형

회계학의 아버지라 불리는 루카 파치올리(Luca Pacioli)가 1509년에 세 번째 책을 내었는데, 그 제목은 〈황금비율(De divina proportione; Divine Proportion 또는 golden ratio)〉이다. 이 책은 비율과 균형에 관하여 매우 흥미로운 아이디어를 제공하고 있는 책이다. 더구나 이 책에 삽입된 그림은 레오나르도 다빈치(Leonardo di ser Piero da Vinci, 1452~1519)가 그렸다고 한다.

레오나르도 다빈치는 르네상스 시기를 살던 이탈리아의 화가이자 과학자이며, 루카 파치올리와는 친밀한 사이이다. 레오나르도 다빈치의 출생과 일생은 잘 알려져 있지 않고 아직도 많은 비밀에 쌓여 있지만, 그의 지적 호기심이 거의 모든 학문에 걸쳐 있다는 것은 그가 남긴 작품을 통해 알 수 있다. 그는 그림과 조각, 건축뿐만 아니라 과학과 음악, 수학, 문학, 역사, 지리, 천문, 식물, 그리고 해부학에까지 관심을 가진 "다방면의 천재(Universal Genius)[1]"라 불린다. 여러 분야에 호기심을 가졌던 다빈치는 다양한 분야의 전문가들과 교류하였다.[2] 이러한 행보는 현대 사

1) Gardner, H., F. S. Kleiner and C. J. Mamiya. 2004. *Art through the Ages*. Thomson Wadsworth.

2) 거의 모든 분야에 관심을 가졌던 천재인 다빈치는 심지어 낙하산과 헬리콥터, 탱크의 주요 원리까지 발명했다고 한다(Rumerman, J. 2003. *Early Helicopter Technology. Centennial of Flight Commission*. U.S. Centennial of Flight Commission). 또한, 레오나르도 다빈치는 플로렌스(Florence) 지역에 있는 산타마리아 누오보(Santa Maria Nuova) 병원에서 인간의 신체를 해부할 수 있도록 허락을 받기도 하였다. 그는 후일 밀라노(Milan)와 로마(Rome)에 있는 병원에서도 해부를 할 수 있었다고 한다. 그는 1510년과 1511년 사이에 인간 신체에 관한 연구를 의사이자 파비아 대학(University of Pavia)과 파두아 대학(University of Padua)의 해부학 교수였던 마르칸도니오 델라 토레(Marcantonio della Torre)와 함께 진행하였다. 인간의 신체에 관하여 약 240여 점의 매우 상세한 드로잉을 남겼으며 13,000단어가 넘는 논문을 작성하기도 하였다(Sooke, A. 28 July 2013. When Leonardo da Vinci met death: dissected corpses, embryos and hearts sculpted out of glass. *Daily Telegraph*. 2019.9.23. 최종확인).

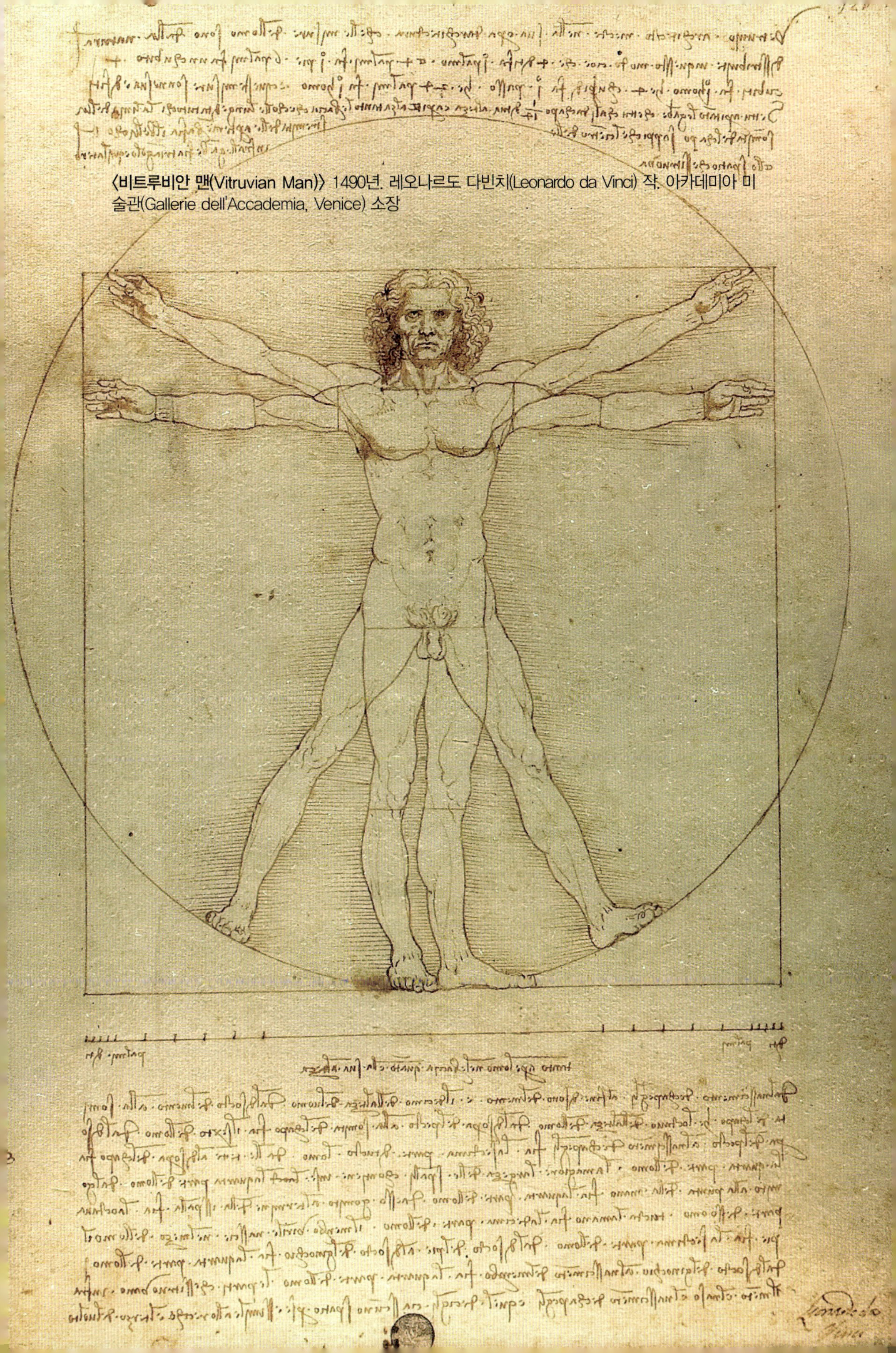

〈비트루비안 맨(Vitruvian Man)〉 1490년. 레오나르도 다빈치(Leonardo da Vinci) 작. 아카데미아 미술관(Gallerie dell'Accademia, Venice) 소장

회의 시대적 요구인 융합적 접근을 그가 이미 실천하고 있었다는 것을 보여준다.[3)]

레오나르도 다빈치가 1490년에 그린 〈비트루비안 맨(L'Uomo Vitruviano: The Vitruvian Man)〉은 원과 정사각형 안에 팔과 다리를 뻗고 있는 두 사람을 겹쳐 그린 작품이다. 이 그림에 등장하는 인간은 로마의 건축학자 비트루비우스의 책 〈건축서(De Architectura)〉[4)]에 기초하여 기하학적으로 이상적인 신체 비율을 가지도록 그려졌다.

이처럼 천재이자 많은 학문의 아버지[5)]라 불리는 레오나르도 다빈치는 친구이자 동료이며 회계학의 아버지라 불리는 루카 파치올리의 〈황금비율(De divina proportione)〉의 저술작업에 기꺼이 참여하였다. 두 사람이 의기투합할 수 있었던 이유는 바로 이 책의 주제가 황금비율이었기 때문이었다. 이 책은 모두 3부로 되어 있는데, 제1부인 '황금비율 개설(Compendio divina proportione)'에서 황금비율을 수학적 관점[6)]에서 설명하고 있다.[7)] 황금비율이란 선분을 둘로 나누었을 때 짧은 선분(A)과 긴 선분(B)의 비율이 긴 선분(B)과 두 선분의 합(A+B)과 같을 때의 비율이다. 즉, A:B=B:(A+B) 가 되는 비율이 황금비율이며 대략 1:1.618이다.[8)]

수학적으로 완벽한 황금비율은 많은 사람들에게 흥미를 끌었으며, 황금비율을 적용하면 미적으로도 아름다우리라 생각한 사람들은 주변에서 황금비율을 찾아내

---

3) Rosci, M. 1983. *Leonardo*. Mayflower Assoc.

4) 로마의 건축가였던 비트루비우스(Marcus Vitruvius Pollio)의 책 *De Architectura(건축서)에 따른 '인간 신체의 비율(Le proporzioni del corpo umano secondo Vitruvio(The proportions of the human body according to Vitruvius)*'의 줄임말이다. 비트루비우스는 〈건축서〉 3권 1장 세 번째 문단에서 인간의 규범인 비율에 대하여 설명하고 있다(출처: http://penelope.uchicago.edu/Thayer/E/Roman/Texts/Vitruvius/3*.html 2019.9.24. 최종확인).

5) Brown, D. A. 1998. *Leonardo Da Vinci: Origins of a Genius*. Yale University Press.

6) 루카 파치올리는 수학자인 피보나치(Fibonacci)와 유클리드(Euclid of Alexandria)에게서 영감을 많이 얻었다고 한다(Livio, M. 2003. *The Golden Ratio: The Story of Phi, the World's Most Astonishing Number*. NYC: Broadway Books).

7) O'Connor, J. J. and E. F. Robertson, July 1999. Luca Pacioli. *School of Mathematics and Statistics*. University of St. Andrews(http://www-history.mcs.st-and.ac.uk/Biographies/Pacioli.html 2019.9.25. 최종확인).

8) 루카 파치올리는 이 책의 제5장에서 황금비율에 관심을 가져야 하는 다섯 가지 이유를 설명하고 있다. 이 이유들은 파치올리가 살고 있던 당시의 종교적 세계관과 밀접한 관련을 갖고 있다(Livo, M. 2003. *The Golden Ratio: The Story of Phi, the World's Most Astonishing Number*. NYC: Broadway Books).

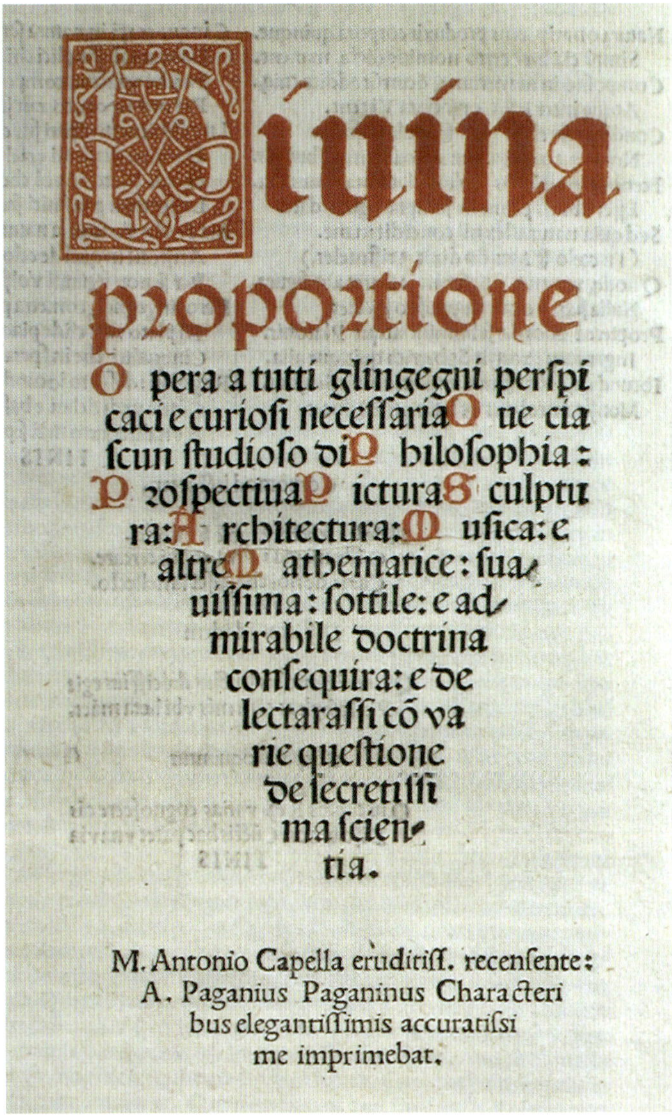

Diuina
proportione
Opera a tutti glingegni perſpi
caci e curioſi neceſſaria Oue cia
ſcun ſtudioſo di Philoſophia:
Proſpectiua Pictura Sculptu
ra: Architectura: Muſica: e
altre Mathematice: ſua-
uiſſima: ſottile: e ad-
mirabile doctrina
conſequira: e de
lectaraſſi cō va
rie queſtione
de ſecretiſſi
ma ſcien-
tia.

M. Antonio Capella eruditiſſ. recenſente:
A. Paganius Paganinus Characteri
bus elegantiſſimis accuratiſsi
me imprimebat.

〈**황금비율(De divina proportione)의 표지**〉 1509년. 루카 파치올리(Luca Pacioli) 글, 레오나르도 다빈치(Leonardo da Vinci) 그림, 파가니니(Paganini, Venice) 출판사

거나 만들어내려 하였다. 그리하여 역사적인 유물이나 자연 속에 황금비율이 존재한다는 주장이 꾸준히 제기되었다. 예를 들면, 쿠푸(Khufu) 왕의 피라미드(Great Pyramid of Giza), 그리스의 파르테논(Parthenon) 신전에 황금비율이 적용되어 있으며, 앵무조개에서도 황금비율이 보인다는 것이다.

이집트의 쿠푸 왕의 피라미드 또는 기자의 대피라미드(the Pyramid of Cheops or Khufu 또는 the Great Pyramid of Giza)의 경사도는 51° 52′인데 황금비율의 경사도인 51° 50′와 π에 기초하여 계산된 경사도 51° 51′에 매우 근접해 있다. 그러나 많은 학자들은 기자의 피라미드가 왜 51° 52′인지에 대하여 황금비율에 근거했다는 설명보다는 좀 더 합리적이고 정확한 설명을 제시하고 있다.[9] 라이스(M. Rice)는 이집트의 건축가들이 황금비율을 잘 알고 있으며 이를 수학적으로 응용하였다는 주장[10]을 소개하고 있지만, 다른 많은 학자들은 기자의 대피라미드가 우연히 황금비율에 따라 건축된 것처럼 보일 뿐이라고 주장한다.[11]

기원전 432년쯤 건립된 파르테논(Parthenon) 신전을 비롯한 여러 신전의 전면에 황금비율이 숨어있다는 주장이 있다.[12] 그러나 다른 연구들에 의하면 그리스인들은 황금비율을 미적으로 활용하지 않았다고 한다.[13] 서기 670년경에 튀니지의 카이루안에 세워진 회교사원(the Great Mosque of Kairouan 또는 the Mosque of Uqba)을 기하학적으로 살펴본 연구에 따르면 황금비율이 곳곳에서 발견된다고 한다. 그러나 전체 사원 중 황금비율이 적용된 부분은 원래의 건축물이 아니라 나중

9) Herz-Fischler, R. 2000. *The Shape of the Great Pyramid*. Wilfrid Laurier University Press.

10) 예를 들면, Giedon, S. 1957. The Beginnings of Architecture, The A.W. Mellon Lectures in the Fine Arts, 457이 있다(출처: Rice, M. 2003. *Egypt's Legacy: The Archetypes of Western Civilisation, 3000 to 30 B.C.* p.24. Routledge).

11) Markowsky, G. January 1992. Misconceptions about the Golden Ratio. *College Mathematics Journal*. Mathematical Association of America. 23(1). pp.2–19.

12) Van Mersbergen, A. M. 1998. Rhetorical Prototypes in Architecture: Measuring the Acropolis with a Philosophical Polemic. *Communication Quarterly*. 46(2). pp.194–213.

13) "… 실제 측량을 해본 결과에 따르면 아테네의 파르테논 신전이 황금비율에 따라 건축되었다는 주장은 전혀 뒷받침되지 않는다. 사실은 그리스인과 황금비율에 관한 이야기 자체의 근거가 없다"(Devlin, K. 2005. *The Math Instinct: Why You're a Mathematical Genius(Along with Lobsters, Birds, Cats, and Dogs)*. New York: Basic Books. p.54). 유클리드(Euclid) 이전에는 황금비율의 수학적 특성이 수학자들에 의하여 탐구되기 시작하지 않았다고 한다(Gazalé, M. J. 1999. *Gnomon: From Pharaohs to Fractals*. Princeton University Press. p.125). 기원전 15세기부터 2세기까지의 건축물 중 15개의 사원, 18개의 무덤, 8개의 석관과 58개 무덤의 기념비를 측량한 연구에 의하면 기원전 5세기의 그리스 건축물들에서는 황금비율을 전혀 찾아볼 수 없었고, 그 다음 6세기 동안에도 거의 찾아볼 수 없었다고 한다(Foutakis, P. 2014. Did the Greeks Build According to the Golden Ratio? *Cambridge Archaeological Journal*. 24(1). pp.71–86).

에 재건축된 것으로 파악되었다.[14)]

인간을 포함하여 몇몇 동물들의 신체에서 황금비율이 발견된다는 주장도 있다. 예를 들면, 앵무조개의 단면을 보면 나선형 회전이 로그함수에 따르며 공간의 비율이 황금비율과 유사하다는 주장이 있다.[15)] 그러나 앵무조개를 실제 측정해본 결과 이러한 주장은 사실과 다른 것으로 나타났다.[16)] 오히려 황금비율을 적용하여 시뮬레이션을 해본다면 자연스러운 앵무조개가 아닌 매우 우스꽝스러운 모습의 앵무조개가 그려진다.

심리학자들은 인간이 아름다움을 지각하는 데에 황금비율이 어떤 영향을 미치는지 검증해보기도 하였다.[17)] 그 결과 황금비율에 따른 직사각형을 선호한다는 결과도 있었으나 좀 더 정교한 연구에 따르면 이러한 선호는 근거가 부족한 것으로 나타났다.[18)] 인간의 집단적 경제적 활동이 나타나는 주식시장에서 주식이나 선물투자와 관련하여 황금비율 또는 피보나치(Fibonacci) 수열과 유사한 행태가 관찰된다는 주장[19)]도 있으나 이에 관한 연구들은 실증적 근거가 없다고 한다.[20)]

결론적으로 황금비율의 존재에 관한 대부분의 주장은 자연에 존재하는 무수히 많은 비율 중에 극히 일부만이 황금비율과 일치하는 것을 과장한 것으로 자연에는 전혀 황금비율과 일치하지 않는 사례가 더 많이 있다. 유명한 그리스·로마 시대 조각이나 파르테논 신전과 같은 유명 고대 건축물, 이집트의 피라미드가 황금비율

---

14) Boussora, K. and S. Mazouz. 2004. The Use of the Golden Section in the Great Mosque of Kairouan. *Nexus Network Journal*. 6(1). pp.7–16.

15) Moscovich, I. 2004. *Ivan Moscovich Mastermind Collection: The Hinged Square & Other Puzzles*. New York: Sterling.

16) Peterson, I. April 1, 2005. Sea shell spirals. *Science News*(https://www.sciencenews.org/article/sea-shell-spirals 2019.9.26. 최종확인).

17) Fechner, G. 1876. *Vorschule der Ästhetik*. Leipzig: Breitkopf & Hartel. pp.190–202.

18) Livio, M. November 1, 2002. The golden ratio and aesthetics. *Plus Magazine*(https://plus.maths.org/content/golden-ratio-and-aesthetics 2019.9.26. 최종확인).

19) 예를 들면, 38.2%와 61.2%의 주가 등락이 일반적이라는 주장이 있다(Osler, C. 2000. Support for Resistance: Technical Analysis and Intraday Exchange Rates. *Federal Reserve Bank of New York Economic Policy Review*. 6(2). pp.53–68).

20) Batchelor, R. A. and Ramyar, R. 2006. *Magic numbers in the Dow*. London: Cass Business School, City of London.

을 기초로 만들어졌다는 것은 대표적으로 잘못 알려진 상식이다. 또한 앵무조개와 같은 조개류의 껍데기에 황금비율이 존재한다는 것도 마찬가지로 사실이 아니다.

미술작품 중 황금비율이 적용된 것으로 자주 언급되는 미로의 비너스(Venus de Milo), 미켈란젤로(Michelangelo)의 다비드(David) 조각상도 실제로 측정을 하여 보면 황금비율과는 차이가 난다. 구텐베르그 활자를 사용하여 초기에 인쇄한 〈구텐베르그 성서(Gutenberg Bible)〉[21]도 가로와 세로의 비율이 황금비율이기 때문에 아름답다는 주장이 있었으나 실제 비율은 1:1.45이었다.[22] 화가 몬드리안(Piet Mondrian)이 황금분할(golden section)을 광범위하게 사용[23]하였다는 주장도 있지만 이를 반박하는 주장도 있다.[24][25] 다만 달리(Salvador Dali)의 유명한 초현실주의적 작품인 〈마지막 만찬(The Sacrament of the Last Supper)〉의 구도가 황금비율에 따른 것이라고 한다.[26] 애플(Apple)사의 로고는 황금비율에 따라 디자인되었다고 하지만 이는 우연의 일치인 것으로 알려진다.

황금비율이 거론되면 가장 자주 인용되는 것이 보티첼리(Botticelli)의 그림 〈비너스의 탄생(The Birth of Venus)〉이다. 〈비너스의 탄생〉은 보티첼리의 다른 작품 〈봄(Primavera)〉과 함께 이탈리아의 르네상스를 대표하는 대표적인 작품이다.[27]

21) 구텐베르그 성서(Gutenberg Bible 또는 Mazarin Bible)는 42줄로 되어 있어 B42라고도 한다. 이 성서는 활자를 이용하여 대량으로 인쇄된 성서 중 하나이며 1454~1455년 사이에 인쇄된 것으로 알려져 있다. 소위 '구텐베르그 혁명'이 시작되었음을 알려주는 신호로 해석되며 예술적 · 미적 감각이 훌륭한 서적이어서 가치가 매우 높은 것으로 알려져 있다(Davies, M. 1996. *The Gutenberg Bible*. British Library).

22) Man, J. 2002. *Gutenberg: How One Man Remade the World with Word*. Wiley. pp.166–167.

23) Bouleau, C. 1963. *The Painter's Secret Geometry: A Study of Composition in Art*. Harcourt, Brace & World. pp.247–248.

24) Livio, M. 2002. *Op. cit.*

25) Livio, M. 2003. *Op. cit.*

26) 달리의 이 그림이 1956년에 워싱턴(Washington DC)의 국립미술관에 전시되기 시작하면서 미술관 내에서 가장 인기있는 작품이 되어 르노와르(Pierre-Auguste Renoir)의 작품인 〈물뿌리개를 든 소녀(A Girl with a Watering Can)〉를 밀어내고 그 자리를 차지하기도 하였다고 한다.

27) https://www.goldennumber.net/botticelli-birth-venus-golden-ratio-art(2019.9.27. 최종확인). 서적: Meisner, G. B. 2018. *The Golden Ratio: The Divine Beauty of Mathematics*. Race Point Publishing.

〈**비너스의 탄생(The Birth of Venus)**〉 1484~1486년. 보티첼리(Sandro Botticelli) 작. 이탈리아 우피치 미술관(Galleria degli Uffizi, Florence) 소장

그림의 가운데에는 이제 막 태어나 해변에 도착한[28] 비너스 여신이 비현실적으로 커다란 조개 안에 서 있다. 그림의 왼쪽에는 바람의 신 제피르(Zephyr)가 비너스를 불어 나르기 위해 볼이 잔뜩 부풀어 있는 모습이다. 공중에서 바람을 부는 제피르가 안고 있는 여인 아우라(Aura)도 같이 바람을 불어 거들고 있다. 이 때문에 비너스와 그 왼쪽에 서 있는 계절의 여신(Hora)[29]의 머리카락과 옷자락이 오른쪽으로 날리고 있다. 계절의 여신은 해변에 도착하는 비너스에게 옷을 입혀주기 위하여 다

28) 정확하게 말하자면 보티첼리가 작품에 담은 장면은 비너스가 탄생한 이후에 해변에 도착하는 장면이다. '비너스의 탄생'이라는 제목은 바사리(Vasari)라는 화가가 불러주었고, 19세기에 굳어진 것이라고 한다. 비너스가 도착한 해변은 지금의 사이프러스(Cyprus)로 추정된다. 그리스인들은 이곳을 비너스 여신의 영지라고 생각했다고 한다. Lightbown, R. 1989. *Sandro Botticelli: Life and Work*. Thames and Hudson. pp.159–160.

29) 꽃무늬 옷을 입은 것으로 보아 이 여신은 계절 중 봄의 여신인 것으로 판단된다(Lightbown, R. 1989. *Op. cit*. pp.156–159; Wind, E. 1967. *Pagan Mysteries in the Renaissance*. Peregrine Books. p.131).

가서고 있다.[30)]

이탈리아의 르네상스 시대를 연구한 많은 예술사학자들은 신플라톤주의(Neo-Platonism)적 해석에 주목하였다.[31)] 이러한 해석에 따르면 보티첼리의 작품 〈비너스의 탄생〉에서 비너스 여신의 누드는 신성한 사랑을 나타낸다.[32)] 즉, 육체적인 아름다움에 대한 관조는 영혼의 아름다움을 추구하는 과정이기 때문에 아름다운 여신 비너스를 바라보면서 처음에는 육체적인 미에 관심을 갖지만 결국 신성한 사랑의 영역으로 인도될 것이라고 생각한다.[33)] 최근에는 보티첼리의 작품 〈봄〉과 〈비너스의 탄생〉의 주제는 결혼이며, 신랑과 신부의 적절한 행동을 제시한 그림이라는 주장도 있다.[34)]

오른쪽의 월계수와 계절의 여신이 쓴 월계수 화관에는 '로렌조(Lorenzo)'가 새

---

30) 다른 해석에 따르면 제피르가 안고 있는 여인은 그와 결혼한 요정 클로리스(Chloris)라고 한다. 그녀의 근처에 흩날리고 있는 장미가 클로리스임을 알려주고 있다. 또한 꽃무늬 옷을 입은 여인은 꽃의 여신 플로라(Flora)라고 한다(참조: Dempsey, C. Botticelli, Sandro. *Grove Dictionary Art Online*, Oxford Art Online. Oxford University Press. https://doi.org/10.1093/gao/9781884446054.article.T010385 2019.9.28. 최종확인).

31) Gombrich, E. H. 1945. Botticelli's Mythologies: A Study in the Neoplatonic Symbolism of his circle. *Journal of the Warburg and Courtauld Institutes*. 8. pp.7–60; Zollner, F. 1998. *Botticelli: Images of Love and Spring*, Munich. pp.82–91.

32) 뎀시(Dempsey)는 윈드의 해석이 "보티첼리의 신화적 작품에 관한 해석 중 가장 중요하고 완전한 신플라톤주의적 해석"이라고 하였다(Dempsey, C. *Op. cit.*).

33) Plato. *Symposium*(*Συμπόσιον*). pp.180–181, 210. 〈향연(Symposium, 饗宴)〉은 기원전 385~370년에 플라톤이 지은 철학서이다. 이 책은 비극시인 아가톤(Agathon)의 집에서 열린 축하 모임에서 사랑의 신 에로스(Eros)에 대한 찬사를 하는 형식을 취하였다. 파에드루스(Phaedrus), 파우사니아스(Pausanias), 에릭시마쿠스(Eryximachus), 아리스토파네스(Aristophanes)에 이어 소크라테스(Socrates)가 예전에 현명한 여인 디오티마(Diotima)로부터 전해 들었다는 연애관을 차례대로 이야기한다. 간단히 요약하면, 연애의 올바른 과정은 육체의 미에 대한 추구에서 영혼의 미에 대한 추구로 승화되고, 마침내 미 자체의 관조(觀照)에 도달하는 것이라고 주장한다. 마지막 부분에는 소크라테스의 신봉자 아르키비아데스(Alcibiades)가 취해서 들어와 에로스 예찬을 소크라테스 찬미로 바꾸어 버린다.

34) Hankins, J. 1991. The Myth of the Platonic Academy of Florence. *Renaissance Quarterly*. 44. pp.429–475; Zirpolo, L. 1991. Botticelli's Primavera: a Lesson for the Bride. *Woman's Art Journal*. 12(2); Long, J. C. 2008. Botticelli's Birth of Venus as Wedding Painting. *Aurora*. pp.1–26.

겨져 있는데, 이는 당시 플로렌스를 통치하던 로렌조 일 마그니피코(Lorenzo il Magnifico)인지 아니면 그의 사촌 로렌조 디 피에르프란체스코(Lorenzo di Pierfrancesco)인지는 불분명하다. 계절의 여신이 입고 있는 꽃무늬 옷과 흩날리는 꽃은 플로렌스(Florence) 지역을 상기시킨다.[35)]

보티첼리가 〈비너스의 탄생〉을 제작한 때가 1484~1486년 사이의 기간이다. 한편, 루카 파치올리가 밀라노에서 〈황금비율〉의 원고를 쓴 기간은 이보다 10여 년 후인 1496~1498년이며, 레오나르도 다빈치가 삽화를 추가한 뒤 1509년에 출간되었다. 보티첼리의 작품이 파치올리의 책보다 먼저 제작되었으니 보티첼리는 황금비율을 몰랐다고 볼 수도 있다. 그러나 모든 지식이 그렇듯이 당시 황금비율이 지식인들의 관심을 받고 사교계의 화두로 떠올랐다면, 그리고 파치올리가 이 지식을 정리하고 조금 더 연구정리하여 책으로 펴낸 것이라면, 보티첼리가 〈비너스〉를 제작할 당시에 황금비율을 인지하고 작품 제작에 적용했을 수도 있다.

보티첼리의 작품 〈비너스의 탄생〉의 가로와 세로는 278.5×172.5cm(109.6×67.9inch) 이고, 그 비율은 황금비율과 거의 같은 1.614이다. 크기는 황금비율과 매우 유사하다. 보티첼리 당시의 측정기술을 고려한다면 오차범위 안에서 동일하다고 보아야 할 것이다.[36)] 또한 작품 안에 수평선과 수직선을 그어보면 또다른 황금비율이 발견된다. 먼저 비너스가 타고 온 커다란 조개의 윗부분을 접점으로 하는 수평선을 그으면 그림 전체의 높이와 그림의 꼭대기에서 이 수평선까지의 높이는 정확하게 황금비율이 된다. 이번에는 비너스의 배꼽을 지나는 수평선을 그으면 그림 전체의 높이와 배꼽에서 그림의 바닥까지의 높이가 또 황금비율이 된다. 또한 옷자락을 쥐고 있는 계절의 여신의 오른손 엄지손가락 끝을 지나는 수직선을 그으면 그림에서 이 수직선의 왼쪽과 오른쪽의 길이가 황금비율이 된다. 반대로 요정 클로리스의 머리카락 왼쪽 끝을 지나는 수직선을 그으면 이 수직선의 오른쪽과 왼쪽의 길이가 황금비율이 된다. 이 밖에도 여러 각도에서 황금비율을 찾을 수 있다.

건축이나 화학 등의 산업 분야 만큼이나 비율이 많이 사용되는 분야가 회계학 분

35) 라틴어로 'Florentia'는 꽃이 날린다는 뜻의 'flowering'이므로 이탈리어인 'Firenze'보다 의미가 명확하다. 로마제국이 이름을 이렇게 짓기 전에는 이곳의 지명이 두 강이 만나 물이 풍부하다는 뜻의 'Fluentia'였다고 한다(Hemsoll, D. *Op. cit.* (13:40); Hartt, F. *Op. cit.* 333).

36) 중세 스페인의 측량단위인 1피트가 10.96인치이니 보티첼리의 캔버스의 가로 크기는 정확히 10피트이다.

야이다. 재무제표에서 제공되는 회계수치를 이용한 비율분석이 기업실체 분석의 기본이 되기 때문이다.[37] 예를 들어 재무구조의 건전성, 기업의 수익성, 사업성과 그리고 투자안의 타당성 등을 분석하기 위해서 반드시 필요한 것이 비율분석이다. 이러한 재무비율은 기업의 다양한 활동 –연구개발, 제조, 마케팅, 투자 및 재무활동–을 한눈에 보여주는 기능을 가지고 있다. 그렇다면 기업의 이러한 활동들이 조화롭게 이루어진다면 그 결과인 재무비율도 조화로울까? 그렇다면 회계에서는 황금비율이라는 것이 존재할까?

기업의 활동내용과 결과를 보여주는 재무제표에서 황금비율을 찾을 수 있을 것인가에 대한 해답을 유동비율을 통해 살펴보자. 유동비율이란 분자에 유동자산을, 분모에 유동부채를 대비하여 나타낸 비율이다. 따라서 유동자산의 크기가 유동부채에 비해 얼마나 큰가를 나타내는 비율이다. 여기에 더해서 유동부채는 1년 이내에 기업이 상환하여야 하는 부채이며, 유동자산은 1년 이내에 현금화될 수 있는 자산이라는 사실을 알게 된다면 유동비율을 이렇게 해석할 수 있다. 1년이라는 단기간에 갚아야 할 부채를 감당할 수 있는 기업의 능력을 파악할 수 있는 비율이 곧 유동비율인 것이다. 결국 기업이 보유한 유동자산은 유동부채보다는 많아야 위험이 낮은 것으로 평가될 수 있다. 그렇다면 유동비율의 황금비율은 얼마일까?

기업의 유동성을 평가할 때 대개 적정한 유동비율의 크기를 200%로 보고 있다. 유동자산이 유동부채의 크기보다 2배가 되는 정도를 적정한 크기로 본다는 것이다. 그러나 이러한 판단의 근거가 절대적으로 합리적인 것은 아니다. 그 정도 비율이었던 기업이 경영위험에 처한 확률이 낮았다는 과거의 경험에 의한 판단이기 때문이다. 이런 판단에 동의할 수 있다면 200%는 유동비율에 있어서의 황금비율이라고 할 수도 있다.

다른 한편, 유동자산이 유동부채보다 몇 십 배 많다면 좋은 평가를 받을 수 있는가 하면 그것도 아니다. 유동자산이란 투자활동에 투입된 자산이 아니므로 유동자산이 크다면 실제 투자활동은 미흡하다는 신호일 수 있다. 왜냐하면 기업의 투자활동은 1년 이내에 종결되는 활동이 아니기 때문에 그 활동에 투입된 자산이 유동자산이 될 수는 없기 때문이다. 투자활동은 대개 장기간에 걸쳐 이루어지고 차후에 효과가 나타나기 때문에 현재의 투자활동이 소홀하다면 미래의 수익이 낮아질 수

---

37) Andrew, P. C. 2017. *Financial Statement Analysis: The Blueprint for Investing Success*. Independently published.

있다는 것을 의미하기도 한다.

안타깝지만 재무비율에서는 절대적인 합리성이란 존재할 수 없다. 기업의 경영위험은 미래의 사건이며 미래를 확실하게 보여주는 현재의 정보는 제한적일 수밖에 없기 때문이다. 또한 기업이 영위하고 있는 사업의 종류에 따라서도 사업환경과 영업순환주기가 다양하기 때문에 유동비율에 대한 다양한 기준이 존재할 수 있다. 결국 유동비율이 너무 낮으면 위험이 높다고 평가되고, 유동비율이 너무 높으면 자산의 비효율적인 사용으로 미래의 수익성을 의심받게 된다. 재무제표에서 산출되는 재무비율들은 합리적인 범위 내에 있어야 한다는 무언의 합의가 있는 것도 사실이지만 이러한 비율이 꼭 황금비율이 되는 것도 아닐뿐더러 그 비율이 고정되어 영원불변한 것 역시 아니다. 결론적으로 기업의 재무비율에서 가장 중요한 것은 균형(balance 또는 equilibrium)인 것이다.

앞서 살펴본 보티첼리의 작품 〈비너스의 탄생〉 속에는 황금비율이 여러 각도에서 발견되었다. 그러나 정작 주인공인 비너스의 신체를 살펴보면 목이 지나치게 길어보인다. 만일 보티첼리가 황금비율에 맞추어 그림을 그렸다면 목의 길이가 그렇게 길지 않았을 것이다. 그러나 이런 표현이 전체 그림에서 크게 이질적으로 보이지 않고 오히려 비너스를 돋보이도록 하고 있는데 이는 작품 전체에 절대적인 황금비율을 적용하지 않음으로써 작가가 얻고자 한 효과일 수도 있을 것이다. 규칙을 벗어났으나 그것이 작품 전체를 더욱 더 빛나도록 만든 작가의 역량에 박수를 보내며, 기업 역시 이 점을 참고할 필요가 있을 듯하다.

10

〈야묘도추(野猫盜雛)〉와 손익계산서

기업 실체에 관한 정보를 기업 외부의 이해관계자에게 전달하기 위해 회계전문가가 작성하는 회계보고서를 재무제표(Financial Statements)라고 한다. 우리나라에서는 재무상태표, 손익계산서, 현금흐름표와 자본상태변동표의 네 가지 재무제표를 의무적으로 작성하도록 하고 있다. 이 네 가지 재무제표는 각기 다른 목적으로 작성되지만 한 조각이라도 어긋나면 절대 완성되지 않는 퍼즐처럼 서로 밀접하게 연결되어 있다.

재무상태표는 명칭 그대로 특정한 시점에서의 기업의 재무적 상태(status), 즉 보유한 자원과 갚아야 할 채무 그리고 소유주의 지분을 보여주는 보고서이다. 재무상태는 시점을 특정하여 작성할 수밖에 없으므로 어떤 원인으로 그런 상태가 되었는지에 대한 정보를 담고있지는 않다. 따라서 그런 변동내역을 살펴보기 위해서는 직전 기간의 재무상태표와 당해 기간의 재무상태표를 비교하는 방식으로 이용하여야 한다. 그러나 그런 방식은 번거로울 뿐더러 변동의 원인을 상세하게 알기는 어려운 것이 사실이다. 그래서 좀 더 자세하게 변동액과 그 원인을 알 수 있도록 하기 위해 작성되는 보고서가 손익계산서, 현금흐름표와 자본변동표이다. 이들 보고서는 일정한 기간 동안의 기업 활동(activities)으로 비롯된 자원이나 지분의 변화(changes)와 흐름(flows)을 상세하게 보여준다.

현금흐름표는 어떤 원인으로 현금 자산이 변동했는지를 알려주며, 자본변동표는 자본이 변동한 내역을 보고한다. 자본은 투자자로부터 투자를 받거나 배당을 하여 증가 또는 감소되기도 하지만, 회사가 열심히 경영활동을 하여 벌어들인 이익이 반영되어 증감하기도 한다. 흔히 관심을 가지는 기업의 경영성과라고 하면 이러한 자

〈성 삼위일체(Holy Trinity: Trinity with the Virgin, Saint John the Evangelist, and Donors)〉 1427년, 마사초(Masaccio) 작, 산타 마리아 노벨라(Santa Maria Novella)성당, 플로렌스

표 1 | 삼성전자㈜의 2018 회계연도 연결손익계산서

연결손익계산서
2018년 1월 1일부터 2018년 12월 31일

삼성전자㈜와 그 종속기업 (단위: 백만원)

과목		
Ⅰ. 매출액		₩243,771,415
Ⅱ. 매출원가		132,394,411
Ⅲ. 매출총이익		111,377,004
판매비와 관리비	₩52,490,335	
Ⅳ. 영업이익		58,886,69
기타수익	1,485, 037	
기타비용	1,142,018	
지분법이익	539,845	
금융수익	9,999,321	
금융비용	8,608,896	
Ⅴ. 법인세비용차감전순이익		61,159,958
법인세비용	16,815,101	
Ⅵ. 당기순이익		₩44,344,857
지배기업 소유주지분	₩43,890,877	
비지배부분	₩453,980	
Ⅶ. 주당이익		
기본주당이익(단위: 원)		₩6,461
희석주당이익(단위: 원)		₩6,461

본의 변동 중에서도 경영활동에 의한 부분을 의미하며, 이런 역할을 하는 보고서가 손익계산서이다. 즉, 손익계산서는 경영활동을 통하여 벌어들인 수익(revenues)과 이러한 활동을 하기 위하여 희생된 비용(expenses)을 보여주기 때문에 기업의 경영성과를 바로 확인할 수 있는 중요한 보고서가 된다.

[표 1]은 삼성전자㈜의 2018 회계연도의 연결손익계산서[1]를 예시한 자료이다. 손익계산서는 기업의 성과를 하나가 아닌 여러 단계로 구분하여 보고하는데, 그 첫 번째 단계는 매출총이익이며, 다음이 영업이익, 법인세비용차감전이익, 당기순이익의 순으로 구성되어 있다.

매출총이익은 매출액에서 매출원가를 차감하여 계산하는데, 단순하게 표현하면 제품의 판매액에서 제품의 원가를 빼는 것, 즉 제품을 얼마에 만들어서 얼마에 팔았다는 성과를 의미한다. 따라서 매출총이익은 생산활동의 성과를 가장 핵심적으로 보여주는 항목이 된다. 그 다음 단계에서는 매출총이익에서 판매활동과 일반관

1) 출처: https://www.samsung.com/sec/ir/financial-information/audited-financial-statements/ (2019.3.27. 최종확인).

리활동에 소요되는 금액을 차감하여 영업이익을 계산한다. 따라서 영업이익은 기업의 생산, 판매, 관리활동의 결과를 나타내는 항목이 된다. 즉, 기업활동 중에서 가장 중요한 중심영업활동에 따른 성과를 나타내는 것이 영업이익이다.

기업의 활동은 중심영업활동과 그 외의 활동으로 나누어지지만 모든 활동의 결과는 기업의 성과로 이어진다. 따라서 중심영업활동 이외의 다른 활동에 의해 생긴 손실이나 이익은 영업이익에 더하거나 빼서 반영하는데 그 결과를 법인세비용차감전이익이라고 한다. 이 금액에서 법인세비용만 빼면 해당 기간의 최종 성과인 당기순손익이 계산되는 것이다. 이렇게 손익계산서를 여러 단계로 구분해서 작성하는 이유는 결국 회계기간 동안에 이루어진 기업활동의 성과를 보다 자세하게 보고하기 위한 것이다. 다시 말해서 손익계산서는 판매활동, 생산활동, 일반관리활동으로 이루어진 중심영업활동과 그 이외의 여러 활동의 성과를 보고하는 보고서이다.

자산, 부채와 자본으로 이루어지는 재무상태표는 정지된 시점에서 기업의 재무상태를 보여주기 때문에 2차원적인 평면의 보고서를 만들어도 목적에 따른 역할을 충분히 하고 있다고 할 수 있다. 그러나 재무상태표와 달리 손익계산서와 같은 재무제표는 기업의 활동과 그에 따른 변화를 보여주어야 하는 보고서이기 때문에 2차원적인 평면 안에서 이를 충분히 설명하는 데에는 한계가 있다. 예를 들면, 손익계산서의 첫 줄에 표시되는 매출액 하나만으로는 매출활동을 충분히 설명할 수 없다. 이 매출액은 1년간의 매출활동을 단순히 누적하여 합산한 금액이므로 일별, 주별, 월별 또는 계절별로 변화하는 매출활동이나 여러 지역에서 발생하는 매출활동을 설명하기에는 불충분하다. 즉, 손익계산서와 같이 활동을 보여주는 회계보고서는 시간과 공간의 제약을 갖게 된다.

미술 분야에서도 회화는 화폭이라는 평면적 한계를 가지고 있는 분야이다. 그러나 평면의 한계를 극복하고 공간적 확장과 시간적 변화를 담아내기 위한 고민과 시도가 꾸준히 이어져 왔고, 이러한 노력은 변화와 혁신을 이루어냈다. 예를 들면, 마사초(Masaccio, 본명은 Tommaso di Ser Giovanni di Simone)는 원근법을 도입하고, 소실점을 이용하여 가로와 세로로만 이루어진 2차원적 평면에 깊이를 더하여 화면을 3차원적 공간으로 확장시켰다.[2] 마사초의 〈성 삼위일체(Holy Trinity)〉는

2) 유럽 건축의 백미로 알려진 피렌체의 두오모성당(Santa Maria del Fiore cathedral)의 돔을 설계하고 건축한 브루넬레스키(Filippo Brunelleschi)가 실험을 통하여 원근법(linear perspective)의 원리를 증명한 후(Edgerton, S. Y., 2009. *The Mirror, the Window & the Telescope: How Renaissance Linear*

원근법을 훌륭하게 구사한 대표적인 작품이다.

이외에도 파격적으로 높은 천정까지의 빈 공간을 마련한 벨라스케즈(Velázquez)의 작품 〈시녀들(Las Maninas)〉은 그림 안에 열린 문까지 장치하여 놓음으로써 보이지 않는 뒤쪽으로까지 화폭의 공간을 확장시켰고, 카유보트(Gustave Caillebotte)는 〈카페에서(Dans un café)〉라는 작품에서 카페 안쪽을 비추는 거울을 배치하여 관람자의 시선이 등장인물의 시선을 따라갈 수 있도록 공간을 확장시켰다. 또한 피카소(Picasso)를 비롯한 입체파(Cubism) 화가들은 2차원적인 평면에 다양한 시각에서 관찰된 대상을 함께 모아 놓음으로써 3차원적인 공간처럼 보이는 효과를 내기도 하였다.

근대에 이르러서는 공간의 확장뿐만 아니라 시간의 확장도 이루어졌다. 평면으로 이루어진 화폭 안에서 시간의 흐름에 따른 연속적인 활동을 담는 것은 매우 어려운 일이지만, 사진이 발명되고 사진기술이 발전하기[3] 시작하던 시기에 맞추어 화가들의 노력은 마침내 결실을 맺기 시작하였다. 예를 들면, 쿱카(Frantisek Kupka)의 〈꽃을 따는 여인(Femme Cueillant des Fleurs)〉은 등장인물의 우아한 움직임을 색상의 변화와 함께 보여주고 있다. 같은 제목을 가진 르노와르(Pierre-Auguste Renoir)의 작품과 비교하면 등장인물의 움직이는 모양과 다음 동작이 확연하게 드러나 보인다. 이 밖에도 루솔로(Luigi Russolo)의 〈여인의 움직임(Sintesi plastica dei movimenti di una donna)〉, 그리고 뒤샹(Marcel Duchamp)의 〈계단을 내려오는 누드(Nude Descending a Staircase)〉 등의 작품은 연속적인 움직임을 하나의 화폭에 담으려고 시도하였고 어느 정도 성공을 거두었다.

입체파와 미래파의 요소를 모두 포함하고 있는 이러한 그림들은 등장인물의 모습을 연속적으로 중첩시켜 움직임을 표현하였다.[4] 이러한 노력은 기업의 경영활동을

Perspective Changed Our Vision of the Universe. Ithaca, NY: Cornell University Press), 그의 친구인 마사초를 비롯한 화가들이 르네상스 시대의 미술작품에 널리 활용하기 시작하였다.

3) 1882년에 마레이(Étienne-Jules Marey)는 〈날아 내리는 펠리칸(Flying pelican)〉의 연속적인 동작을 한 화면에 담아내었다. 또한 기술이 발전함에 따라 활동을 모두 담는 동영상이 등장하기 시작하였다.

4) 이러한 기법은 물체가 고속으로 움직이는 모양을 섬광촬영하는 사진기법에서 영향을 받았다. 특히, 뒤샹은 과학자이자 사진가인 마레이(Étienne-Jules Marey)가 창안한 정지-동작의 연속촬영 사진에 영향을 받았음을 인정하였다. 특히 무이브리지(Eadweard Muybridge)가 출간한 *The Human Figure in Motion* (Muybridge, E. 1907. *The Human Figure in Motion*. Dover Publications, Inc.

〈꽃을 따는 여인(Femme Cueillant des Fleurs)〉 1909년. 쿱가(Frantisek Kupka) 작. 구겐하임(Peggy Guggenheim Collection, Venice, Italy) 소장

〈꽃을 따는 여인(Femme Cueillant des Fleurs)〉 1906~1910년. 피에르 오귀스트 르노와르(Pierre-Auguste Renoir) 작. 필라델피아의 반즈 재단(Barnes Foundation, Philadelphia, PA) 소장

손익계산서라는 이차원적인 평면에 담으려고 노력하는 것과 비슷하다. 그런데 서양화와는 달리 이미지를 중첩시키거나 시선을 달리한 이미지를 합성하지 않고도 단순한 평면 위에서 등장인물들의 움직임을 연속적으로 잘 표현한 혁신적인 그림[5]이 우리나라에 있다. 바로 조선시대의 화가인 긍재(兢齋) 김득신(金得臣)의 작품 〈야묘도추(野猫盜雛, 들고양이가 병아리를 훔치다)〉이다. 이 그림은 마치 카메라로 등장하는 인물들과 동물들의 움직임을 연속적으로 포착하듯이 생생하게 그리고 있다.

살구나무가 꽃을 활짝 피웠으니 계절은 봄이라는 것을 알 수 있다. 햇볕 좋은 툇마루에서 주인 어른은 돗자리를 짜고 마나님은 베를 짜고 있었다. 마당에는 작은 애벌레를 구해 온 암탉이 '구구~' 소리를 내며 태어난지 얼마 되지 않은 노랑 병아리를 부르고 있는 아주 평온한 날이었다. 그런데, 날렵한 들고양이가 몰래 담을 넘어 살구꽃 그늘로 숨어 들어 있다가 기둥 뒤쪽에서 기회를 기다리고 있었는가 보다. 마침 암탉이 먹이를 찾기 위해 잠깐 자리를 비운 사이에 들고양이는 통통한 병아리 한 마리를 덥석 물고는 내빼기 시작한다.

"째잭!" 다급하게 구원을 외치는 병아리 소리에 놀란 암탉이 그제서야 무슨 일이 벌어지고 있는지를 짐작하고는 눈을 휘둥그래 뜨고 깃털을 잔뜩 세우며 고양이쪽으로 달려든다. 들고양이의 등장에 놀란 다른 병아리들은 이리저리 숨을 곳을 찾느라 조급하게 흩어지고 있다. 넘어질 듯 뒤뚱거리며 도망가는 안타까운 병아리들이 숨을 헐떡이는 소리까지 들리는 듯하다.

마침 긴 담뱃대에 막 불을 붙이고 있던 주인 어른은 냅다 소리를 지르면서 일어나고, 다급한 마음에 마루 아래로 몸을 던지고 있다. 그 바람에 돗자리를 짜던 발틀은 뒤집어져 마루 아래로 떨어지고, '우당탕' 거리는 요란한 소리가 그림을 감상하는 사람의 귀에까지 들릴 듯하다. 주인 어른은 시야에 들어온 들고양이를 향해 손에 쥔 담뱃대를 길게 뻗어 보지만 마음만 앞서고 몸이 따라가 주지 않는다. 오히려 머리에 썼던 탕건이 땅바닥에 떨어져 데굴데굴 구른다. 마루 아래로 엎어지기 직전인 주인 어른의 모습은 우왕좌왕하는 병아리와 함께 또다른 안타까움을 불러일으

Retrieved 8 March 2019)에 실린 작품인 〈Woman Walking Downstairs〉에서 영감을 받은 듯하다(Tomkins, C. 1996. *Duchamp: A Biography*. Henry Holt and Company, Inc.).

5) 우리나라 사찰의 외벽에 주로 그려진 부처의 일생을 그린 그림이나, 단원(檀園) 김홍도(金弘道)의 행려풍속도병(行旅風俗圖屛) 등과 같이 시간의 경과에 따른 활동을 묘사하고 있는 그림들이 있기는 하다. 그러나 이 그림들은 한 화폭에 그려진 것이 아니라 여러 장의 그림을 모아 놓은 것이다.

〈야묘도추(野猫盜雛: 들고양이가 병아리를 훔치다) 또는 파적도(破寂圖)〉 18C 후반~19C 초. 긍재(兢齋) 김득신(金得臣). 간송 미술관 소장

키고 있다.

“에구머니, 저를 어째!” 방 안에 있던 마나님도 놀랐다. 주인 어른이 다칠까 걱정되어 맨발로 달려 나온다. 그러나 노련한 고양이는 이 모든 상황을 미리 계산한 듯 여유만만하다. 쫑긋 세운 귀와 엉큼해보이는 눈, 위쪽으로 올려 구부러뜨린 긴 꼬리는 오히려 얄밉기까지 하다.

김득신의 〈야묘도추(野猫盜雛)〉는 이처럼 한 폭의 화면에 등장인물들의 움직임을 이야기하듯이 풀어내고 있다. 등장인물 하나 하나는 정지된 모습으로 그려졌지만, 다른 등장인물들의 정지된 모습과 연결된 관계 속에서 그러한 모습의 전후 움직임이 바로 눈 앞에서 일어나는 것처럼 생생하게 표현하고 있는 수작이다.

회계전문가들도 김득신의 야모도추처럼 기업의 활동내용을 평면적인 손익계산서에 생생하게 담을 수 있도록 노력하여 왔다. 생산활동, 판매활동, 관리활동의 중심영업활동과 그 외의 활동을 구분하여 각각의 성과가 드러나도록 손익계산서를 구분하여 작성한 것도 그런 노력의 일환일 것이다.

그러나 손익계산서가 기업의 중요한 경영활동들을 압축하여 표시한 것이기 때문에 다양한 시공간에서 벌어지는 기업의 활동을 생생하게 전달하는 것은 쉬운 일이 아니다. 손익계산서의 이러한 평면적 한계를 보완하기 위해 회계전문가들은 부속명세서나 주석[6]을 보충적으로 사용하고 있다. 즉, 중요하다고 판단되는 정보이지만 손익계산서의 본문에 표시하지 못하는 정보를 별도의 공간에 제시하는 것이다. 따라서 손익계산서에 요약된 숫자들만 보고 기업의 활동을 파악해내기 어려운 회계정보이용자는 손익계산서의 본문뿐만 아니라 추가로 제공되는 주석의 내용도 잘 검토하여야 한다.

최근 4차산업혁명과 함께 도래할 정보기술의 발전은 정보의 양과 처리속도의 한계를 뛰어넘게 되었고, 회계는 이러한 발전을 활용할 준비를 하고 있다. 예를 들면, 이미 등장한 XBRL[7]과 같은 기술이 4차산업혁명과 결합하여 평면적인 손익계산서

6) 주석(註釋, Footnotes)은 재무제표를 더 잘 이해할 수 있도록 ‘재무제표상의 해당 과목 또는 금액에 기호를 붙이고 난외 또는 별지에 동일한 기호를 표시하여 그 내용을 간결하고 명료하게’(이상봉. 2015. *가치투자 관점에서 재무제표 보는 법.* 도서출판 청람) 추가적으로 설명하는 것이다. 재무제표 본문에 표시하기 어려운 계량적 정보와 비계량적 정보를 별도로 기재한다.

7) XBRL(eXtensible Business Reporting Language)는 기업의 보고서에 전자적으로 정보를 탑재하여 교환할 때 사용되는 국제표준 언어이다. 이 언어는 이미 50여 개국에서 사용되고 있으며, 무료로 사용이 가

를 공간적 · 시간적으로 확장시킬 수 있는 가능성을 제공하고 있으며, 이미 우리나라에서도 상장법인의 재무제표에 탑재되어 있다. 금융감독원의 전자공시시스템(DART: Data Analysis, Retrieval and Transfer System)[8]에서는 이를 이용하여 특정한 회사의 여러 해에 걸친 재무제표를 살펴볼 수도 있고, 해당회사의 여러 계정을 조회하거나, 계정의 상세내역을 조회하거나 여러 회사의 동일한 계정을 서로 비교해볼 수 있다. 앞으로는 이러한 정보기술이 기업의 회계보고서에 더욱 풍부한 시간적 · 공간적 깊이를 더해줄 것으로 기대한다.

능하고, 시장주도형이며, 공개되어 있다. XBRL은 XML에 기반한 언어이며, (주)XBRL 인터내셔널(XBRL International, Inc. – https://www.xbrl.org/)이 개발하고 공표한다.

8) 금융감독원 전자공시시스템 홈페이지(http://dart.fss.or.kr/dsext004/mainA.do) 참조

11
〈앤드류 부부〉와 부의 과시

18세기 후반 영국에서 작품활동을 한 화가 게인즈보로(Gainsborough)는 초상화가로 명성을 얻었지만 풍경화에 더 애착을 가졌다고 한다.[1] 이처럼 초상화와 풍경화를 잘 그리던 게인즈보로는 풍경화를 배경으로 당대 사교계의 유력한 인물들의 초상화를 많이 그렸다. 〈앤드류 부부(Mr. and Mrs. Andrews)〉 역시 풍경을 배경으로 젊은 앤드류 부부의 초상화를 그린 그림이다.

〈앤드류 부부(Mr. and Mrs. Andrews)〉 1750년, 토마스 게인즈보로(Thomas Gainsborough) 작, 런던 국립미술관(National Gallery, London) 소장

게인즈보로의 〈앤드류 부부〉는 일반적인 초상화와는 다르다. 대부분의 초상화는 그림의 가운데에 인물을 배치하고 배경을 강조하지 않는다. 그러나 이 그림에서는 모델이 되는 앤드류 부부가 그림의 왼쪽에 치우쳐 자리잡고 있다. 그 대신 그림의 가운데와 오른쪽 공간은 대저택이 있는 마을, 산과 들 그리고 농경지를 묘사한 풍경이 자리잡고 있다.

젊은 로버트 앤드류(Robert Andrew)는 고급스러운 옷을 입고 아주 자랑스런 표정으로 사냥용 총과 총탄을 넣는 주머니를 들고 서 있다. 그 옆에는 젊고 아름다운 부인 프랜시스 앤드류(Frances Andrew)[2]가 로코코풍의 나무 벤치에 역시 고급스러운 옷을 입고 기품 있게 앉아 있다. 잘 훈련된 것처럼 보이는 사냥개는 매우 좋은 그리고 비싼 품종으로 보인다. 이들 부부의 배경에는 자신들이 결혼식을 올린 교회와 대저택, 그리고 농장이 보인다. 오른쪽 아래에는 이제 막 수확한 곡식을 묶어 놓은 가리들이 보인다. 주변의 들판과 언덕[3]은 조용하고 평화로워 보인다.

앤드류의 의뢰를 받아 그린 이 그림에 등장하는 모든 것들은 그가 과시하고 싶은 자신의 소유물들이다. 배경으로 등장하는 마을에 있는 저택과 교회, 그리고 농장뿐만 아니라 그 뒤로 보이는 숲과 산이 모두 자신의 소유이다. 앤드류는 일상복이나 정복이 아닌 사냥용 복장을 하고 있다. 사냥개와 사냥총 탄약 주머니는 그가 소유한 자연을 일상적으로 어떻게 즐기는지를 보여주고 있다. 그림의 오른쪽 앞에는 수확된 밀이 잘 정돈되어 있는 것으로 보아 당시로서는 매우 효율적인 방법으로 농사를 짓고 있으며, 풍성한 수확을 거둔 것을 자랑하고 있다. 앤드류는 자신이 소유한 이 모든 것을 자랑하고 기록으로 남기고 싶었던 것이다. 심지어는 아버지가 정략적으로 결혼시킨[4] 젊고 아름다운 그리고 부잣집 딸인 부인까지도 과시의 도구로

---

1) Nash, S. A., L. F. Orr, M. C. Stewart. 1999. *Masterworks of European Painting in the California Palace of the Legion of Honor*. Hudson Hills Press: New York. p.111.

2) 두 사람은 남편 Robert Andrew가 22세, 신부 Frances Mary Carter가 16세이던 1748년에 그림의 가운데에 멀리 보이는 Sudbury의 All Saints 교회에서 결혼하였다(Egerton, J. 1998. *The British School (National Gallery Catalogues)*. National Gallery London).

3) 이 그림이 그려질 당시인 1750년 경에 앤드류는 이미 3,000acre(약 12.14km^2 또는 367만평) 정도의 부동산을 소유하고 있었으며 그림의 배경이 되었다(Egerton. *Op cit*).

4) Egerton. *Op cit*.

삼은 것일지도 모른다.[5)]

앤드류는 이 그림을 통하여 자신의 물리적 부와 풍요로운 생활, 농사하는 기법은 물론 자신의 부인까지 과시할 수 있었다. 이처럼 일상생활과 주변을 주제로 삼은 많은 그림들 중에는 자신의 부를 과시하려는 의도가 숨어 있는 경우가 많이 있다. 특히 전체적인 관점에서 주요 자산을 과시하는 것이 아니라 자신들이 소유한 일부 자산 항목의 가치를 그림 속에서 과시함으로써 자신들이 얼마나 부자이며 여유 있는 생활을 하는지를 과시하기도 하였다.

〈나무 화병 속의 꽃(Flowers in a Wooden Vessel)〉 1599년. 얀 브뤼헐(Jan Brueghel, the Elder) 작. 빈 미술사 박물관(Kunsthistorisches Museum, Vienna, Austria) 소장

5) 다만 그림 속의 앤드류 부부의 표정을 보면 서로 편안하게 보이지는 않는다. 의자에 뻣뻣하게 앉아 있는 부인, 그 부인 옆에 바로 다정하게 서 있는 것이 아니라 약간의 거리를 두고 있는 남편의 모습, 서로 아무 상관없는 사람들처럼 지은 얼굴 표정, 앤드류 부인이 안보이도록 감싸서 놓은 사냥감은 부부의 뒤편 저 멀리서 다가오는 먹구름과 함께 이 부부의 미래를 암시하고 있다.

〈코르넬리스 반 데어 쥐스트의 화랑(The Gallery of Cornelis van der Geest)〉 1628년. 빌렘 반 핵트(Willem van Haecht) 작. 안트워프의 루벤스 하우스(Rubenshuis, Antwerp) 소장

자신의 부를 과시하려는 경향은 정물화에서 많이 찾아볼 수 있는데, 특히 르네상스 시대부터 많은 돈을 벌어들인 신흥 부자들이 등장하면서 유행하였다. 무역을 통하여 부를 쌓은 이들은 자신이 소유한 꽃이나 과일, 와인과 꽃병 등을 화가에게 그리게 하였는데, 이러한 정물화에 등장하는 꽃들은 매우 비싼 품목이었다. 특히 네덜란드에서는 엄청나게 비싸게 팔리던 튤립과 외국에서 수입된 꽃이 꽂혀 있는 꽃병, 같은 시기 또는 같은 장소에서 나지 않는 과일들을 한 곳에 모아 그린 정물화를 다른 사람들에게 보여줌으로써 자신의 부를 과시하는 경우가 많이 있었다.

얀 브뤼헐(Jan Brueghel, the Elder)의 1603년도 작품인 〈나무 화병 속의 꽃(Flowers in a Wooden Vessel)〉을 보면 꽃들이 화병에 빼곡히 꽂혀 있고, 일부 꽃잎들은 바닥에 떨어져 있다. 서로 다른 종류의 꽃들은 모두 다 싱싱하고 화사하다. 이 화병에 꽂힌 꽃들을 어떤 기준으로 고르고 배치하였는지는 잘 알 수 없다. 그러나 그러한 기준은 별로 중요하지 않다. 중요한 것은 꽃 한 송이만 해도 대장장이가 1년 동안 벌어도 구매할 수 없는 당시로서는 보통 사람들이 꿈도 못 꾸는 값을 지불해야 하는 꽃들이 많이 있다는 것이다. 이렇게 비싼 꽃들을 싱싱하게 유지한 채로 한 자리에 모아 빽빽하게 꽂아 놓을 수 있는 재력이 자신에게 있다는 것을 과시하는 것이 중요한 것이다. 또한 싱싱하고 비싼 꽃이라는 것을 강조하기 위하여 나비, 벌 그리고 잠자리와 같은 곤충들이 날아 든 모습까지 생생하게 묘사하였다. 이렇게 비싼 꽃이 바닥에 부스러져 있어도 전혀 개의치 않을 정도의 부를 과시한다. 아마도 이 그림의 현재 시세보다 그림이 그려졌을 17세기 당시의 꽃의 가격이 훨씬 더 비싸지 않았을까?

네덜란드의 상인 코르넬리스 반 데어 쥐스트(Cornelis van der Geest)는 자신이 수집한 미술작품들을 자랑하고 싶었다.[6] 그래서 화가 반 핵트(Willem van Haecht)에게 자신의 화랑에 사람들을[7] 초대하여 작품들을 보여주는 장면을 그려 달라고 부탁하였다. 그러한 그림들 중 하나가 바로 〈코르넬리스 반 데어 쥐스트의 화랑(The Gallery of Cornelis van der Geest)〉이란 작품이다. 이 그림 속의 화랑에 보이는 수많은 작품[8]들은 지금이라면 미술관 하나쯤은 넉넉하게 채울 수 있을 것이다. 그림의 오른쪽에 열린 문으로는 화가인 빌렘 반 핵트가 계단을 올라오면서 오른손은 난

6) 반 데르 지스트(Cornelis van der Geest, 1575~1638)는 안트워프 지역의 상인이었다. 종자를 거래하여 축적한 부를 이용하여 미술가들을 후원하고 직접 미술품을 수집하기도 하였다. 당시 봉제업 장인협회장도 맡았다고 한다(Giorgi, R. 2008. *European art of the seventeenth century*. Getty Publications. p. 383).

7) 그림을 보여주고 있는 반 데르 지스트 앞에 블라디슬라브 바사(Władysław Ⅳ Vasa), 오스트리아 대공 알버트 7세(Albert Ⅶ, Archduke of Austria), 이사벨라 클라라 유지니아(Isabella Clara Eugenia), 화가 루벤스(Peter Paul Rubens), 그리고 카타리나 반 모켄보르쉬(Catharina van Mockenborch) 등이 모여 있다.

8) 그림 속의 화랑에는 루벤스(Peter Paul Rubens)의 〈아마존의 전투(Battle of the Amazons)〉와 〈이자벨라 데스테의 초상(Isabella d'Este)〉, 15세기에 발굴된 BC130~140년 작품인 〈벨베디어 아폴로(Belvedere Apollo)〉 조각상, 아담 엘스하이머(Adam Elsheimer)의 〈헤큐바의 집에 있는 케레스(Ceres en casa de Hécuba, Ceres at Hecuba's Home)〉, 빌렘 반 핵트(Willem van Haecht)의 〈다나에(Danae)〉, 쿠엔틴 마시스(Quentin Matsys)의 〈파라셀수스의 초상(Paracelsus)〉, 오토 반 빈 레알(Otto van Veen Real)의 〈마지막 성찬(The Last Supper)〉, 피터 아레르트센(Pieter Aertsen)의 〈팬케이크 굽기(The Pancake Bakery)〉, 펠리스 리치오(Felice Riccio)의 〈대장간에 온 비너스(Venus in the Forge of Vulcan)〉, 얀 반 윌덴(Jan van Wilden)의 〈겨울 풍경(Winter Landscape)〉 등의 작품이 보인다.

간을 잡은 채로 화랑 안을 들여다보고 있다.

회계적 관점에서 보면 코르넬리스 반 데어 쥐스트가 화랑에 보유하고 있는 그림들은 모두 재고자산[9)]이다. 이러한 재고자산은 코르넬리스가 작품을 사들였을 때 지급한 금액, 즉 '취득원가'로 평가하여 재무상태표에 자산으로 표시한다. 그 이유는 이 작품들이 코르넬리스의 소유이며, 미래 어느 시기에 취득원가보다 높은 값에 팔아서 이득을 남길 수 있기 때문이다.

그러나 만일 코르넬리스가 이 작품들을 지역의 미술관이나 박물관에 기증하여 지방정부의 소유가 되었다면 어떻게 될까? 오늘날 많은 나라 또는 지역에서 그렇듯이 우리나라의 시립미술관이나 박물관에서 소유하고 있는 예술작품은 자산으로 인식하지 않는다. 따라서 정식 재무제표에 보고하지 않는다. 왜냐하면 이러한 작품들의 가치를 객관적으로 측정하기 어렵고, 미래에 재판매할 목적으로 보유하는 것이 아니며, 오히려 잘 보존하고 관리하여야 할 책임이 있기 때문이다. 그러므로 이러한 작품들은 '관리책임자산'이라는 항목으로 분류하여 재무제표가 아닌 필수보충정보의 일부에 포함시켜 취득 금액과 관리상태를 별도로 보고하여야 한다.

게인즈보로의 작품이 풍경화의 형식으로 소유한 자산을 보여주고, 얀 브루겔의 작품은 개별적인 정물을 통하여 부를 과시하고 있으며, 빌렘 반 핵트의 작품은 소장하고 있는 예술작품을 통하여 자신의 부와 안목을 과시하고 있다면, 로맨틱한 풍경화를 통하여 아름답고 광활한 자연과 그 안에 담긴 문화까지 자신의 소유임을 과시하려는 그림도 있다. 바로 토마스 힐(Thomas Hill)의 작품인 〈장엄한 캘리포니아 풍경과 호숫가의 인디언(Indian by a lake in a majestic California landscape)〉이 바로 그것이다.

토마스 힐은 토마스 콜(Thomas Cole)로 대표되는 소위 '허드슨강파(Hudson River School)[10)]'의 영향을 받았다. 영국 출신의 미국 이민자인 토마스 콜과 프레데릭 에드윈 처치(Frederick Edwin Church), 에셔 브라운 뒤랜드(Asher Brown

9) 만일 단기간에 판매할 의도가 아니라 장기간 보유하고 있을 의도라면, 투자자산으로 분류할 수도 있다. 다만 코르넬리스 반 데어 쥐스트의 영업활동이 미술품을 수집하고 판매하는 것을 포함한다면, 재고자산으로 분류한다.

10) 영국 출신의 미국 이민자인 토마스 콜(Thomas Cole)을 비롯하여 프레데릭 에드윈 처치(Frederick Edwin Church)나 에셔 브라운 뒤랜드(Asher Brown Durand)로 대표되는 "허드슨강파"는 주로 뉴잉글랜드 지방에 근거지를 두고, 미국의 아름다운 자연을 로맨틱하게 그려내었다.

Durand)로 대표되는 '허드슨강파'는 주로 뉴잉글랜드 지방에 근거지를 두고, 미국의 아름다운 자연을 로맨틱하게 그려내었다. 특히 토마스 콜은 인간 문명의 순환적 특성을 표현한 〈제국의 흥망성쇠(The Course of the Empire)〉 연작[11]과 인간의 삶을 신비적으로 그린 〈삶의 여정(The Voyage of Life)〉 연작,[12] 그리고 쿠퍼(James Fenimore Cooper)의 소설 〈모히컨 족의 최후(The Last of Mohicans: A Narrative of 1757)〉라는 소설에 기초하여 완성한 네 점의 그림으로 유명하다. 그중에서도 〈타메눈드의 끝자락에 무릎을 꿇은 코라(Cora Kneeling at the Feet of Tamenund)〉는 아름다운 자연 속에서 모히칸 족들이 모여 축제를 하고 있는 광경을 서정적으로 그리고 있다. 기존의 풍경화들이 '풍경적 관점(landscape view)'에서 그려졌다면 콜의 작품은 '풍경적 구성(landscape composition)'을 통해 상상의 개념과 인간의 느낌을 역사적 사실을 빌려 그리거나 시에서 영감을 얻은 것처럼 묘사하고 있다. 토마스 콜은 이처럼 실제와 환영을 넘나들며 돈과 권력을 탐하는 인간의 욕심에 대하여 당시의 미국인들에게 경고를 보냈다.[13]

그러나 이렇게 아름다운 풍경화를 그리던 허드슨강파는 남북전쟁을 기점으로 자연을 바라보는 시각에 큰 변화를 일으킨다. 당시 잭슨(Andrew Jackson) 대통령의 정책을 지지한 저널리스트 존 오설리번(John O'Sullivan)이 미국의 영토를 아메리카 대륙 전체로 확장하는 것이 곧 신의 뜻이라며 '명백한 운명(Manifest Destiny)'[14]을 주칭하자, 막대한 비용 때문에 서부 신출에 부성석이었던 미국 사회의 여론이 긍정적으로 전환되기 시작하였다.[15] 물론 이러한 미국적 제국주의를 반대하는 목

11) 〈제국의 흥망성쇠〉 연작은 차례대로 〈원시 상태(The Savage State)〉, 〈목가적 상태(The Arcadian or Pastoral State)〉, 〈이상적 번영(The Consummation)〉, 〈파괴(Destruction)〉, 그리고 〈폐허(Desolation)〉의 다섯 점으로 구성되어 있다.

12) 〈삶의 여정〉 연작은 차례대로 〈삶의 여정: 어린 시절(The Voyage of Life: Childhood)〉, 〈삶의 여정: 젊은이(The Voyage of Life: Youth)〉, 〈삶의 여정: 성인(The Voyage of Life: Manhood)〉, 그리고 〈삶의 여정: 노년(The Voyage of Life: Old Age)〉으로 구성되어 있다.

13) 이들의 작품에는 탐욕으로 타락한 유럽이 아닌 '신세계' 미국의 자연을 통해 하나님의 교훈과 계시를 얻을 수 있다는 프로테스탄트적 메시지가 많이 함축되어 있었다.

14) ushistory.org. 29. Manifest Destiny(출처: http://www.ushistory.org/us/29.asp 2019.10.1. 최종확인).

15) '명백한 운명'에는 세 가지 의미가 있다고 주장하였다. ① 미국인들과 미국의 제도에 내재되어 있는 특별한 미덕, ② 목가적인 미국이라는 이미지를 서부에 구현해야 한다는 미국의 소명, 그리고 ③ 이러한 본질적인 의무를 성취하여야만 하는 불가항력적인 운명이다(Miller, R. J. 2006. *Native America,*

〈옐로우스톤의 그랜드 캐니언(The Grand Canyon of the Yellowstone)〉 1872년. 토마스 모란(Thomas Moran) 작. 스미소니언 미술관(Smithsonian American Art Museum, Washington DC) 소장

소리[16]도 있었지만, 대세를 거스르지는 못하였다.

특히 토마스 힐과 토마스 모란(Thomas Moran)은 작품을 통해 이러한 '명백한 운명'에 감성적 정당성을 부여하였다. 특히 힐의 1875년도 작품 〈성스러운 십자가의 산(The Mountain of Holy Cross)〉은 산 정상부에 쌓인 눈이 십자가 모양을 하고 있는 것을 실제 모습보다 강조하여 표현하였다. 즉, 인위적으로 만들어낼 수 없는 십자가를 통해 서부 진출이 초자연적 신의 계시임을 함축적으로 전달하고 있는 것이다. 그의 1870년도 작품 〈장엄한 캘리포니아 풍경과 호숫가의 인디언(Indian by a lake in a majestic California landscape)〉은 정복하고 소유하여 신이 부여한 소명을 이어가야 할 땅으로 해석된다.

토마스 모란의 1872년도 작품 〈옐로우스톤의 그랜드 캐니언(The Grand Canyon of the Yellowstone)〉은 그랜드 캐니언의 장엄한 풍경과 이곳에 사는 인디안 부족

Discovered And Conquered: Thomas Jefferson, Lewis & Clark, And Manifest Destiny. Westport, CT: Praeger Publications, p.120).

16) 미국적 제국주의가 미국인들의 동의를 다 얻은 것은 아니다. 미 정가에서는 격렬한 반대에 부딪히기도 하였다. 휘그(Whig)당 쪽에서는 미국 민주주의의 전형은 정복이 아니라 도덕적 사명에 있다고 주장하였다(Howe, D. W. 2007. *What Hath God Wrought: The Transformation of America 1815–1848*. Oxford University Press. pp.705–706). 또한 최근에 불거진 '문화적 도용(Cultural Appropriation)'의 논란은 소수민족의 문화적 유산을 상품화하여 경제적 이익을 취하는 서구의 선진국에 대한 비판적인 시각을 보여주고 있다(참조: https://100.daum.net/encyclopedia/view/47XXXXXXb995 2019.10.28. 최종확인).

역시 소유하여야 마땅한 풍광이며 문화라는 주장을 하고 있다. 전경에 그려진 인디언과 백인은 다정하게 서서 아름답고 웅장한 자연을 같이 바라보고 있는 듯이 보이지만, 작가는 이들이 각각 야만(savage)과 문명을 상징하도록 의도하였다. 그림에서 어두운 쪽을 가리키고 있는 인디언과 달리 밝은 쪽을 가리키는 백인은 야만의 시대가 저물고 서부에 문명시대가 도래할 것이라는 메시지를 전달하고 있는 것이다.[17] '명백한 운명'을 장대한 서부 풍경으로 가시화한 이들의 작품에는 인디언 강제 이주나 학살과 같은 서부 진출 과정에서 빚어진 어두운 이면이 배제되어 있다. 이 작품은 모란이 옐로우스톤을 탐사한 후에 완성한 작품인데 작가의 의도 때문에

17) 토마스 모란이 나중에 그린 비슷한 구도의 다른 작품에서는 두 인물을 빼고 풍경만을 담았다(참고: 〈옐로우스톤의 그랜드 캐니언(Grand Canyon of Yellow Stone) 1904년. 토마스 모란(Thomas Moran) 작. 호놀룰루 미술관(Honolulu Museum of Art, Honolulu) 소장)

탐사가 아닌 정탐으로 여겨지기도 한다.[18]

이와 반면에 조선의 화가 겸재(謙齋) 정선(鄭敾)은 득도의 경지에 다다른 모습으로 자신의 소유물을 내보이고 있다. 정선의 작품 〈독서여가(讀書餘暇)〉에서 주인공은 겸재 자신이다. 겸재는 툇마루에 비스듬히 기대 앉아 부채를 펼쳐 들고 마당

〈독서여가(讀書餘暇)〉 18C 초. 겸재(謙齋) 정선(鄭敾) 작. 간송 미술관 소장

18) 이상윤. 2019. 정탐의 기록: 19세기 미국 낭만주의 풍경화와 프로테스탄트 윤리의 반영. *서양미술사학회 논문집*. 50. pp.7–31.

에 있는 고급스런 도자기 화분 두 개에 핀 꽃을 바라보고 있다. 깔끔하게 정돈된 방안에 서책이 쌓여 있는 책장은 이곳이 겸재의 서재임을 알려주고 있다. 책장 문에 그려진 그림과 쥐고 있는 부채에 그려진 그림은 겸재의 그림이다. 열어젖힌 곁문을 통해서는 우람한 향나무의 뒤틀린 굵은 둥치가 보이는데 그 푸른 가지는 초가지붕 앞까지 뻗어 있다.

겸재의 서재와 그 앞마당은 앤드류의 산야처럼 드넓지도 않으며, 코르넬리스 반 데어 쥐스트의 화랑처럼 비싸거나 복잡해보이지도 않으며 아메리카 대륙의 웅장한 풍경도 아니다. 그럼에도 불구하고 선비의 작은 집은 운치와 격조를 담고 있다. 서가에 꽂혀 있는 책과 부채의 그림, 그리고 마당의 꽃은 그림의 주인공이 어떤 품격을 가지고 있는지를 잘 보여준다. 한낮의 여유로움은 덤이다. 서재 옆으로 붉은 빛이 도는 소나무 기둥은 구부정하지만 조선의 선비가 지니는 은은함을 풍기고 있다. 그림의 오른쪽에서는 나비 한 마리가 지금 날아들고 있는 것만 같다.

12

회계보고서에 담긴 많은 사람들의 삶

브뤼헐(Pieter Brueghel)의 월력도는 계절을 따라 함께 작업하는 사람들의 모습을 담고 있다. 원래는 계절에 따른 농업과 수렵생활 등을 모두 6점의 그림에 담았다고 하는데 지금은 5점만 전해져 온다. 이 그림들은 브뤼헐이 살던 당시의 생활풍경, 특히 마을 사람들이 어떻게 협력하며 살았는지를 잘 보여주고 있다.

〈흐린날(The Gloomy Day)〉에서는 오른쪽 아래의 소년들이 종이로 만든 왕관

〈흐린 날(The Gloomy Day)〉 1559년. 브뤼헐(Pieter Brueghel) 작. 빈 미술사박물관(Kunsthistorisches Museum) 소장

〈수확하는 사람들(The Harvesters)〉 1565년. 브뤼헐(Pieter Brueghel) 작. 뉴욕 메트로폴리탄 미술관(Metropolitan Museum of Art) 소장(위)
〈건초만들기(Haymaking)〉 1565년. 브뤼헐(Pieter Brueghel) 작. 프라하 성(Prague Castle) 소장(아래)

〈돌아오는 가축(The Return of the Herd)〉 1565년. 브뤼헐(Pieter Brueghel) 작. 빈 미술사박물관(Kunsthistorisches Museum) 소장(위)
〈눈 속의 사냥꾼들(Hunters in the Snow)〉 1565년. 브뤼헐(Pieter Brueghel) 작. 빈 미술사박물관(Kunsthistorisches Museum) 소장(아래)

을 쓰고 와플을 먹으며 놀고 있는 것을 보아 2~3월의 풍경으로 짐작된다. 그러나 저 멀리 배경으로 보이는 날씨는 심상치 않다. 이미 해안에는 배들이 서로 부딪치고 망가져 있다. 즐거운 아이들과는 달리 집을 손보고 나뭇가지를 줍는 어른들의 마음은 바쁘다.

두 번째 그림인 〈수확하는 사람들(The Harvesters)〉은 밀을 함께 수확하고 있는 농부들을 그리고 있다. 그림 왼쪽에는 밀을 베는 사람들이 보이고, 오른쪽에는 짚을 묶는 사람들이 있고 이미 세워진 짚단도 있다. 그림의 오른쪽 사과나무에는 한 사람이 올라 나무를 흔들고 있고, 나무 밑에서는 두 사람이 떨어진 사과를 줍고 있다. 가운데 배치된 배나무 밑에는 일을 하다가 쉬는 사람들이 모여 음식을 먹고 있다. 밀밭 사이로 술 항아리를 들고 배나무 쪽으로 다가오는 사람도 있다. 벌렁 누워서 잠을 자는 사람은 일을 많이 해서 피곤한 것인지, 어디나 늘 존재하는 무임승차자(freerider)인지 알 수는 없다.

세 번째 그림인 〈건초만들기(Haymaking)〉에서는 마을 사람들이 건초를 만드는 광경을 그리고 있다. 그림의 앞쪽에는 들판으로 나온 마을 사람들이 보인다. 농기구를 손질하고, 건초 더미를 모으거나 수레에 싣고, 새참을 나르는 등 저마다의 역할을 맡아 부지런히 움직이고 있다.

네 번째 그림인 〈돌아오는 가축(The Return of the Herd)〉에 나타난 풍경은 가을 색이 완연하다. 나뭇잎들은 이미 떨어지고, 마른 나뭇가지 위에 앉은 새 한 마리가 어스름한 저녁에 하루 일과를 마무리하고 가축을 몰고 집으로 돌아오는 목동들을 반기고 있다.

마지막 그림은 세 명의 사냥꾼이 사냥개와 함께 마을로 돌아오는 모습을 그린 〈눈 속의 사냥꾼들(Hunters in the Snow)〉이다. 그림으로 보면 이번 사냥 여행은 그리 성공적이지 않은 듯하다. 사냥꾼들의 어깨는 축 처져 있고, 서로에게 말도 걸지 않는 그들의 발걸음은 무거워 보인다. 사냥개들도 혹사당했는지 매우 힘들어 보인다. 홀쭉한 배는 개들이 추위와 굶주림에 지쳐 있음을 보여준다. 한 사냥꾼의 어깨에 달랑 매달려 있는 여우 한 마리가 이번 사냥의 초라한 성적표이다. 눈 덮인 풍경과 나뭇잎마저 다 떨어진 헐벗은 나무는 을씨년스러움을 더한다. 몇몇 사람들이 여행객을 위한 숙소 앞에서 불을 피우고 있는데, 간판은 떨어져 덜렁거리고 있고, 고드름이 주렁주렁 매달려 있는 풍경은 춥고 혹독한 겨울을 나고 있다는 것을 알려주고 있다.

브뤼헐의 그림은 그 당시의 사람들이 서로 협력하며 삶을 꾸려가고 있는 모습을 잘 보여주고 있다. 우리의 생활이 예전에 비해 자본주의 경제체제와 기술의 발전 덕택에 많이 향상되었지만, 사람이 살아가기 위해서는 서로 협력하여야 한다는 원칙은 변함이 없다. 다만 현대에는 많은 사람들이 이러한 마을공동체 대신 기업이라는 조직의 구성원 또는 이해관계자로서 경제시스템에 참여하고 있다. 혼자서 경제활동을 하는 것보다는 인적 · 물적자원의 결합체인 기업 조직 안에서 분업과 협력하는 것이 유리하기 때문이다. 사람들은 자신의 삶 중에 상당한 부분을 기업이라는 조직의 안과 밖에서 다른 사람들과 관계를 맺으면서 함께 지내고 있다.

기업조직의 구성원과 이해관계자들 중에서 가장 핵심적인 역할을 맡은 사람은 최고경영자이며, 최고경영자의 리더십에 따라 구성원들은 목표를 달성하기 위하여 노력한다. 그 결과 달성된 성과는 구성원들의 노력 정도에 따라 각자에게 보상으로 주어진다. 이 과정에서 회계시스템이 해야 할 역할은 기업이 인적 · 물적자원을 활용하여 이룩한 성과와, 이를 위해 조직의 구성원들이 투입한 노력을 측정하는 일이다. 또한 기업조직과 개별 구성원들이 맺은 계약에 따라 구성원들이 받을 몫을 계산하는 보상시스템을 운용하여야 한다. 회계시스템이 정상적으로 잘 운영되면 기업 실체의 상태와 성과를 정확하게 측정한 회계보고서가 만들어진다.

기업의 영업활동과 재무활동 그리고 투자활동은 어느 한 사람이 단독으로 할 수 있는 일이 아니다. 기업이라는 조직의 구성원들은 물론 외부의 이해관계자들–주주, 채권자, 납품업체, 판매 및 물류업체 그리고 고객–이 함께 이루어가는 것이다. 기업조직의 구성원들과 이해관계자들이 함께 협력한 결과는 회계보고서에 요약된다. 외부에 공표되는 회계보고서로는 손익계산서, 현금흐름표, 재무상태표 및 자본변동표가 있고, 내부 구성원들에 보고되는 회계보고서는 예산, 원가보고서 또는 업적평가보고서 등이 있다. 회계보고서는 이러한 노력을 측정하여 몇 자리의 숫자로 나타내고 있으나, 그 숫자 속에는 많은 사람들의 개인적 노력과 협력적 관계가 응축되어 있는 것이다.

예를 들면, 한 여름에도 열기를 내뿜는 기계 옆에서 공정의 특성상 에어컨도 제대로 작동시키지 못한 채 작업해야 하는 수제화 구두의 생산직 근로자의 노력은[1] 제조원가에 담겨 있다. 매출원가에는 원재료나 상품을 구매하는 구매부서 직원들의 노력이 요약되어 있고, 매출액에는 상품을 판매하기 위해 노력을 기울이는 마케

1) 2013년 10월 16일~17일에 EBS에서 방영된 〈극한 직업 – 수제화 공장 1부〉와 〈극한 직업 – 수제화 공장 2부〉 참조(http://www.ebs.co.kr/tv/show?prodId=567&lectId=10159320).

팅 담당 직원들과 매장에서 고객을 응대하는 직원들의 노력이 담겨 있는 것이다. 이처럼 어느 한 구성원이 어느 하루 노력한 결과가 아니라 모두가 함께 1년 내내 협동한 결과가 원가보고서나 손익계산서에 표시된다. 브뤼헐의 〈월력도〉는 바로 이런 협력과 분업의 과정을 잘 보여주고 있다.

분업과 협력의 과정에서 사람들은 다른 사람들과 관계를 맺게 되며, 이러한 관계는 조직과 구성원들의 성과에 영향을 주게 된다. 이러한 영향은 기업조직의 구성원들 뿐만 아니라 가치사슬(value chain)로 연결되어 있는 협력업체와 그 구성원에게도 미치게 된다. 그들의 노력 없이 훌륭한 성과를 달성하기는 매우 힘든 일이다. 더 나아가서 기업의 성과를 최종적으로 완성하는 사람들은 기업의 제품이나 서비스를 구매하는 고객으로 볼 수 있다. 기업이 아무리 좋은 제품을 만들어 시장에 내어놓더라도 결국 소비자의 선택을 받지 못하면 매출액이 늘어날 수 없기 때문이다.

현대의 기업은 조직 내 구성원들의 관계를 어떻게 설정할 것인지에 대한 고민을 끊임없이 하고 있다. 예를 들어, 과거의 가부장적 리더십과 협력적인 리더십 또는 자발적 리더십까지 조직의 운영방식에 대한 많은 논의가 이루어지고 있는데, 이러한 논의는 단순히 기업조직의 성과를 최대한으로 끌어올리는 것만이 목적이 아니다. 조직구성원들이 협력하여 공동의 목표를 함께 달성하기 위하여 노력하는 과정에서 서로 유기적인 관계를 맺고, 그 관계를 통해 자기효능감과 자아실현의 상승효과까지 얻고자 기대한다.

기업조직 내에서 협력과 관계맺기를 통하여 조직구성원들은 자신의 능력을 개발하기도 하고 품성을 함양시키기도 한다. 조직구성원으로서의 삶이 늘 아름답지만은 않다는 점을 직장인이라면 누구나 잘 알고 있을 것이다.

일본의 우키요에(浮世絵) 화가인 우타가와 쿠니요시(歌川國芳)[2]는 이러한 진리를 한 장의 그림에 담고 있다. 쿠니요시의 작품 중에는 여러 사람의 신체를 합성하여 인물을 묘사한 그림들이 많은데 〈많은 사람이 모여 한 사람이 된다(人かたまつて人になる)〉는 작품도 그 중 하나이다. 얼핏 보기에는 기이해 보이는 등장인물을 자세히 보면 얼굴뿐만 아니라 몸통과 손까지도 사람의 모습을 결합하여 표현하고

2) 우타가와 쿠니요시(歌川國芳, 1798~1861)는 일본 에도시대의 생활상을 주로 목판화 형식의 그림을 많이 그렸다. 쿠니요시는 우타가와 토요하루(歌川豊春)에서 이어진 우타가와파(歌川派)의 후계자로 인정되어 '우타가와'라는 이름을 사용하게 되었다. 쿠니요시 외에도 우타가와 히로시게(歌川広重), 우타가와 쿠니사다(歌川国貞) 그리고 쓰기오카 요시토시(月岡芳年) 등도 우타가와파에 속한 화가들이다.

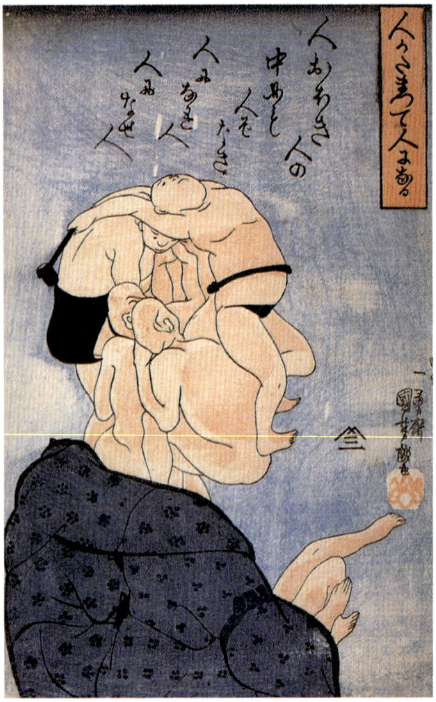

〈많은 사람이 모여 한 사람이 된다(人かたまつて人になる)〉 1847년. 우타가와 쿠니요시(歌川國芳) 작

있다. 그림의 제목처럼 화가는 주인공의 삶과 품성이 그가 관계를 맺어온 많은 사람들의 삶과 품성에 의하여 영향을 받는다는 사실을 전하고 싶었던 것 같다. 실제로 어떤 사람이 이룩한 성과는 혼자서 이룩하는 것이 아니라 주변의 동료, 선후배들과 함께 성취한 것일 확률이 크다. 심지어는 경쟁자들 덕택에 이룩하는 성과도 있을 것이다.

기업의 실체를 담은 회계보고서도 많은 사람들이 노력한 과정과 그 결과를 그린 것이다. 이러한 관점에서 본다면, 기업의 회계보고서는 단지 숫자들이 기계적으로 나열된 서류가 아니다. 해당 기업에서 영업, 재무 및 투자활동을 하는 모든 구성원은 물론, 공급업체의 구성원과 고객들이 함께 이루어 놓은 성과를 요약한 표이다. 회계보고서에 기록되는 성과는 결국 기업 안팎의 많은 사람들이 어떻게 유기적으로 협력하고 노력하는가에 달린 것이다. 즉, 기업은 어느 한 사람이 만들어내는 것이 아니라 여럿이 같이 만들어가는 것이다. 그러므로 회계보고서는 더불어 살아가는 많은 사람들의 삶의 여정을 담은 브뤼헐과 쿠니요시의 작품과 일맥상통한다.

한 사람의 얼굴 속에 많은 사람들의 삶을 그려 넣은 우타가와 쿠니요시의 그림보다 더 간결하게, 그러나 훨씬 더 우주적인 스케일로 이러한 이치를 감성적으로 표현한 우리나라의 시가 있다. 바로 장석주 시인의 〈대추 한 알〉[3]이라는 시이다. 장석주 시인은 작은 대추 한 알이 영글기 위해서는 태풍과 천둥, 벼락을 견뎌내고 품어야 한다고 하였다. 무서리 내리는 밤과 초승달이 지켜보는 밤들을 꼬박 새워야 하고, 땡볕도 묵묵히 받아내야 둥글게 여무는 것이다. 대추는 저절로 붉어지는 것이 아니다. 외부의 변화를 온전히 제 몸으로 받아들여 추위와 더위, 낮과 밤, 외로움

3) 장석주. 2015. *대추 한 알*. 이야기꽃

과 슬픔, 놀라움을 견뎌내어 세상과 통하여야 둥글고 붉은 대추 열매가 되는 것이다. 이처럼 장석주 시인은 대추 한 알에 우주의 원리와 자연의 법칙을 담았다.

회계보고서에 담겨 있는 기업의 성과도 장석주 시인이 〈대추 한 알〉이라는 시 속에서 설파한 자연의 법칙에서 예외가 아니다. 조직 내외의 구성원들이 계절의 변화에서 기후의 변화, 그리고 국제 및 국내의 경제동향과 정치적 변화 등 기업이 처한 환경에 적응하면서 생존하고 지속적으로 발전하기 위하여 노력한 과정과 그 결과를 담아 놓은 것이 바로 회계보고서이다. 땡볕과 무서리를 잘 담아내면 붉고 둥글며 속이 꽉 찬 대추가 만들어지는 것처럼, 기업도 항상 우호적이지만은 않은 주변 환경에서 주어진 기회를 잘 활용한다면 알찬 기업이 될 것이고, 그렇지 못하면 실속이 없는 기업이 될 것이다. 브뤼헐의 〈월력도〉는 자연의 변화 속에서 인간이 협력하고 노력하는 과정을 보여주고 있고, 쿠니요시의 〈많은 사람이 모여 한 사람이 된다〉는 이러한 과정에서 관계를 맺으며 형성되는 인간을 그리고 있다. 회계보고서는 기업과 그 구성원들이 땡볕과 천둥, 번개를 어떻게 품어 내었는지를 계량적인 숫자를 통하여 보여주는 한 폭의 그림이나 시와 같다. 그러므로 우리는 대추 안에 담긴 땡볕과 천둥, 번개를 읽어내듯이 회계보고서에 담긴 기업과 그 구성원들의 노력과 삶을 읽어내야 한다.

13

헤르메스, 나르키소스, 그리고 피그말리온과 회계부정

그리스 · 로마신화에 등장하는 신들의 왕인 제우스(Zeus)의 아들 아폴로(Apollo)는 활, 음악과 춤, 진실과 예언, 치유와 질병, 해와 빛, 시의 신으로 등장한다. 또한 그는 음악을 좋아하는 목동으로 표현되곤 한다. 클로드 로랭(Claude Lorrain)의 작품 〈아드메투스의 소떼를 지키는 아폴로가 있는 풍경(Landscape with Apollo Guarding the Herds of Admetus)〉에는 악기를 연주하고 있는 아폴로가 보인다. 아폴로는 한창 음악에 심취하여 지금 무슨 일이 벌어지고 있는지 관심이 없다. 그의 뒤쪽에 있는 소들은 바로 아폴로가 돌봐야 할 소떼들이다. 그런데, 회초리를 들고 이 소들을 어디론가 몰고 가는 인물이 있다. 그는 바로 헤르메스(Hermes 또는 Mercury)로 불리는 제우스의 또다른 아들이다.

헤르메스는 무역과 상인, 상업의 신이며, 길과 여행, 사기, 운동, 그리고 전령의 신이기도 하다. 그는 이 그림에서처럼 날개가 달린 투구를 쓰고 날개 달린 신발을 신고 등장한다. 또한 헤르메스는 도둑으로도 유명하다. 신화에 따르면 그가 태어나서 처음 한 일이 바로 아폴로의 소를 훔친 일이라고 한다. 만일 현실에서 헤르메스가 소를 훔쳤다면 신화에서처럼 아버지인 제우스에게 끌려가는 것이 아니라 절도죄로 잡혀가서 유치장에 갇혔을 것이다.

회계 분야에서 절도는 부정행위에 속하는데, 사적인 이익을 위하여 기업조직의 자산을 절취하는 것을 포함한다.[1] 기업은 가치 있는 자원을 보유하고 이러한 자원

---

1) 조직구성원들이 조직의 자산을 훔치는 주된 이유는 압박감이다. 생활이나 업무상의 어려움에서 비롯된 압박감 또는 정서적 압박감을 이기지 못하여 이러한 부정행위를 저지르게 된다. 그러나 이러한 압박감을 느끼더라도 부정행위를 저지를 기회가 있어야 한다. 기업조직 내에 내부통제가 없거나 있더라도 부실한 경우에는 이러한 기회를 제공하게 된다. 대부분의 조직구성원은 윤리적 가치에 따라 부정행위를 저지르지

〈아드메투스의 소떼를 지키는 아폴로가 있는 풍경(Landscape with Apollo Guarding the Herds of Admetus)〉 1645년, 클로드 로랭(Claude Lorrain) 작. 도리아 팜필리 미술관(Galleria Doria Pamphilj, Rome) 소장

을 활용하여 부가가치를 창조하는데, 이러한 자원을 자산이라고 한다. 자산은 기업의 소유이지 조직구성원들이 사사로이 소유하는 것이 아니다. 조직구성원은 기업의 자산을 구매하고, 사용하고, 매각하는 일에 관여하지만 이러한 활동은 기업조직의 구성원으로서 허용되는 일이다. 따라서 말단 종업원부터 최고경영자까지 누구라도 기업의 자산을 사적으로 유용하는 것은 중대한 부정행위인 것이다.

조선시대 최고의 화가 중 하나인 겸재(謙齋) 정선(鄭敾)이 그의 나이 70대 후반에 그린 〈서과투서(西瓜偷鼠: 수박을 훔치는 쥐)〉라는 작품을 보자. 이 그림은 젊은 시절의 정선이 주로 그리던 〈금강전도(金剛全圖)〉와 같은 장엄한 기세의 풍경화에 비하면 매우 서정적이고 섬세하다.[2)]

한 쌍의 들쥐가 큼지막한 수박을 훔쳐먹고 있다. 들쥐 한 마리는 이미 수박 속으로 들어가 수박을 갉아내고 있고, 다른 한 마리는 밖에서 머리를 쳐든 채로 망을 보고 있다. 그런데 수박 전체의 모양을 보아하니 수박을 갉아먹는 것이 이번이 처음은 아닌 것 같다. 마치 자신의 식량 창고라도 되는 듯이 들쥐들이 벌써 여러 번 드나든 것으로 보이기 때문이다. 이제 막 갉아낸 수박 조각들은 아직 선홍빛의 싱싱함을 유지하고 있지만, 수박 안쪽의 곯아 있는 듯한 분홍색이 그 증거이다. 익숙하고 준비된 자세로 수박을 훔쳐먹는 두 마리 들쥐의 눈동자는 사방을 경계하고 있어 여차하면 도망가 순식간에 자취를 감출 것이다.

정선의 그림에서 들쥐들은 생존하기 위하여 먹을 음식이 필요하였을 것이며, 농부가 정성들여 기른 청수박이 눈에 띄었을 것이다. 이 수박을 발견한 들쥐는 혼자서 수박을 갉아먹다가는 농부에게 들켜 위험에 처할지도 모르기 때문에 동료를 불러와 번갈아 경계를 서며 배가 부르도록 수박을 먹고 있다. 처음에는 조심스럽게 갉아먹기 시작하였지만, 여러 차례 갉아먹어도 다른 농사일로 바쁜 농부의 눈에 띄지 않으니 자꾸 갉아먹어서 이제는 수박 밑으로 큰 구멍이 나고 수박은 곧 무너져 앉을 것이다. 농부가 정성으로 길러서 시장에 내다 팔아 양식과 맞바꾸어야 할 수박은 들쥐들에 의해 이제 속절없이 사라질 판이다.

기업이 보유하고 있는 가치 있는 자원도 조직구성원들이 사적으로 유용하게 되

않거나, 부정행위를 저지르더라도 이를 원상회복하기 위하여 노력한다. 그러나 윤리적 가치가 손상된 조직구성원은 부정행위를 저지른 후에 자신들의 행위를 정당화할 핑계나 구실을 만든다(도상호 · 김정민. 2017. *회계윤리*. 도서출판 청람).

2) 백인산. 2014. *간송미술 36 회화: 우리 문화와 역사를 담은 옛 그림의 아름다움*. 컬처그라퍼.

〈서과투서(西瓜偸鼠: 수박을 훔치는 쥐)〉 겸재(謙齋) 정선(鄭敾). 18C. 간송 미술관 소장

면 차후에 수익을 발생시킬 수 있는 능력이 줄어들게 된다. 회계는 이런 일을 방지하기 위해서는 자원을 잘 관리하는 것은 물론, 조직구성원들이 부정의 유혹에 빠지지 않도록 일상적인 시스템을 만들고 운용하여야 한다. 이러한 통제시스템이 적절히 작동하기 위해서 가장 중요한 요소는 바로 사람이다. 말단 사원이나 하위 관리자는 자산을 직접 통제하는 업무를 맡을 수 있기 때문에 중요하지만 그 영향력의 범위를 따져봤을 때는 역시 고위관리자와 최고경영자가 가장 중요한 역할을 담당하고 있다. 특히 최고경영자의 윤리의식과 인성은 조직의 윤리의식과 문화의 수준을 정하는 결정적인 요소가 된다.

오비디우스(Ovid 또는 Publius Ovidius Naso)가 지었다는 운문 신화인 〈변신(Metamorphoses)〉에 등장하는 나르키소스(Narcissus)는 매우 잘생긴 사냥꾼이다. 그 스스로도 아름다운 것을 좋아했다. 그러나 나르키소스는 자신을 사랑한 많은 요정들을 업신여겼다. 심지어 나르키소스는 자신의 눈부신 아름다움에 대한 끝없는 헌신을 증명하라며 그들을 자살하도록 만든 것을 자랑스러워하기도 하였다. 산의 요정인 에코(Echo) 역시 이러한 나르키소스의 미성숙한 태도의 희생자였다.

에코는 제우스의 부인인 헤라(Hera)에게 벌을 받아 자신의 말을 하지 못하고 다른 사람이 하는 말의 꼬리만 말할 수 있었다. 에코는 나르키소스를 보자 한눈에 반해 그를 따라다니지만, 나르키소스에게 온전하게 사랑을 고백할 수도 없어 멀리서 그를 바라보기만 하였다. 그러다가 나르키소스가 에코의 마음을 냉정하게 거절하자 에코는 상심하고 혼자 골짜기에서 은둔하는 삶을 택하였고 그렇게 메아리로 남게 되었다. 요정들의 호소로 이 사실을 알게 된 복수의 신 네메시스(Nemesis)가 나르키소스에게 벌을 주기로 하였다. 어느 여름날 나르키소스는 사냥을 하다 목마름을 느끼게 되고 네메시스는 그를 물가로 이끌었다. 나르키소스가 물을 마시려고 몸을 기울였을 때 그는 물에 비친 자신의 잘 생긴 모습을 보게 된다. 물에 비친 모습일 뿐이지만 나르키소스는 마치 진짜 사람을 사랑하듯이 자신의 모습과 사랑에 빠지게 된다.

존 윌리엄 워터하우스(John William Waterhouse)의 작품 〈에코와 나르키소스(Echo and Narcissus)〉는 물에 비친 자신의 아름다운 모습을 경이롭게 바라보고 있는 나르키소스가 등장한다. 연못의 건너편에서는 자신의 마음을 말로 전달하지 못하고 바라만 보고 있는 에코의 안타까움이 느껴진다. 물가에는 이야기의 결말을 암시하는 수선화(narcussus, daffodil, jonquil)가 피어 있다. 나르키소스는 물에 비친

〈**에코와 나르키소스(Echo and Narcissus)**〉 1903년. 존 윌리엄 워터하우스(John William Waterhouse) 작. 워커 미술관(Walker Art Gallery, Liverpool) 소장

자신과의 사랑에 집착하지만 그러한 사랑이 서로 주고받을 수 있는 사랑이 아니라는 것을 깨닫게 된다. 그림에도 불구하고 내부에서 불타오르는 사랑하는 감정을 누를 수 없어 그는 물가에서 녹아 버린다.

자신의 겉모습이나 대중에 비치는 모습에 집착하는 자기애(自己愛) 또는 자기도취증이라고 번역되는 나르시시즘(Narcissism)은 이 이야기에서 유래한다. 나르키소스는 성숙하지 못한 인간들 중 하나를 대표한다.[3] 고대 그리스인들은 물이 일시적이며 환영의 성질을 띤다고 생각했다. 나르키소스가 물 속에 비친 자기 모습에 빠져 자신의 생명을 잃어버린 것은 결국 지성(知性) 없는 육신을 자신의 지아로 받아들이는 바람에 자신의 참된 자아를 전개할 기회를 놓친 것이다. 그는 수면에 비친 자신보다는 그 너머에 있는 자신의 실체적 진실을 파악했어야 했다. 자신의 외

3) 이러한 나르키소스를 잠든 영혼, 깨어있지 못한 영혼, 즉 육체적 본성(fleshly nature)에 미혹되어 있는 상태의 영혼을 뜻한다고 해석하기도 한다(Manly, P. Hall. 2003. *The secret teachings of all ages: An encyclopedic outline of Masonic, Hermetic, Qabbalistic and Rosicrucian symbolical philosophy.* p.29. TarcherPerigee).

모를 자랑할 줄만 알고, 상대방을 배려하는 법을 모르거나 심지어 무시하던 나르키소스는 결국 참된 자아가 아닌 환영에 도취되어 종말을 맞게 된 것이다.

환영에 도취된 인물로는 오비디우스의 〈변신〉에 등장하는 또 다른 인물인 피그말리온(Pygmalion)도 이에 뒤지지 않는다. 피그말리온은 지금의 키프로스(Cyprus) 지역에 있던 나라의 왕이며 조각가였다. 이 나라의 수도인 아마투스(Amathus)에 살던 프로포에투스(Propoetus)의 딸들인 프로포에티데스(Propoetides)가 미의 여신 아프로디테(Aphrodite 또는 Venus)의 미를 깎아내렸다. 이를 괘씸하게 여긴 아프로디테가 여인들에게 수치심을 느끼지 못하도록 하는

〈피그말리온과 갈라테이아(Pygmalion and Galatea)〉 1890년. 장 레옹 제롬(Jean-Leon Gerome) 작. 뉴욕 메트로폴리탄 미술관(Metropolitan Museum of Art, NY) 소장

벌을 내렸다. 수치심 없이 자신들의 육체를 저급하게 다루는 여인들의 행동을 본 피그말리온은 자기 나라의 여성들을 사랑하지 않기로 결심하였다.[4] 대신 이상적인 여성의 모습을 조각해 두고 그 조각상에 말을 걸고 선물을 하는 등 사랑을 쏟았다. 그는 아프로디테(Aphrodite) 여신을 기리는 축제에서 아프로디테에게 그 조각상과 같은 여인과 결혼하고 싶다는 소원을 빌었는데, 아프로디테가 그의 간절한 소원을 들어 그의 조각상을 살아있는 사람으로 바꾸어 주었다. 피그말리온은 아름다운 여인[5]으로 변한 아이보리 조각상과 결혼하여 행복하게 살았다고 한다.[6] 이 이야기를 토대로, 다른 사람의 기대가 그 사람의 성과에 영향을 미치는 현상을 피그말리온효과(The Pygmalion Effect 또는 Rosenthal effect)라고 한다.

장 레옹 제롬(Jean-Leon Gerome)의 작품 〈피그말리온과 갈라테이아(Pygmalion and Galatea)〉를 보면 방 안에는 조각 작업을 위한 도구들이 어질러져 있다. 갈라테이아가 차갑고 딱딱한 상아에서 이제 막 따뜻한 피와 살을 가진 여인으로 변하는 순간 피그말리온과 격정적인 입맞춤을 하고 있다. 갈라테이아의 상반신은 혈색이 돌고 있고 활처럼 휘어 피그말리온을 안고 있지만, 하반신은 아직 변화가 이루어지지 않아 아직 상아색이며 조각상처럼 받침에 고정되어 있다. 그림의 오른쪽에는 아프로디테의 아들이자 사랑의 전령인 에로스(Eros)가 사랑의 금빛 화살을 쏘기 위해 활시위를 당기고 있다.

나르시시즘과 피그말리온효과가 긍정적인 효과를 발휘하는 분야도 있겠지만[7] 경우에 따라서는 부정적인 영향을 미칠 수도 있을 것이다. 우리는 보수적인 회계관습에 비추어서 나르시시즘과 피그말리온효과의 부정적인 측면을 살펴보고자 한다.

기업은 호경기에 자만하지 않고 불경기에 생존할 수 있는 능력을 키워야 한다. 그래야 기업의 지속가능성이 높아질 것이다. 모두가 환호하며 자신을 추켜세운다

4) Morford, M. 2007. *Classical Mythology*. Oxford University Press, p.184.

5) 조각상에서 변신한 아름다운 여인에게는 후세의 작가들이 바다의 요정과 같은 갈라테이아(Galatea 또는 Galathea)란 이름을 붙여주었다.

6) 두 사람 사이에 태어난 딸의 이름을 붙인 도시가 바로 파포스(Paphos)이다.

7) 로젠탈(Robert Rosenthal)과 제이콥슨(Lenore Jacobson)의 연구에 따르면 선생님이 향상된 성과를 기대하면 아동들의 성과가 실제로 향상된다고 하였다. 즉, 타인의 기대에 의하여 실제 현상이 긍정적으로 또는 부정적으로 변화할 수 있다는 가설을 뒷받침하고 있다(Rosenthal, R. and Jacobson, L. 1992. *Pygmalion in the classroom: teacher expectation and pupils' intellectual development*. (Newly expanded ed.). Bancyfelin, Carmarthen, Wales: Crown House Pub).

고 우쭐해진 최고경영자가 나르키소스처럼 자신의 지위나 실적에 도취되어 잘못된 경영의사결정을 내린다면 그 기업은 오래 살아남을 수 없다. 나르키소스가 요정들을 무시하고 존중하지 않았던 것처럼 기업이 가치사슬(value chain)에 함께 연결된 협력업체나 기업 내부의 구성원들, 그리고 외부 고객들의 헌신을 가볍게 여긴다면 경영환경이 어려워졌을 때 그들의 협력을 얻어내기 힘들 것이다. 호경기의 성과가 영원하리라 믿거나 일시적인 성공에 열광하는 시장의 환호에 취하게 되면 대중의 환호가 사라질 무렵에는 파멸의 길을 걷고 있을 수도 있다.

피그말리온효과란 적절한 동기부여가 조직구성원들의 성과를 높이고 궁극적으로 기업의 성과를 향상시킬 수도 있다는 의미이다. 더구나 다른 사람의 기대에 부응하기 위하여 열심히 노력하여 자신의 성과를 향상시킨다면 더할 나위 없이 좋을 것이다. 그러나 피그말리온효과를 잘못 해석하여 불가능한 일이라도 간절하게 소망한다면 이루어질 것이라는 의미로 받아들여서는 곤란하다. 증권시장의 기대에 맞추기 위하여 경영자와 회계담당자가 기업의 회계보고서를 조작하는 회계부정을 저지르는 사례는 피그말리온효과의 부작용이 아주 심각하게 나타난 경우일 것이다. 기업의 최고경영자들은 나르시시즘과 피그말리온효과에 빠지는 것을 스스로 경계하여야 할 필요가 있다.

나르시시즘과 피그말리온효과의 부정적 영향이 대표적으로 나타난 사례로 미국의 엔론(ENRON)사를 들 수 있다. 엔론은 네브라스카주 오마하의 작은 기업이던 인터노스(InterNorth)사가 기업사냥꾼들의 적대적 인수를 피하기 위하여 휴스톤 천연가스 주식회사(Houston Natural Gas)와 1985년에 합병하면서 만들어진 회사이다. 합병 후에 케네스 레이(Kenneth Lay)가 최고경영자에 오르고 본부를 휴스톤으로 옮긴 후 회사의 이름을 'ENRON'으로 바꾸고[8] 천연가스 수송시장의 큰손으로 부상하면서 본격적으로 성장하였다. 엔론은 에너지, 상품(commodities) 및 서비스 등으로 기업의 영역을 확대하면서 한때는 29,000여 명의 직원을 고용하고 매출액이 1천억달러가 넘는 거대 기업이 되었다.[9] 포춘(Fortune)지는 6년 연속 엔론을 '미

8) 엔론사의 로고는 당시 미국 최고의 디자이너였던 Paul Rand(본명: Peretz Rosenbaum, 1914~1996)가 디자인하였다. 그는 엔론 뿐만 아니라 IBM, UPS, Enron, Morningstar, Inc., Westinghouse, ABC 그리고 NeXT사의 로고도 디자인하였다.

9) http://archive.fortune.com/magazines/fortune/fortune500_archive/snapshots/2001/478.html (FORTUNE 500 아카이브 2001년도 자료 참조)

국에서 가장 혁신적인 기업(America's Most Innovative Company)'으로 선정하기도 하였다. 엔론사의 주식은 2000년 8월에는 한 주당 90달러까지 치솟았다.

그러나 엔론의 경영진은 언론과 일반대중의 박수갈채에 도취되었고, 성공신화에 집착한 경영진들은 여러 가지 무리한 수단을 동원하였다. 그들은 가혹한 인사관리와 부정한 회계, 회계감사의 무력화, 그리고 정치적인 우군 만들기 등을 시도하였다. 기업의 실적을 올리기 위하여 종업원들을 실적에 따라 한 줄로 세우고 뒤처지는 종업원들을 도태시키는 '줄 세우고 도태시키기(Rank and Yank)' 관리방식[10)]을 적용하였다. 에너지 매출액을 증가시키기 위하여 캘리포니아주를 구역별로 나누어 돌아가면서 전기공급을 마음대로 중단하였다가 공급하는 일을 반복하여 사회적으로 큰 혼란을 일으킨 일은 매우 유명한 일화이다. 장부상으로만 존재하는 25,000개가 넘는 특수목적회사(Special Purpose Entities)를 설립하여 부채를 떠넘기거나, 장기계약으로 판매하기 때문에 적절한 공정가격을 적용하기 어려운 천연가스의 재고를 시장가격으로 평가하는 등 엔론은 회계학 교과서에 등장하는 거의 모든 분식회계 기법의 종합전시장으로 변모하였다.[11)] 또한 자신들에게 호의적인 분위기를 조성하기 위하여 '공공서비스에 대한 엔론 공로상(Enron Prize for Distinguished Public Service)'을 제정하여 정·재계의 거물들에게 거액의 상금을 제공하는 등 정치권과의 유착의혹[12)]도 제기되었다.

엔론의 분식회계에 관한 진실이 드러나기 시작하면서 엔론은 마치 종이상자로 지은 집처럼 무너지기 시작하였다. 이 과정에서 엔론의 경영진은 주가가 130~140

---

10) 이 방식은 'vitality curve,' 'stack ranking,' 또는 'forced ranking'이라고 불리는 성과관리의 실무적 관행이다. 종업원들의 상대적인 실적에 따라 등급을 매겨 성과 및 보상을 관리하는 방식으로 GE사의 사장인 Jack Welch가 1980년대에 도입하면서 유명해졌고, Microsoft나 Goldman Sachs 등 많은 기업에서 쓰였다. 그러나 종업원들의 사기에 미치는 부정적인 영향과 잠재적으로 편견이나 차별을 일으킬 가능성 때문에 지금은 많이 쓰이지 않는다.

11) 박종찬. 2009. Enron의 재무회계와 기업지배구조에 관한 사례연구. *회계저널*. 제18권 제2호. pp.101-122.

12) 수상자 중에는 파웰(Colin Powell) 미국 국무장관, 고르바초프(Mikhail Gorbachev) 소련 대통령, 쉐바르나제(Edward Shevardnadze) 조지아 대통령, 넬슨 만델라(Nelson Mandela) 남아프리카 대통령, 앨런 그린스펀(Alan Greenspan) 미국 연방준비위원회 위원장 등이 포함되어 있다. 또한 부시 대통령은 선거자금으로 312,500달러 그리고 취임식 펀드 등으로 413,800달러를 엔론사로부터 기부받았다(출처: Behind the Enron Scandal - TIME. http://content.time.com/time/specials/packages/0,28757,2021097,00.html 2018.12.29. 최종확인).

달러까지 오를 거라고 소문을 내면서 자신들이 보유하고 있던 주식을 시장에 내다 팔아 거액을 챙겼다. 엔론은 2001년 파산을 신청하였고, 주식은 휴지조각이 되어 많은 투자자들이 손해를 입었다. 퇴직연금으로 엔론의 주식에 투자하였던 대부분의 충성스러운 종업원들은 빈털터리로 짐을 싸게 되었다. 당시에 세계 5대 회계법인의 하나였고 엔론의 회계감사를 맡았던 아더 앤더슨(Arthur Andersen) 회계법인은 분해되어 사라졌다.[13)]

엔론의 회계부정과 그 몰락 과정은 책으로 소개되었고 나중에 같은 이름의 다큐멘터리 영화로도 제작되었다.[14)] 이 영화에는 케네스 레이(Kenneth Lay)를 비롯하여 많은 인물들이 실제로 등장하는데, 경영진이 취하고 있는 무소불위의 태도와 안하무인의 행태는 충격적이었다. 종업원들은 물론 분석가들과 일반 대중들을 대하는 그들의 태도는 나르키소스가 자신에게 환호하는 요정을 대하는 태도와 유사하였다. 시장의 분석가들이 예상하는 만큼의 이익을 보고하기 위하여 회계장부와 회계보고서를 조작하는 행태는 피그말리온효과의 극단적 부작용을 보는 듯하다.

프랑스의 화가 오노레 도미에(Honoré Daumier)는 19세기 중반에 나르키소스와 피그말리온의 허구적 실체를 적나라하게 표현하였다. 매우 역설적인 제목을 붙인 왼쪽의 작품 〈아름다운 나르키소스(The Beautiful Narcissus)〉에서 물 속을 들여다

---

13) 엔론사의 몰락은 미국은 물론 세계경제에 많은 영향을 미쳤다. 미국에서는 사베인–옥슬리법(Sarbanes–Oxley Act of 2002)이 제정되어 투명한 경영과 공정한 재무보고서를 강조하고, 감독기구의 역할이 강조되었다. 이 법안은 원래 제목은 "An Act to protect investors by improving the accuracy and reliability of corporate disclosures made pursuant to the securities laws, and for other purposes"이다. Enron, Tyco International, Adelphia, Peregrine Systems, 그리고 WorldCom사의 분식회계와 파산에 충격을 받은 미국사회가 대책을 세우기 위해 만든 법이다. 민주당 상원의원 Paul Sarbanes와 공화당 하원의원 Michael G. Oxley가 함께 제안하였기 때문에 Sarbanes–Oxley법이라 하고, SOX법이라고 줄여 부르기도 한다. 이 법안의 많은 내용은 우리나라의 회계관련 규제에도 그대로 적용되었다.

14) McLean, B. and P. Elkind. 2003. *The Smartest Guys in the Room: The Amazing Rise and Scandalous Fall of Enron*. Portfolio Trade. 2005년에는 Alex Gibney 감독이 영화로 만들었으며, 엔론사의 경영진이 직접 연출하고 촬영한 영상도 포함되어 있다. 이 영화는 2006년도 아카데미상 시상식에 최우수 다큐멘터리 영화상 후보로 지명되기도 하였다. 미국의 CBS방송은 2003년에 Penelope Spheeris가 감독한 "The Crooked E: The Unshredded Truth About Enron"란 제목의 TV 영화를 방송하였다. 이 영화는 Brian Cruver가 지은 책을 기초로 하여 제작되었다(Cruver, B. 2002. *Anatomy of Greed*. Carroll & Graf).

〈아름다운 나르키소스(The Beautiful Narcissus)〉 1842년. 도미에(Honoré Daumier) 작. 로스앤젤레스 카운티 미술관(Los Angeles County Museum of Art) 소장

〈피그말리온(Pygmalion)〉 1842년. 도미에(Honoré Daumier) 작. 프랑스 국립도서관(Bibliothèque nationale de France(BnF), Paris) 소장

보는 나르키소스는 신화 속에 등장하는 나르키소스가 아니다. 일반적으로 상상하는 것처럼 젊거나 아름답지도 않다. 삐쩍 마른 그는 바위 위에 겨우 버티고 있는 듯하다. 물 속에 비친 나르키소스의 모습은 욕심과 자만심에 가득 차 있지만, 마음대로 일이 풀리지 않아 화가 많이 난 표정처럼 보인다.

오른쪽의 그림 〈피그말리온(Pygmalion)〉에서도 도미에는 한껏 풍자적이다. 젊고 아름다워야 할 갈라테이아는 매우 현실적으로 그려져 있고, 조각상에서 인간으로 변화하는 갈라테이아를 바라보는 피그말리온의 눈은 크게 떠져 있다. 피그말리온 쪽으로 몸을 기울이고 있는 갈라테이아와는 반대로 피그말리온의 상반신은 뒤로 물러나 있는 자세에서 그의 진심이 묻어나는 듯하다. 피그말리온의 모습 역시 한 나라의 왕이 아니라 일상에 젖어 부시시한 생활인의 모습일 뿐이다. 상아조각에서 아름다운 여인이 환생하기를 바라는 것은 르네 마그리트(Rene Magritte)의 작품 제목처럼 〈불가능한 일에 대한 시도(Attempting the Impossible)〉[15]일 뿐이다.

15) https://www.wikiart.org/en/rene-magritte/attempting-the-impossible-1928(2019.9.21. 최종확인).

14
탐욕과 거품의 월스트리트를 미술작품으로 풀어낸 올리버 스톤의 영화

미국 뉴욕(New York)의 월스트리트(Wall Street)는 맨해튼(Manhattan)의 남쪽에 있는 금융가이다. 북서쪽의 브로드웨이가(Broadway Street)에서 남동쪽의 사우스가(South Street)에 이르는 8블록 정도의 구역이다. 이 구역에는 세계에서 가장 큰 증권거래소인 뉴욕증권거래소(NYSE: New York Stock Exchange)를 비롯하여 나스닥(NASDAQ: National Association of Securities Dealers Automated Quotations), 뉴욕상품거래소(NYMEX: New York Mercantile Exchange)와 뉴욕무역위원회(NYBOT: New York Board of Trade) 등 금융기관이 집중적으로 모여 있는 미국 금융산업의 중심지이다.

유럽인들이 신대륙으로 이주하던 17세기 즈음 이 지역은 네덜란드인들의 정착지였다. 그들은 자신들이 떠나온 암스테르담(Amsterdam)의 이름을 따서 이 지역에 뉴암스테르담(New Amsterdam)이라는 이름을 붙였는데, 주변의 인디안 원주민[1]과 해적, 그리고 영국인들의 공격을 막기 위해서 북쪽 경계에 장벽을 세웠다고 한다.

1) 원래 인디언 부족과 네덜란드 이주민들은 평화롭게 왕래하였다고 한다. 그래서 이 지역을 원주민의 언어로 '평화의 피리'라는 뜻의 'Hoboken'이라 불렀다고 한다. 그런데, 당시 네덜란드 총독인 빌렘 키에프트(Willem Kieft)가 밤에 부하들을 보내 원주민 부족을 몰살시켰다고 한다. 이에 분노한 원주민들이 정착민들 전체에 적대적인 태도를 보이자 서둘러 이중으로 방책을 새로 세웠다고 한다. 원래 세웠던 울타리와 새로운 장벽 사이의 공간이 지금의 월스트리트라고 한다(Sidis, W. J. 1935. Chapter 7. PISCATAQUA AND MASADCHU. *The Tribes And The States*. Unpublished manuscript).

〈1655년 뉴암스테르담에서 처음으로 열린 노예 경매(The First Slave Auction in New Amsterdam in 1655)〉 1917년, 하워드 파일(Howard Pyle) 작

이 장벽에 붙은 이름이 'de Waalstraat'였다.[2] 'Wall Street'라는 이름은 여기서 왔다고 한다.

월스트리트에도 유럽인들의 다른 식민지나 정착지와 마찬가지로 노예가 거래되는 시장이 형성되었다. 네덜란드의 이주민만으로는 당시 신대륙에서 필요로 하는 농업 노동력의 수요를 충족시키기 어려웠기 때문에 네덜란드의 서인도회사(Dutch West India Company)는 노예를 싣고 와서 거래하였다. 1626년에 처음으로 11명의 노예를 뉴암스테르담에 싣고 왔으며, 1655년에는 노예들에 대한 첫 경매가 이루어졌다. 노예시장은 1827년에 노예들에 대한 해방이 이루어질 때까지 유지되었다.[3] 뉴욕시에서도 아프리카와 원주민 노예들의 매매와 대여를 할 수 있는 노예시장을 1711년에 공식 지정하였는데, 이 노예시장은 1762년까지 월스트리트와 펄스트리트(Pearl Street)가 만나는 모퉁이에서 열렸다.[4]

영국과의 독립전쟁이 1781년 끝나고 나서 미국의 수도 역할을 한 도시는 뉴욕이 아니라 필라델피아(Philadelphia)였으며, 18세기 말까지 필라델피아는 미국 금융의 중심지였다. 미국 최초의 증권시장인 필라델피아증권시장(Board of Brokers of Philadelphia)[5]이 1790년 문을 열었으며, 미국 의회의 승인을 받은 최초의 은행인 미국 제일은행(First Bank of the United States)이 1791년 2월 25일에 필라델피아에 설립되었다.[6] 그런데 1789년에 미국의 초대 대통령인 조지 워싱턴(George Washington)이 대통령 취임 선서를 뉴욕의 시청에서 하면서 뉴욕은 정치 · 경제적으

---

2) 1640년대에 처음 세워진 장벽은 단순히 말뚝과 판자로 세워진 울타리 수준이었는데, 후일 네덜란드의 서인도회사(West India Company)에서 튼튼한 장벽을 만들었다고 한다. 이 장벽은 맨해튼이 영국의 소유가 된 후인 1699년에 철거되었다. 맨해튼에 정착한 네덜란드인들의 대부분이 'Walloon' 가문 사람들이었는데, 네덜란드어로 'Walloon'을 'Waal'이라 하였다. 그 때문에 이 장벽의 이름이 'Waalstraat'라고 불렀다고도 한다(The LOC.GOV. Wise Guide. Walloons and Wallets. The Library of Congress. https://www.loc.gov/wiseguide/mar09/wallets.html 2019.10.3. 최종확인).

3) Harper, D. 2003. Emancipation in New York. *Slavery in the North*(http://slavenorth.com/nyemancip.htm 2019.10.4. 최종확인).

4) Harper, P. A. Feb. 5, 2013. How Slave Labor Made New York. *The Root*. (https://www.theroot.com/how-slave-labor-made-new-york-1790895122 2019.10.3. 최종확인).

5) The Historical Society of Pennsylvania. 2006. *Philadelphia Stock Exchange*(pdf 문서).

6) Bailey, D. M., L. Kennedy, and T. A. Cohen. 2006. *The American pageant: a history of the Republic*(13th ed). Boston: Houghton Mifflin Co.

〈1792년의 버튼우드 합의 서명(Buttonwood Agreement at 1792)〉 1949년, 뉴욕증권거래소(NYSE) 소장

로 빠르게 발전하기 시작하였다.

18세기 말 뉴욕의 증권브로커들은 월스트리트의 끝자락에 있는 무화과나무 아래에 모여 증권매매거래를 처리하였는데, 대부분 장외거래였다. 이들은 1792년 5월 17일 이곳에서 버튼우드합의서(Buttonwood Agreement)에 서명하였는데,[7] 모두 24명의 증권브로커가 서명한 이 문서의 핵심적인 내용은 두 가지이다.[8]

첫째, 증권의 매매거래는 이 문서에 서명한 브로커들끼리만 체결한다.

둘째, 주식매매 수수료는 매매대금의 0.25% 이하로는 받지 않는다.

버튼우드합의서는 경매의 조작을 방지하기 위한 것이었으나 기본적으로는 증권브로커들이 담합을 약속한 문서였다. 이 합의서는 뉴욕증권시장의 시작을 알리는 최초의 문서에 해당한다.

7) 무화과나무는 전설적인 효과를 위해 꾸며진 것일 뿐이며, 그곳에 무화과나무는 없었다는 주장도 있다. (Banner, S. 1998. The Origin of the New York Stock Exchange, 1791–1860. *The Journal of Legal Studies*. 27(1): pp.113–140. The University of Chicago Press.

8) Durante, D. L. 2016. New York Stock Exchange: 224 Years and Counting(참고: https://diannedurantewriter.com/archives/1563 2019.10.4. 최종확인).

한편, 1840년대와 1850년대에 상업활동이 더욱 증가하면서 일반 주민들은 조금 더 위쪽인 맨해튼의 중간지역(Midtown)으로 이주하게 된다. 남북전쟁은 북부의 경제를 더 북돋우었으며, 이리(Erie) 운하가 19세기 초에 개통되자 5대호의 항구에 접근할 수 있는 동부의 유일한 주요 항구도시였던 뉴욕시의 상업활동이 급격히 증가하였다.[9] 뉴욕은 1860년에서 1920년 사이에 산업화를 거치면서 런던 다음의 금융산업 중심지로 발전하기 시작하였고 이 즈음에 모간(J.P. Morgan)이 대규모 금융회사를 설립하고 록펠러(John D. Rockefeller)의 스탠다드 오일(Standard Oil)이 뉴욕으로 본거지를 옮겨왔다.[10]

다우(Charles H. Dow)는 1884년부터 주식의 움직임을 추적하기 시작하였다. 그는 처음에 철도회사 위주로 11개사 주식의 평균거래가격을 기록하였다.[11] 다우는 주가의 고점과 저점이 평균적으로 계속 상승하는 상황을 소에 빗대어 '소시장(bull market)'이라 하고, 평균적으로 하락하는 상황을 곰에 빗대어 '곰시장(bear market)'이라고 불렀다.[12] 다우는 주가의 총가격을 주식수로 나누어 다우존스평균

9) 이리 운하(The Erie Canal)는 알바니(Albany) 지역의 허드슨강(Hudson River)에서 시작하여 버팔로(Buffalo)의 이리 호수(Lake Erie)까지 584km를 연결하였다. 1825년에 완성된 이 운하는 당시에 세계에서 두 번째로 긴 운하였다(Roberts, S. June 26, 2017. 200 Years Ago, Erie Canal Got Its Start as Just a 'Ditch'. *The New York Times*. https://www.nytimes.com/2017/06/26/nyregion/history-of-the-erie-canal.html 참조. 2019.10.4. 최종확인). (참고로 가장 긴 운하는 중국의 베이징에서 항저우까지 연결되는 대운하(京杭大运河)로 알려져 있다. https://encyclopedia.thefreedictionary.com/Grand+Canal+(China) 참조. 2019.10.4. 최종확인).

10) Gross, D. Oct. 14, 2007. The Capital of Capital No More? *The New York Times Magazine*(2019.10.4. 최종확인).

11) Dow, C., R. Russell, C. Carlson and P. Shread. 2009. *Dow Theory Unplugged: Charles Dow's Original Editorials and Their Relevance Today*. (ed. L. Sether) W&A Publishing. p.2.

12) 주식시장을 소(bull)와 곰(bear)에 빗대어 부른 이유에 대하여 대략 두 가지 가설이 존재한다. 첫째, 소는 공격할 때 뿔을 아래에서 위쪽으로 치받는 반면, 곰은 서서 앞발을 내려쓸면서 공격한다. 이러한 모습이 주식의 움직임과 닮았다고 하여 상승세를 소에, 하락세를 곰에 비유하였다고 한다. 두 번째 가설은 당시에 곰가죽을 판매하던 중간상인들의 행태에서 유래한다. 중간상인들은 사냥꾼들로부터 아직 사들이지도 않은 곰가죽을 시장에서 미리 판매하였다. 공급이 많아져 가격이 떨어질 때에 산지에서 사들이면 판매가격과 구매원가와의 차이를 극대화할 수 있었다. 이러한 투기적 행태 때문에 하락시장을 곰시장이라 하였다. 사람들이 투우 등의 이유로 소가 곰의 상대로 적절하다고 생각하여 소시장이란 용어도 나중에 사용하기 시작하였다(https://www.investopedia.com/ask/answers/bull-bear-market-names/ 2019.10.4. 최종확인).

(Dow Jones average)이라 부르기 시작하였고, 이는 시장을 분석하는 기본적인 측정치로 받아들여졌다. 원래 소박한 주식보고서였던 '고객에게 보내는 오후의 편지(Customers' Afternoon Letter)'가 1889년 7월 8일에 '월스트리트저널(The Wall Street Journal)'이란 이름으로 발행되었다.[13]

월스트리트의 증권시장은 오르락 내리락 하였지만 전체적으로는 꾸준한 상승세를 유지하였다. 최근에 증권시장의 거품이 크게 꺼진 것은 1980년대 말과 2000년대 초반의 일이었다.[14] 월요일인 1987년 10월 19일에 주식시장은 갑자기 붕괴하였다. 홍콩에서 시작된 거품의 꺼짐 현상은 유럽을 거쳐 미국을 비롯한 전 세계의 시장을 강타하고 이미 침체의 길을 걷고 있는 시장에 부정적 영향을 미쳤다. 다우존스지수는 22.61%나 하락하여 1738.74까지 내려갔다. 이 날을 '검은 월요일(Black Monday)'이라고 부른다.[15] 월스트리트 하면 떠오르는 유명한 청동 '돌진하는 황소(Charging Bull)' 상은 바로 이때 만들어진 것이다. 즉, 1987년에 증권시장이 붕괴한 후 디 모디카(Arturo Di Modica)란 작가가 사람들에게 낙관적인 희망을 주기 위하여 360,000달러를 들여 제작하여 설치한 것이다.[16]

2008년에는 금융시스템이 거의 마비 상태에 이르는 대규모 붕괴 현상이 발생하였다. 이러한 사태의 원인으로는 대규모의 비우량대출(subprime loans)과 이러한 대출에 대한 보장을 제공하려던 신용부도스왑(credit default swaps)이 지목되었다.[17] 국제통화기금(IMF: International Monetary Fund)은 전 세계의 금융시스템이 붕괴될 수 있다며 경고를 하였고,[18] 미국에서만 2008년도에 15개의 은행이 파산하

13) Dow Jones & Company, Inc. 2006. *DOW JONES HISTORY – THE LATE 1800s*.

14) 이전에 증권시장이 크게 붕괴한 일은 1900년대 전반에 벌어졌다. 첫 번째는 주가가 거의 50% 하락한 1907~1908년이었고, 두 번째는 1929년 10월 말이었다. 당시에 주가가 40% 하락한 후 1932년까지 누적 평균 89% 하락하였다.

15) Browning, E. S. Oct. 15, 2007. Exorcising Ghosts of Octobers Past. *The Wall Street Journal*. Dow Jones & Company. pp.C1–C2.

16) 참조: https://www.phillips.com/article/37187333/arturo-di-modica-charging-bull(2019.10.4. 최종확인).

17) 위기가 처음 가시화된 아이슬랜드(Iceland)에서는 화폐가 평가절하되고 국제통화기금(International Monetary Fund)을 비롯하여 유럽 각국으로부터 긴급 원조를 받았다(BBC News. Oct. 19, 2008. Iceland set for $2.1bn IMF help. http://news.bbc.co.uk/2/hi/business/7689633.stm 2019.10.6. 최종확인).

18) Wroughton, L. and F. Murphy. Oct. 12, 2008. IMF warns of financial meltdown. Reutors(https://www.

고 여러 은행이 정부의 개입과 합병 등으로 겨우 살아남았다.[19)]

이처럼 미국, 나아가서는 전 세계 자본주의의 상징이자 심장으로 성장한 월스트리트는 많은 사람들에게 경제적 번영의 희망을 주기도 하였지만 시장에 참여한 경제적 주체들의 탐욕[20)]과 이에 따른 거품의 붕괴로 인한 부작용을 겪었다. 이러한 현실을 잘 그려낸 영화로는 헐리우드(Hollywood)의 영화감독인 올리버 스톤(Oliver Stone)이 제작한 영화를 꼽을 수 있다. 물론 월스트리트의 이야기를 허구적으로 또는 사실에 가깝게 묘사한 많은 영화들이 있지만 올리버 스톤 감독만큼 미술작품을 영화 곳곳에 배치하여 메시지를 전달한 영화감독은 없었다. 그 중에서도 특히 월스트리트 연작의 두 번째 영화인 〈월스트리트: 돈은 결코 잠들지 않는다(Wall Street: Money Never Sleeps)〉가 그러하다.

이 영화에 등장하는 미술작품 중 고야(Francisco de Goya)의 〈아들을 잡아먹는 사투르누스(Saturno Devorando a su Hijo)〉가 영화의 메시지를 전달하는 대표적인 그림이다. 고야의 이 작품은 자신이 '검은 그림(Pinturas negras)'이라고 이름 붙인 14점의 그림 중 하나이다.[21)] 고야는 거인족 크로누스(Titan Cronus)가 자

---

reuters.com/article/us-financial3/imf-warns-of-financial-meltdown-idUSTRE49A36O20081011 2019.10.6. 최종확인).

19) Marketwatch.com Oct. 10, 2008. Two banks fold, bringing total to 15 failures this year(https://www.marketwatch.com/story/two-banks-fold-bringing-total-to-15-failures-this-year?dist=hplatest 2019.10.6. 최종확인).

20) 매사추세스공대(MIT)의 로(Andrew Lo) 교수는 "탐욕은 보통의 자연인이 식품과 같은 유용한 자원, 많은 돈, 또는 명예를 모으려는 충동이 자신이 속한 그룹의 사회적 연계를 유지하고자 하는 억제력을 압도할 때 일어난다"고 한다. 생물학적으로는 인간이 자원을 획득할 때 뇌 속에서 분비되는 화학물질 때문에 즐거움을 느끼기 때문이기도 하다. 특히 기업의 탐욕은 산타클라라(Santa Clara)대학의 쉐프린(Hersh Shefrin) 교수에 따르면, 돈을 일반적인 사용 목적인 소비와 교환의 수단이 아닌 성공을 재는 척도로 생각하는 경향과 관련이 있다(Fox, S. April, 30. 2010. What Causes Corporate Greed? *LiveScience*. https://www.livescience.com/6394-corporate-greed.html 2019.10.6. 최종확인).

21) 1819년에서 1823년 사이에 그려진 이 그림들은 뇌리에 박힐 정도로 매우 강렬한 주제를 바탕으로 하고 있으며, 광기에 대한 고야의 공포와 인간 본성에 대한 그의 암울한 시각을 반영하고 있다. 원래 귀머거리의 저택(Quinta del Sordo)이라 불리던 그의 집 벽면에 붙어 있던 벽화들이었다. 그의 사후에 살바도르 큐벨스(Salvador Martínez Cubells)의 감독 아래 벽에서 떼어내 캔버스에 옮긴 후, 프라도 미술관(Museo del Prado, Madrid)에 보관되어 있다. 이 과정에서 큐벨스는 고야의 작품을 자신의 의도대로 변형시키기도 하였다(Lubow, A. July 27, 2003. *The Secret of the Black Paintings*. New York Times).

〈아들을 잡아먹는 사투르누스(Saturno Devorando a su Hijo)〉 1819~1823년. 고야(Francisco de Goya) 작. 프라도 미술관(Museo del Prado, Madrid) 소장

신의 자식들로부터 쫓겨나지 않기 위하여 태어난 아이들을 잡아먹는다는 그리스의 신화를 바탕으로 이 그림을 그렸다. 올리버 스톤의 영화 속에서 합리적이고 냉철하게 보이는 인간의 이면에 가려진 탐욕(greed)의 광기를 이 그림 이상으로 잘 표현할 수는 없을 것이다. 아마도 루벤스(Peter Paul Rubens)가 그린 같은 이름의 1636년도 작품에서 영감을 얻은 것으로 보이는데, 루벤스의 작품과도 여러 가지로 비교되고 있다.

고야는 루벤스의 그림에서 나타나는 상징물들을 배제하고 등장인물에 집중하였다. 사투르누스의 큰 몸집은 거인족의 특징이 아니라 그저 거대한 미치광이 괴물로 보인다. 한쪽 무릎은 주저앉아 버렸고, 아이의 몸통만한 두 손이 아이의 허리를 꽉 쥐고 있는데 그의 손가락은 살 속으로 깊게 파고들고 있다. 아이의 머리와 오른팔은 이미 먹혀버려 피범벅이 되었고 아이의 왼팔이 그의 목구멍을 가득 채우고 있다. 자신이 무슨 짓을 하고 있는지도 모르고 아이를 마구잡이로 살육하는 모습이다. 광기에 사로잡혀 뒤집어질 것처럼 희번덕이는 큰 눈과 확장된 콧구멍은 인간의 탐욕을 상징하고 있다. 아이의 팔을 먹으면서도 자신의 광기를 못 이겨 울부짖는 소리가 들리는 것 같다.

루벤스의 작품에서는 아이가 울면서 조그만 소리를 내는 것 같지만 고야의 그림에서는 이미 몸이 차갑게 굳어 조금의 저항도 할 수 없게 된 죽은 아이만이 있을 뿐이다. 두 화가의 그림 모두 끔찍하지만 루벤스의 작품에 등장하는 무자비한 살인자 사투르누스는 신화 속에 등장하는 신의 영역에 있지만 고야의 작품에서는 광기에 휘말린 인간으로 묘사되어 있다.[22] 인간 본성에 대한 고야의 회의적인 시각이 반영되어 있다고 보여지지만 어느 그림이 더 잔인한지는 보는 사람의 판단에 따라 다를 수 있다.

올리버 스톤의 영화 속에서 자신의 욕심대로 배신과 복수를 반복하다 막다른 길목으로 몰린 브레튼 제임스(Bretton James: Josh Brolin 분장)가 분에 못 이겨서 자신의 집무실 벽에 걸려 있던 이 그림을 떼어내어 내리치는 장면은 고야의 사트루누스에게서 풍기는 광기가 그에게 옮겨간 듯한 모습이며 탐욕의 말로를 상징하는 듯하다.

이 밖에도 영화에서는 조셉 슐츠(Joseph Schultz), 리차드 프린스(Richard Prince), 안토니 고믈리(Sir Antony Mark David Gormley), 헨리 무어(Henry

22) Licht, F. 1979. *Goya, the Origins of the Modern Temper in Art*. New York: Universe Books.

Spencer Moore), 키스 해링(Keith Allen Haring), 앤디 워홀(Andy Warhol)과 시멘 요한(Simen Johan) 등 현대 작가의 미술작품들을 적절하게 등장시키면서 이야기를 풀어나가고 있다.

조셉 슐츠의 작품 〈형태 20(Form No. 20)〉은 2개의 고가도로가 만날 듯 가까워지지만 이내 멀어지는 X자의 형태를 하고 있다. 가늠할 수 없을 만큼 무한으로 질주하는 인간의 끝없는 탐욕이 타인을 배려하는 합리적 인간성과 화합하지 못하는 것을 잘 표현하고 있다. 리차드 프린스의 작품 〈두 번째 기회를 얻은 간호사(Second Chance Nurse)〉는 매우 퇴폐적이며 도발적인 이미지를 보여준다. 마스크를 씌워 놓은 간호사는 힘든 사람들을 돌보아야 하는 직업에 어울리지 않게 관능적이고 불안정하며 말초적인 자극을 주고 있다. 합리적이며 냉철한 호모 이코노미쿠스(Homo Economicus)의 표본이어야 할 월스트리트의 금융인들이 쾌락과 일시적인 자극만을 추구하는 것을 냉소적으로 바라보고 있는 감독의 시선이 담겨있는 작품들이다. 앤디 워홀의 〈재클린 케네디(Jacqueline Kennedy)〉는 미국의 퍼스트 레이디 재클린의 얼굴을 담았다. 겉으로 보기에는 화려하였지만 삶이 순탄하지 않았던 그녀가 우리에게 하고 싶은 이야기는 무엇인가? 낙서화가라 불리는 키스 해링의 대형 그림들에서는 검정과 노랑색의 커다란 발이 무엇인가를 밟고 있다. 승자만이 살아남는 월스트리트에서 벌어지는 지배와 피지배의 잔인함, 굴욕과 거짓을 응징하는 승리를 보색으로 대비하며 긴장감을 극대화하고 있다.

회계학적으로 조금 더 의미가 있는 작품들은 헨리 무어와 안토니 고믈리의 작품이다. 안정적이고 부드러운 곡선을 보여주며 셀로판지로 만든 것 같은 헨리 무어의 작품은 빛이 들어오는 창가에 배치되어 있다. 안토니 고믈리의 작품 또한 와이어로 복잡하게 휘감아 놓은 듯하지만 속이 다 들여다 보이고 있다. 이 두 작품은 투명성이 더욱 철저하게 요구되는 월스트리트에서의 회계적 명제를 잘 표현하고 있다.

시멘 요한의 〈물소(Buffalo)〉는 늙고 기력이 쇠해 쭈글한 거죽과 힘없는 하체를 드러내며 황량한 잿빛 땅위에 웅크리고 앉아 있는 한 마리 물소가 주인공이다. 이 물소는 월스트리트의 상징처럼 여겨지는 아르투로 디 모디카(Arturo Di Modica)의 〈돌진하는 황소〉와 극명하게 대비된다. 앞발로 땅을 긁으며 코에서는 김을 내뿜고 있는 〈돌진하는 황소〉는 이제 막 뿔을 쳐올리며 돌진할 기세이다. 이에 반하여 숨쉬기조차 버겁게 느껴지는 검은 물소는 조용히 죽음을 기다리고 있다. 마치 월스트리트에서 벌어지는 광기의 전쟁에서 패한 늙고 지친 최고경영자가 출근길 지하철에 몸을 던져 자살을 택하는 앞날을 예언하듯이…

고든 게코(Gordon Gekko: Michael Douglas 분장)는 회계의 전문용어를 할머니도 알아들을 수 있는 쉬운 말로 설명해준다. '도덕적 해이(Moral Hazard)'란 '누군가가 당신의 돈을 가져가서 쓰고는 그것에 아무런 책임도 지지 않는 것'이라고 어렵지 않게 풀어 준다. 회계전문가들도 그에게 한 수 배워야 할 장면이다. 그는 정보이용자들의 입장에서 그들이 쉽게 알아들을 수 있도록 말하고 있다.

또한 올리버 스톤은 고든 게코의 입을 빌려 월스트리트의 비합리적 광기를 이렇게 비웃는다: "탐욕은 좋은 것이다. 이제는 합법적인 것으로 보이기도 한다(Greed is good. Now it seems it's legal)."

인간의 욕심은 사회발전의 원동력이 되기도 하지만 과도한 욕심은 인간의 본성을 망가뜨리고 자기 자신은 물론 자신이 속한 공동체를 파괴하기도 한다. 그러나 올리버 스톤은 인간의 탐욕에 제동이 걸리기를 바라는 희망과는 달리 새로운 거품은 다시 생길 것이라는 생각을 영화의 마지막에 등장하는 거품으로 암시하고 있다.

이러한 거품의 반복은 새로운 일이 아니다. 시장에서 이루어지는 인간의 경제활동이 지극히 합리적이며, 경제활동에 대한 모든 정보가 왜곡되지 않고 가감없이 전달되는 완전한 시장이라면 거품이 낄 여지가 별로 없을 것이다. 그러나 완벽한 시장은 존재하기 어렵다. 왜냐하면 인간의 욕망은 자연스러운 것이며 시장에서의 정보는 불완전하기 때문이다. 일찌감치 우도 케플러(Udo Keppler 또는 Keppler A. Schwarzmann)는 시장에서 거품이 끼는 것은 늘 계속되어 왔고, 미래에도 그럴 것이라는 것을 그의 작품 〈월스트리트의 거품 – 늘 똑같다(Wall Street Bubbles – Always the Same)〉에서 풍자적으로 보여주고 있다.

이 카툰의 왼쪽에는 다리를 꼬고 앉아 비눗물로 방울을 만들어 공중에 날리고 있는 황소가 가장 크게 그려져 있다. 이 황소는 살도 투실투실 쪄 있고, 머리도 희끗희끗해서 아주 노회하다는 느낌을 주고 있다. 그런데 이러한 비누방울을 다양한 사람들이 좇고 있다. 이들은 남녀를 망라하고 있으며, 보통의 양복과 턱시도, 공장에서의 작업복 등을 입고 있는 것으로 보아 세상 모든 직업군의 사람들이 다 모여 있는 것으로 보인다. 심지어 수녀도 보인다. 황소가 날리는 비누방울에 따라 군중들은 이리 저리 움직이게 된다. 그런데 월스트리트의 상승세를 암시하는 황소는 당시의 거물인 모간(J.P. Morgan)의 얼굴이다. 자세히 살펴보면 비누방울에는 '부풀려진 가치(inflated value)'라는 문구가 붙어 있다. 모간의 발치에 있는 기계는

〈월스트리트의 거품 – 늘 똑같다(Wall Street Bubbles – Always the Same)〉 1901년. 우도 케플러(Udo Keppler 또는 Keppler A. Schwarzmann) 작(May 22, 1901. *Puck*. Vol.XL, No.1264, centerfold)

주식의 시가를 띠종이에 끊임없이 인쇄하고 있지만 곧바로 쓰레기통으로 들어가고 있다.[23] 수식의 시가는 그리 중요하지도 않은 것으로 보인다. 왜냐하면 시장을 움직이는 것은 군중심리이기 때문이다. 그리고 그 군중심리는 바로 황소가 조종하고 있다!

23) 당시에는 전광판 대신 띠종이에 주가를 인쇄하였다.

15
렘브란트, 윤동주, 뒤러와 기업의 자화상

〈**젊은 렘브란트(A Young Rembrandt)**〉 1628년. 22세에 명암을 연습하기 위해 그린 자화상. 암스테르담의 네덜란드 국립미술관(Rijksmuseum, Amsterdam, Netherland) 소장

회계의 목적은 이해관계자들[1]의 경제적 의사결정에 유용한 회계정보를 제공하는 것이다. 유용한 정보란 여러 가지 세부 특성으로 설명되는 회계적 표현이지만, 쉽게 말하면 사람들이 가장 알고자 하는 정보, 즉 기업이 과거에 어떻게 수익을 창출하였고, 현재 상태는 어떠하며, 미래에 어느 정도의 수익을 창출할 능력이 있는지를 알려주는 정보일 것이다.

그러나 어떤 회계정보가 그런 능력을 가지는지 명확하게 판별하는 것은 불가능하다. 왜냐하면 회계정보를 필요로 하는 정보이용자가 매우 다양하며, 동일한 회계정보라도 모두 자신의 입장에서 각자 다르게 해석하기 때문이

1) 이해관계자에는 내부의 이해관계자와 외부의 이해관계자가 있다. 외부의 이해관계자는 현재의 투자자뿐만 아니라 잠재적 투자자들도 포함한다. 또한 기업과 재무적 거래를 하는 금융기관 등의 채권 · 채무자, 영업활동상의 거래를 하는 공급업자와 소비자, 그리고 세금을 징수하는 국가기관을 모두 포함한다. 내부의 이해관계자는 조직 내에서 경영의사결정을 하는 모든 수준의 관리자들이다.

다. 예를 들어 기업이 부도 위기에 처했다는 정보는 어떤 이에게는 공포이지만 어떤 이에게는 기회로 여겨지기도 한다는 것이다. 따라서 회계정보는 기업의 실체를 가감없이 있는 그대로 보여주어야 하며, 주어진 정보를 합리적으로 받아들여 의사결정에 활용하는 것은 기업 내부와 외부의 정보이용자들의 몫이다.

기업의 경영활동에 대한 정보를 경제적으로 관련이 있는 이해관계자들에게 알리는 과정을 공시(disclosure)라고 하는데,[2] 그 대표적인 수단이 재무제표(財務諸表,

〈34세의 자화상(Self-Portrait at the Age of 34)〉 1640년, 영국 국립미술관(National Gallery, London, England) 소장

〈제욱시스로 분장한 자화상(Self-Portrait as Zeuxis[3])〉 1662년, 발라프 리하르츠 미술관(Wallraf-Richartz Museum, Cologne, Germany) 소장

2) 공시는 합리적인 투자판단 자료를 정기적으로 제공하기 위해서 행해지거나, 발행되는 증권의 청약을 권유하기 위해서 또는 지배권 변동 가능성에 관한 정보를 제공하기 위해서 기업내용을 널리 알리는 것을 말한다. 기업은 공시내용을 전자문서로 제출하기 때문에 일반인들도 간편하게 찾아볼 수 있다. 한국거래소(KRX)의 홈페이지(http://www.krx.co.kr)를 이용하면 다양한 정보를 얻을 수 있다. 공시 대상인 기업이 보고서를 제출하지 않거나 중요사항에 대해 거짓으로 기재하는 등 의무를 위반한 경우에는 증권 발행을 제한하거나 임원에 대해 해임을 권고하는 등의 행정조치가 취해지며 징역 또는 벌금으로 형사처벌될 수도 있다.

financial statements)[4]이다. 그렇다면 기업이 외부에 공개하는 회계보고서인 재무제표는 누가 작성하는가? 당연히 경영자가 작성하고, 재무제표가 충실하게 작성되었는지에 대한 최종적인 책임 역시 경영자가 진다.[5] 그 이유는 경영자가 회사의 재무상태와 경영성과, 재무상태의 변동내역 등에 대해 기업 안팎의 그 누구보다도 더 정확하고 자세하게 알 수 있는 위치에 있으며, 기업의 주주들로부터 경영과 보고에 대한 권한과 책임을 위임받았기 때문이다. 즉, 경영자는 다른 사람의 경제적 자원을 자신의 계획에 사용하고, 그 결과에 대해서도 스스로 보고서를 작성해야 하는 것이다. 이런 의미에서 보면 기업의 회계보고서는 경영자의 자화상으로 볼 수 있다. 마치 화가들이 자신의 삶을 자화상을 통해 스스로 드러내듯이, 회계보고서는 경영자의 성과를 스스로 드러내는 것이다. 물론 화가들이 자화상을 그리는 이유에는 여러 가지가 있으며 경영자들이 재무제표를 작성하는 이유와 정확하게 일치하는 것은 아니다.[6]

렘브란트(Rembrandt Harmenszoon van Rijn)는 그림을 배우던 시절부터 사망하기 직전까지 그의 전 생애에 걸쳐 꾸준하게 자화상을 그린 것으로 유명하다. 렘브란트가 22세에 그린 자화상부터 그가 사망하던 해인 1969년까지 그린 약 40점의 자화상[7]에는 그의 인생이 모두 담겨 있다. 그려진 날짜 순서대로 자화상을 늘어놓

3) 고대 그리스의 사실주의 화가로 유명한 제욱시스는 어느 날 한 못생긴 노파가 찾아와 자신을 모델로 미의 여신 아프로디테를 그려달라는 부탁을 받고 작업하던 중 웃음이 터져 나왔고, 과도하게 웃다가 숨이 막혀 죽은 일화로 유명하다. 이 설화를 바탕으로 많은 화가들이 제욱시스처럼 웃는 자화상을 그렸다(Bark, J. M. 2007-8. The spectacular self: Jean-Etienne Liotard's Self-Portrait Laughing. *North Street Review: Arts and Visual Culture*. Vol.XII. pp.49-56).

4) 재무제표는 재무상태표(財務狀態表, Statement of Financial Position), 손익계산서(損益計算書, Income Statement), 자본변동표(資本變動表, Statement of Changes in Equtiy), 현금흐름표(現金흐름표, Statement of Cash Flows)와 주석으로 이루어져 있다.

5) '주식회사의 외부감사 등에 관한 법률'에는 회사의 대표이사와 회계담당 이사에게 재무제표를 작성할 책임이 있다고 명시되어 있다.

6) 화가들이 자화상을 그리는 것은 모델에게 지급하여야 하는 비용이 들지 않는다거나 주문한 사람의 요구에 맞춰 그림을 그리지 않아도 된다는 등 지극히 현실적인 이유도 있었다고 한다. 그 외에도 알맞은 모델을 찾아 거리를 헤맸던 다빈치, 사교성이 부족했던 세잔 등 작가들에게는 또다른 이유들이 있었지만, 사진이 없던 시대에 자신의 모습(삶)을 남기고 싶다는 것이 가장 일반적인 이유일 것이다.

7) 렘브란트는 약 100여 점의 자화상을 그렸다고 전해지기도 하지만 제자들에게 그리도록 한 작품을 제외하

고 비교하면 화가 렘브란트의 시작과 끝, 성공과 실패 그리고 자신감과 원숙함이 나타나는 한 편의 짧은 영화를 보는 듯하다. 그 중 앞에 제시된 세 점의 자화상을 보기로 하자.

그림의 왼쪽에서부터 이제 막 꽃을 피우기 시작한 젊은 렘브란트, 성공한 화가로 각광받는 삶을 살던 렘브란트, 그리고 불행하게도 말년에 가족들을 병으로 잃고 경제적으로도 파산하여 궁핍한 처지에 처한 렘브란트를 그린[8]자화상이다. 모든 작품에는 제작 당시의 렘브란트의 모습이 잘 나타나 있는데, 특히 오른쪽에 있는 1662년에 그린 자화상에는 삶의 부침을 겪어낸 화가의 원숙한 유머가 돋보인다. 자신의 초라한 모습이 드러나는 것에 개의치 않고 담담하게 삶을 받아들인 듯 미소짓는 표정이 진솔하게 느껴지며, 깊은 절망과 어려움 속에서 단단하게 단련된 그의 인성이 얼굴을 통해 빛나고 있는 듯하다.

그런데 화가들만 자화상을 그리는 것은 아니다. 시인 윤동주는 그림 대신 언어로 자신의 모습을 그렸다. 1948년 발간된 윤동주(尹東柱)의 유고 시집 『하늘과 바람과 별과 詩』에 수록된 시 〈자화상(自畫像)〉은 외딴 우물을 찾아 자신을 모습을 찬찬히 들여다보는 것으로 시작한다. 구태여 외딴 우물을 찾은 이유는 번잡하지 않고 조용한 곳에서 방해받지 않고 스스로를 성찰하려는 의미로 파악된다. 또한 우물 속의 밝은 달과 구름, 하늘, 그리고 파아란 바람이 부는 가을이라는 공감각적인 배경을 배치하여 자신의 모습에 실망하였다가 다시 연민을 느끼고 그리워져서 되돌아가는 남자의 모습을 보다 감성적으로 표현하고 있다. 그런 뒤에 우물 속에 비치는 남자의 모습을 마지막 연에 배치시킴으로써 결국 부정하고 싶었던 자신의 모습을 있는 그대로 받아들였음을 표현하고 있는 작품이라 할 수 있다.

시대적 배경을 굳이 고려하지 않더라도 자신의 모습에 실망하고 연민하는 과정을 통해 자신을 수용하게 되는 자아성찰의 과정을 감성적으로 표현한 아름다운 문

고 실제로 자신이 그린 자화상은 40여 점이라고 한다(White, C. and Q. R. Buvelot. 1999. *Rembrandt by Himself*. National Gallery. p.10).

8) 렘브란트는 1656년에 파산선고를 받을 위기에 처해 그림과 골동품을 포함한 대부분의 소장품을 싼 값에 넘기는 것은 물론 집과 인쇄기도 팔고 좁은 집으로 이사를 가는 처지가 되었다(Schwartz, G., 2006. *The Rembrandt Book*. Harry N. Abrams). 당시 대부분의 채권자들은 그의 처지를 이해하고 관용적인 태도를 취했으나, 암스테르담화가조합(The Amsterdam Painters' Guild)만은 렘브란트의 미술품 매매를 금지하는 등 매우 가혹한 태도를 취했다.

자화상(自畵像)

— 윤동주

산모퉁이를 돌아 논가 외딴 우물을 홀로 찾아가선
가만히 들여다봅니다.

우물 속에는 달이 밝고 구름이 흐르고 하늘이
펼치고 파아란 바람이 불고 가을이 있습니다.

그리고 한 사나이가 있습니다.
어쩐지 그 사나이가 미워져 돌아갑니다.

돌아가다 생각하니 그 사나이가 가엾어집니다.
도로 가 들여다보니 사나이는 그대로 있습니다.

다시 그 사나이가 미워져 돌아갑니다.
돌아가다 생각하니 그 사나이가 그리워집니다.

우물 속에는 달이 밝고 구름이 흐르고 하늘이
펼치고 파아란 바람이 불고 가을이 있고
추억처럼 사나이가 있습니다.

장이다. 그러나 제국주의 일본의 통치라는 혹독한 시대상황을 고려하다면 "시인 윤동주는 제국주의에 맞서는 지식인으로서 어떤 역할을 하는가?"란 엄중한 질문에 자신이 미워졌을 것이라는 추측이 가능하여 더 애절한 느낌을 갖게 하는 작품이다. 시인 윤동주는 일본 유학생이라는 자신의 모습을 내가 아니라고 외면하고 싶기도 했을 것이다. 그러나 다시 생각해보면 그가 일제에 죽음으로 항거[9]한 것은 아니지만 우리의 글을 지키려 노력하면서 자신만의 방식대로 저항하고 있었으며, 그런 자신에 대한 인식이 미움과 그리움을 반복하게 하는 요인이 되었을 것이라 생각된다. 하지만 결국 작가는 마치 자신의 안타까운 운명을 예견이라도 한 듯이 현실 속의 자신을 담담히 인정하고 받아들이는 마지막 문장으로 작품의 끝을 맺고 있다.

우리는 윤동주의 시와 렘브란트의 자화상을 통해 회계보고서를 작성하는 경영자의 자세를 생각해보고자 한다. 윤동주의 시가 담고 있는 암울한 시대적 상황이나 젊은 렘브란트가 기대하는 장밋빛 미래 같은 배경이 작가들의 작품에서 자연스럽게 드러나는 것처럼 회계보고서 또한 기업이 처한 경영환경에서 자유로울 수 없다. 회계보고서에는 경영자의 성과와 경영환경이 모두 반영될 수밖에 없다. 성과가 좋지 않을 경우 경영자가 경영환경을 구실로 자신을 향한 비난을 피해가려 하거나 결과를 왜곡하고 싶은 유혹을 받을 수도 있겠지만, 회계보고서는 경영자가 내린 모든 의사결정의 결과물이며 그 의사결정은 기업을 둘러싼 환경까지 고려하여 이루어질 것이라는 이해관계자들의 믿음을 지켜야 하는 것이 경영자의 숙명이다. 만약 경영자가 이해관계자들에게 추가적인 설명을 하고자 원한다면 회계보고서가 아닌 다른 방법을 찾아야 할 것이다.[10]

9) 일제에 의한 강제 합병 당시 지식인이던 매천 황현 선생은 절명시(絶命詩) 네 편을 남기고 목숨을 끊음으로서 저항하였다. 이 절명시의 제3편에 당시 지식인으로서의 역할에 관하여 심각한 고민을 보여주는 구절이 있다.

…

가을 등불 아래 책을 덮고 지난 날을 생각해보니(秋鐙掩卷懷千古: 추등엄권회천고)

참다운 지식인으로 사람 노릇하기 어렵도다(難作人間識字人: 난작인간식자인).

10) 예를 들면, 애플사의 CEO인 팀 쿡은 애플사의 경영성과를 간단히 설명하고, 당면한 도전과제와 어려운 환경 속에서도 지난 해 말에 이루어낸 긍정적인 요소, 앞으로의 전망을 간단히 요약하는 편지를 투자자들에게 보냈다(참조: Letter from Tim Cook to Apple investors on January 2, 2019. https://www.apple.com/newsroom/2019/01/letter-from-tim-cook-to-apple-investors/. 2019.1.31. 최종 확인).

윤동주가 우물에 비친 자신의 모습에 실망했음에도 불구하고 결국은 객관적으로 자신을 받아들이고, 렘브란트가 초라해진 자신의 모습을 담담히 작품에 담아낸 것처럼 경영자 또한 회계보고서의 숫자를 있는 그대로 받아들이는 자세를 견지하여야 한다. 사회구성원들이 제공한 자원이 어떤 의미인지, 어떻게 사회에 피드백되어야 하며, 자신의 역할이 무엇인지에 대한 경영자의 깊은 성찰이 필요한 것이다.

기업의 자화상과 예술가의 자화상은 분명한 차이가 있다. 예술가의 자화상은 실제의 자신과 드러내고 싶은 자신이 혼재되어 있어도 그것이 작품의 예술성을 해치지 않는다. 예를 들면, 윤동주가 자신의 처지를 연민으로 들여다보고 스스로를 가여워 하는 개인적인 소회를 작품에 투영한 것은 오히려 작품의 예술성을 높이는 요인이 된다. 뒤러(Albrecht Dürer)의 〈28세의 자화상(Self-Portrait at 28)〉에서는 자신의 재능과 사회적인 위치를 드러내고 과시하려는 작가의 의도가 분명히 읽히며, 미국의 노만 락웰(Norman Rockwell)이 거울을 보면서 자화상을 그리고 있는 자신을 담은 〈삼중 자화상(Triple Self-Portrait)〉을 보면 거울 속 화가의 실제 얼굴보다 캔버스에 그려지고 있는 얼굴이 더 젊고 지적이며 품위가 있어 보인다. 캔버스 위에 그려지고 있는 화가의 모습이 아마도 락웰이 다른 사람들에게 보이고 싶은 자신의 모습, 또는 그림으로 남기고 싶은 자신의 모습일 것이다. 거울과 캔버스의 모습을 다르게 그린 락웰은 자화상이 있는 그대로를 그리는 과정이 아니라 자신을 이미지화해서 보여주는 작업이라는 점을 강조하고 싶었던 듯하다.[11] 그러나 경영자들이 회계보고

〈28세의 자화상(Self-Portrait at 28)〉 1500년. 알브레흐트 뒤러(Albrecht Dürer) 작. 알테 피나코텍(Alte Pinakothek, Maxvorstadt, Germany) 소장

11) 락웰의 또 다른 그림 〈거울 앞의 소녀(Girl at Mirror)〉에서도 다양한 소품과 표정으로 연출된 사춘기 소녀의 내면을 표현하고 있다.

서를 통해 그리는 자화상에는 이런 창조적인 과정이 포함되어서는 안된다.

기업이 조달하는 자본이 커지고, 우리 사회의 많은 구성원들이 주주나 채권자로 자본에 참여하면서 복잡하게 형성된 오늘날의 기업활동은 전문적인 지식과 능력을 갖춘 전문적인 경영자를 필요로 하고 있다. 또한 주주나 채권자가 자원의 제공자이기는 하나, 실제로 자원을 움직이는 것은 경영자의 결정이기 때문에 경영자가 가지는 사회적인 영향력 또한 점점 커져 왔으며 앞으로 이런 경향은 더 심화될 것이다. 현대사회의 모든 구성원들은 각자의 사회적 위상에 걸맞는 책임을 요구받고 있으며 경영자 또한 예외가 아니다. 경영자에게 주어진 사회적 책임의 가장 밑바닥에는 신뢰를 지킬 것이라는 사회적 믿음이 깔려 있고, 그 구체적인 실천방안의 첫 걸음은 정직하고 투명한 회계보고서의 작성책임을 다하는 것이라는 사실을 기억해야 할 것이다.

16 회계전문가의 이미지

세계적으로 유명한 아카데미 영화제(Academy Awards)의 2017년도 시상식장에서는 매우 황당한 사고가 발생하였다. 가장 중요한 상인 작품상에 〈라라랜드(La La Land)[1]〉가 선정되어 제작진이 무대 위에서 수상 소감을 발표하던 중에 갑자기 주최 측에서 수상작을 〈문라이트(Moonlight)[2]〉로 정정하였던 것이다.[3] 그리고 얼마 후에 잘못된 봉투가 전달된 것이 사고 원인이었으며 그 책임을 물어 회계사 2명을 해고하였다는 뉴스가 이어졌다.[4] 도대체 아카데미 시상식과 회계사는 무슨 관계일까? 이 질문에 대한 답은 이 글의 마지막에서 언급하고자 한다.

회계사는 대표적인 회계전문직이며, 국가 제도에 의하여 공식적으로 자격을 인정받아 기업에 대한 감사업무를 수행하기 때문에 공인회계사(CPA: Certified Public Accountant 또는 CA: Chartered Accountant)[5]라고 불린다. 이 외에도 기업과 같은 조직 내부에서 회계관련 업무를 수행하는 공인관리회계사(CMA: Certified

1) 영화 라라랜드(La La Land). 2016년. Damien Chazelle 감독(http://www.lalaland.movie/ 2019.7.15. 최종확인)

2) 영화 문라이트(Moonlight). 2016년. Barry Jenkins 감독(http://moonlight.movie/ 2019.7.14. 최종확인)

3) YTN뉴스 참조(http://www.ytn.co.kr/_ln/0104_201702281713566325 2019.7.14. 최종확인)

4) 미국의 회계법인 PriceWaterhouseCoopers는 이 일에 관한 사과성명을 발표하고, 소속 공인회계사 2명을 해고하였다(참조: http://v.media.daum.net/v/20170302142049321 2019.7.14. 최종확인).

5) 우리나라에는 국제적인 회계법인과 손을 잡은 4대 대형회계법인이 있다: 삼일회계법인은 PwC(PricewaterhouseCoopers), 삼정회계법인은 KPMG, 안진회계법인은 Deloitte, 그리고 한영회계법인은 Emst & Young과 손을 잡고 있다. 이 밖에도 우리나라의 회계법인에 관한 정보는 한국공인회계사회(https://www.kicpa.or.kr)에서 파악할 수 있다.

Management Accountants),[6] 세무회계의 전문가들인 세무사(CTA: Certified Tax Accountants) 등이 많이 알려진 회계전문가이다. 하지만 이들 외에도 직·간접적으로 회계업무를 수행하는 사람들이라면 모두 회계전문가(accountant)라 할 수 있다.

우리나라에서는 1990년대 말 태풍처럼 몰아쳤던 국가부도사태[7]와 그 10년 뒤 월가에서 불어닥친 경제위기[8]를 거치면서 회계에 대한 사회적 관심이 증가하였다. 그러나 높아지는 관심과는 다르게 회계에 대한 인식은 굉장히 단편적이었다. 회계를 잘 모르는 사람들은 물론 회계를 공부한 회계전공자들조차 단순히 숫자를 계산하거나 재무제표 등의 회계 및 세금보고서를 작성하는 것이 회계의 전부라고 생각하기도 하였다. 그 즈음에 방영된 일본 TV 드라마에서 공인회계사들이 검은 정장과 검은 서류가방으로 무장하고 무표정하지만 일사불란하게 등장하는 인상적인 첫 장면이 있었는데,[9] 회계전문가에 대해 사람들이 가지고 있는 이미지를 잘 보여주는 장면이었다.

일반적으로 회계전문가는 이 같이 딱딱한 이미지로 각인되어 있다고 볼 수 있다. 사람들은 회계전문가의 업무를 골치 아픈 일이라고 생각하며, 그들의 업무내용에 대해서는 구체적으로 알려 하지 않는다. 회계전문가의 업무에는 필수적으로 길고 복잡한 숫자가 함께하는데, 대부분의 사람들은 숫자에 대해 그리 긍정적인 경험을 갖고 있지 않기 때문일 것이다.

이러한 고정관념은 회계전문가의 무미건조함에 관한 유머를 만들어내기도 하지만, 다른 한편으로는 과학적 지식이나 논리에 의하여 문제를 풀기보다는 경제적 이해관계나 임기응변으로 문제를 해결하는 사람으로 비유하는 경우도 있다. 또는 회계전문가란 일종의 '검은 상자(Black Box)' 또는 그 상자 안에서 얼렁뚱땅 일을 처리하는 사람으로 표현되기도 한다. 그러나 회계전문가에 대한 이러한 이미지는 말

---

6) IMA(Institute of Management Accountants: https://www.imanet.org)는 공인관리회계사들의 조직이다.

7) 소위 'IMF사태'라고 불리는 이 사건은 최국희 감독의 〈국가부도의 날〉이라는 제목으로 영화화되었다.

8) 월가에서 거품이 터지는 사건은 여러 영화에서 그려지고 있다. 이 영화들 중 〈월스트리트-머니 네버 슬립스(Wall Street-Money Never Sleeps)〉는 곳곳에 회계적 개념과 관련 있는 예술작품들이 등장한다. 이밖에도 〈투빅투페일(Too Big to Fail)〉, 〈더 울프 오브 월스트리트(The Wolf of Wall Street)〉, 그리고 〈마진콜(Margin Call)〉 등이 있다.

9) NHK 홈페이지 참조(https://www6.nhk.or.jp/drama/pastprog/detail.html?i=kansahoujin)

〈최후의 만찬(The Last Supper)〉 1498년. 레오나르도 다빈치(Leonardo Davinci) 작. 산타 마리아 델레 그라치에(Santa Maria delle Grazie) 교회의 부속 식당에 그려진 벽화

그대로 고정관념일 뿐이며, 우리 사회에서 그 이미지가 서서히 변화되고 있다.

다빈치(Leonardo Davinci)의 작품 중 산타 마리아 델레 그라치에(Santa Maria delle Grazie) 교회의 부속 식당에 그린 〈최후의 만찬(The Last Supper)〉은 예수가 12제자와 마지막 저녁식사를 같이 하면서 “너희들 중 하나가 나를 배신할 것이다(One of you will betray me)”라는 말을 하자 보인 제자들의 반응을 그린 그림이다. 최후의 만찬이라는 소재는 당시 수도원의 식당에 흔히 그려지던 소재이지만[10] 다빈치의 작품은 원근법에 대한 완벽한 표현으로 양식 면에서 혁신성을 보여주고 있는 걸작이다. 다빈치는 수학적인 원근법을 통해 12명의 제자들이 벽 저쪽 편에서 진짜로 식사를 하고 있는 것처럼 보이도록 벽화를 제작하였다. 또한 이들 12제자의 모습은 각자의 성격에 맞는 얼굴상을 연구하여 그렸다고 한다. 예를 들면, 성미가 급한 베드로의 얼굴은 그런 성격을 가진 부류 사람의 두개골을 연구하여 그렸다는 것이다.[11] 단지 상상에 의지하지 않고 구체적인 현실 자료에 기반하여 자신의 작품을 창조하는 데 응용한 다빈치의 노력은 본받을 만한데, 이런 점은 회계전문가들이 추구하는 실사구시(實事求是)의 정신과도 일맥상통한다.

이미 알고 있는 사람들도 있겠지만, 이 작품에 등장하는 예수의 12제자 중 회계와 관련이 있는 인물이 두 명이나 있다는 사실을 모르는 사람들도 있을 것이다. 한 명은 세금을 걷는 세리가 직업이었던 매튜(Matthew the Apostle, מַתִּתְיָהוּ)이며, 다른 한 명은 제자들의 회계업무를 맡고 있던 유다(Judas Iscariot, תוירק שיא הדוהי)이다. 역사상 가장 유명한 회계담당자인 유다는 예수의 제자들 모임에서 회계 역할을 하며 일행의 돈주머니를 맡았다. 그는 자기 호주머니를 채우기 위해 부정을 저지를 만큼 물욕을 부리기도 했다고 한다. 그림에서 붉은색, 푸른색 그리고 녹색의 3색이 섞인 옷을 입고 오른손으로 돈주머니[12]를 쥐고 있는 매부리코에다 번들번들한 얼굴로 표현된 자가 유다이다. 그의 손이 소금통을 쓰러뜨리고[13] 있지만 예수를 팔아

---

10) 수도원의 식당에 최후의 만찬이 많이 그려진 이유는 수도사들이 식사 중에 벽에 그려진 그림을 보면서 성찬의 의미를 묵상하기 위한 것이라고 한다.

11) 이를 위해 다빈치는 시체를 30구 이상이나 해부하였다는 이야기도 있다.

12) 이 돈주머니는 유다가 회계담당이라는 것을 나타내기도 하고, 예수를 팔아 넘기고 받은 은화가 들어 있는 주머니임을 환기시키는 장치이기도 하다.

13) 이 모습은 ‘주인을 배신하다’는 뜻이 있는 ‘소금을 배신하다(betray the salt)’는 표현에서 모티브를 얻은 것으로 판단된다.

넘긴 자신의 음모가 드러났음을 알고도 윈손은 의외라는 반응을 보이고 있다. 그는 유일하게 오른쪽 팔꿈치를 탁자에 대고 있으며, 등장인물 중에 얼굴의 높이가 가장 낮게 그려져 있다.[14)]

단테(Dante Alighieri)의 〈신곡(The Divine Comedy)〉에서는 지옥에서 벌을 받고 있는 유다의 말로를 그리고 있다. 단테에 따르면 지옥의 9층(the Ninth Circle of Hell)은 배신자, 밀고자 그리고 맹세를 어긴 자들이 차가운 얼음 속에 온 몸이 박힌 채로 영원히 신음하여야 하는 곳인데, 신을 배신한 자들이 주로 벌을 받는 곳이다. 유다는 이 9층의 한 가운데 가장 깊은 곳(Centre of Hell)에서 벌을 받고 있다. 마왕 루시퍼(Lucifer)가 머물고 있는 이곳에서 벌을 받는 인물 가운데 가장 잘 알려진 인물이 바로 유다이다.[15)] 주어진 임무를 게을리하고 자신만의 욕심을 채우거나, 신과 자연의 섭리를 따르지 않고 배신할 때 어떠한 결과가 주어지는지를 단테의 신곡이 잘 보여주고 있다. 유다가 회계담당자였다는 사실을 상기해보면 그의 배신의 말로는 지금의 모든 회계인들에게 타산지석이 될 수 있을 것이다.

이에 반해 회계와 관련된 또다른 제자인 매튜(또는 마태)의 직업은 세리(稅吏, Tax Collector 또는 Publican)였다. 성서에서 세리는 주로 욕심 많고 로마인들에게 협력하는 간악한 인물로 묘사된다. 왜냐하면 그들은 점령군인 로마인들이 부과하는 세금보다 더 많은 액수의 세금을 거두어 들이고 그 차액을 챙기는 수법으로 자신들의 부를 축적하였기 때문이다.[16)] 그러나 매튜는 4대 복음서의 저자로서 예수의 부활과 승천을 증언하는 등 유다와 상반되는 행보를 통해 일반적인 세리의 이미지를 벗어나고 있다. 렘브란트(Rembrandt), 카라바조(Caravaggio)와 푸생(Poussin) 등 여러 유명한 화가들은 그의 모습을 그릴 때 천사를 함께 그리고 있다. 매튜는 다빈치의 〈최후의 만찬〉에 오른쪽에서 세 번째 인물이다. 그는 옆에 있는 유다 타데

14) 최후의 만찬을 그린 다른 화가들의 그림을 보면 다른 등장인물과는 달리 유다에게는 어두운 후광(halo)을 그리거나 아예 후광을 없애기까지 한다(예: Jaume Huguet 작 〈Last Supper〉 1470년; Simon Ushakov 작 〈The Mystical Last Supper〉 1685년).

15) 유다의 머리는 마왕 루시퍼의 입 속에서 으깨어지고, 등은 가죽이 벗겨진 채로 루시퍼의 발톱에 의해 갈기갈기 찢어지고 있다. 유다는 신(the God)과 신성(the Divine)을 배신한 상징적 인물로 벌을 받는 중이다(Sayers, D. L. Canto XXXIV에 대한 주석. *The Divine Comedy–1: HELL*. 1977. Penguin Books).

16) Friedrichsen, T. A. Spring 2005. The Temple, a Pharisee, a Tax Collector, and the Kingdom of God: Rereading a Jesus Parable(Luke 18:10–14A). *Journal of Biblical Literature*. 124 (1): pp.89–119.

오(Jude Thaddeus)와 함께 가장 오른쪽에 있는 시몬(Simon the Zealot)에게 누가 예수를 배반했는지 알고 있느냐는 질문을 하고 있다.

성격이 급한 사람들의 두개골을 연구하여 베드로의 얼굴을 그린 다빈치가 유다와 매튜의 얼굴은 어떤 사람의 두개골을 연구하여 그렸을지 무척 궁금해진다. 확인할 수는 없지만 그들의 직업으로 판단하지는 않았으리라 짐작할 따름이다.

중세시대의 작품에 나타나는 세금을 걷는 사람들에 대한 이미지는 그리 좋아보이지 않는다. 중세 유럽의 국가나 영주는 세금을 거두는 일을 전담하는 하도급계약을 세금징수 청부인(Tax Farmer)과 맺었고 이들이 세리들을 고용하여 일반 농민들에게서 세금을 거두어들였다고 한다. 이 계약에 따르면 세금징수 청부인은 일정한 금액을 국가나 영주에게 바치는 조항만 지키면 되었다. 실제로 국민들에게 거두어들이는 금액은 모두 청부인들의 재량이었던 것이다. 결국 날씨나 작황, 거리 등에

〈세리들(The Tax Collectors)〉 1542년. 레이메르스바엘(Marinus van Reymerswaele) 작. 알테 피나코텍(Alte Pinakothek, Maxvorstadt, Germany) 소장

따른 조세징수의 불확실성을 세금징수 청부인이 떠안는 것이며, 국가는 그런 위험에서 벗어나도록 하는 계약이었다. 프랑스의 왕 루이 14세(Louis XIV)는 조세징수권을 개인에게 판매하였는데, 세금징수 청부인들이 거두어들인 금액의 $\frac{3}{4}$을 착복하였음에도 불구하고 이 계약으로 루이 14세의 조세수입은 4배로 뛰었다고 한다.

레이메르스바엘(Marinus van Reymerswaele)의 작품 〈세리들(The Tax Collectors)〉을 보면 중세의 세리들의 삶과 평민들이 이들을 대하는 태도를 살펴볼 수 있다. 그림 속에서 두 명의 세리가 사무실에 앉아있는데, 한 명은 장부에 무언가를 열심히 적고 있으며, 다른 한 명은 계약서로 보이는 서류를 들고 앞에 있는 인물과 대화를 하는 듯하다. 그의 얼굴은 통통하게 살이 올라 있고 매우 번지르르해 보인다. 이러한 얼굴은 당시에 세리들에 대한 인식이 어떠하였는지를 추측할 수 있게 해준다. 방 안에 있는 다른 인물들은 납부할 세금 때문에 사정을 하러 온 듯하다. 낮은 자세로 세리를 올려다보고 있는 이들은 세리들의 관대한 처분을 기다리는 듯 매우 절실한 표정을 하고 있다.

현대의 역사적 실존인물 중 유명한 회계전문가로는 미국의 큰 부자인 록펠러(John Davison Rockefeller Sr., 1839~1937)를 들 수 있다. 그는 사기꾼인 아버지와 신앙심 깊은 어머니 사이에서 태어났다고 한다. 1855년 9월, 그의 나이 16세일 때 일하기 시작한 첫 직장은 휴잇앤터틀(Hewitt & Tuttle)이라는 작은 규모의 농산물 회사였다. 노동시간은 길고 많은 돈을 벌지는 못했다. 회계담당자의 보조원 역할을 한 그의 하루 일당은 50센트부터 시작하였고 첫 3달 동안 50달러를 벌었다고 한다.[17] 그러나 그는 회계업무를 매우 좋아했으며 특히 운송원가를 계산하는 데 탁월한 능력을 발휘했고 그의 이런 회계적 재능은 후일 큰 사업을 벌이는 밑거름이 되었다.

〈록펠러(John D. Rockefeller)〉 농산물 회사의 회계보조원으로 근무하던 18세의 록펠러

록펠러는 1870년에 오하이오주에서 스탠다

17) 당시 록펠러의 목표는 100,000달러(지금의 화폐가치로 약 3,000,000달러 정도)를 모으는 것과 100년을 사는 것이었다. 첫 번째 목표는 초과 달성하였으나 두 번째 목표는 불과 2년 차이로 달성하지 못하였다.

드오일(Standard Oil Company, Inc.) 회사를 설립하였다. 당시 미국 석유의 90% 정도를 이 회사가 통제했으며, 전기가 발명될 때까지 석유산업에 거대한 변화를 일으켰고 철도산업에도 지대한 영향을 미쳤다. 1911년 미국 대법원이 반독점 판정을 내리고 나서 스탠다드오일사는 여러 회사로 나누어지는데 그때 만들어진 회사들이 엑슨모빌(ExxonMobil) 그리고 쉐브론(Chevron) 등이다. 록펠러는 역사상 처음으로 10억달러 대의 부를 소유했으며 이는 당시 미국경제의 약 2%에 해당하였다.

록펠러는 자신의 재산을 교육, 의학 및 과학연구를 위한 기금에 공헌하였다.[18] 흑인 여성을 위한 인권교육을 위하여 스펠만대학(Spelman College)에 거액을 기부하였다.[19] 의학 연구를 후원하기 위하여 설립한 록펠러의학연구재단(Rockefeller Institute for Medical Research)[20]은 후일 록펠러대학(Rockefeller University)이 되었다. 공중위생과 건강을 위하여 존스홉킨스(Johns Hopkins)대학을 후원하고 중국에 협화의학원(北京协和医学院: Peking Union Medical College)을 설립하였다. 그는 또한 알콜과 흡연 퇴치를 위해서도 평생 노력하였다.

현대로 넘어오면서 회계전문가의 이미지는 다양하게 나타나고 있다. 혹시 오스카 왈라스(Oscar Wallace), 앤디 듀프렌(Andy Dufresne), 레오(Leopold 'Leo' Bloom), 이작 스턴(Itzhak Stern), 크리스 울프(Chris Wolff)라는 이름을 들어본 적이 있는가? 영화를 많이 본 사람들은 알 수도 있겠지만 이들은 모두 영화 속 등장인물들이다. 또한 그들은 회계전문가이다. 오스카 왈라스는 영화 〈언터처블(The Untouchables)〉, 앤디 듀프렌은 〈쇼생크탈출(Shawshank Redemption)〉, 레오는 〈프로듀서(The Producers)〉, 이작 스턴은 〈쉰들러 리스트(Schindler's List)〉 그리고 크리스 울프는 〈어카운턴트(The Accountant)〉에 등장하는 회계전문가이다. 이들은 자신의 특기인 회계지식을 개인적인 이익을 위해 오용하는 인물로 묘사되기도 하고, 사회정의를 실현하는 데 활용하는 긍정적인 이미지로 표현되기도 하였다.

18) 록펠러가 기부한 금액은 모두 550,000,000달러에 이른다고 한다.

19) 그는 다른 대학에도 거액을 기부하였다. 그 대학들의 명단에는 Yale University, Harvard University, Columbia University, Brown University, Bryn Mawr College, University of Chicago, Wellesley College 그리고 Vassar College도 포함되어 있다. 또한 필리핀의 Central Philippine University도 설립하였다.

20) 당시에 큰 골칫거리였던 십이지장충의 퇴치에 결정적인 역할을 하기도 하였다.

회계전문가가 등장하는 영화

- **언터처블(The Untouchables)**: 오스카 왈라스는 1930년대 미국의 유명한 갱단인 알 카포네(Al Capone)의 조직에 맞서 정의를 실행에 옮기기 위한 특별 수사팀에 파견된 재무부 출신의 회계전문가이다. 단순히 책상물림으로만 취급되던 회계전문가가 총격전까지 벌어지는 특별수사팀에 수사관으로 합류한 이유는 알 카포네가 폭력, 강도, 살인 등 모든 강력범죄의 혐의를 요리조리 빠져나갔기 때문에 갱단의 장부, 즉 회계처리를 살펴보기 위해서였다. 결국 오스카 왈라스의 수사팀은 알 카포네 일당의 회계장부와 이 장부를 관리하던 회계담당자를 확보하고 나서야 알 카포네를 회계부정과 조세포탈 혐의로 감옥에 보낼 수 있었다.

- **쇼생크탈출(Shawshank Redemption)**: 은행원으로 평범한 생활을 하던 앤디 듀프렌은 아내와 그 연인을 살해했다는 혐의를 뒤집어 쓰고 종신형을 받아 쇼생크 교도소에 수감된다. 앤디는 인권이 말살된 교도소 안에서 온갖 고생을 하던 중 자신의 전문성을 이용하려는 교도소장에 의해 그의 탈세와 비자금 관리를 맡게 된다. 그러던 중 앤디는 자신의 무죄를 입증해줄 수 있는 단서를 갖고 있는 수감자 토미를 만나게 되지만, 토미는 교도소장에 의해 무참하게 살해되었다. 그러자 앤디는 탈세와 비자금의 증거인 비밀장부를 이용하여 교도소장을 궁지에 몰아넣고 탈옥을 감행하였다. 모차르트의 음악을 들으며 자유를 갈망하던 회계전문가 앤디는 마침내 자신이 그토록 갈망하던 자유로운 영혼이 된다. 앤디의 자유에 대한 갈망을 상징하는 곡이 Mozart의 오페라 〈피가로의 결혼(La Nozze di Figaro)〉 중 소프라노의 이중창 〈부드러운 산들바람(Che soave zeffiretto)〉이다.

- **프로듀서(The Producers)**: 무미건조하고 반복적인 생활을 하는 소심한 성격의 회계사인 레오는 불행한 일상에서 탈출하여 프로듀서가 되고 싶어한다. 레오는 자신의 고객인 뮤지컬 제작자 맥스에게 투자자금을 많이 모은 뮤지컬 쇼가 망하면 오히려 이득이 많이 남는다는 사실을 알려준다. 2백만 달러를 모아 뮤지컬 제작에는 일부만 사용하고, 장부를 조작하여 국세청에 신고하면 폭삭 망한 공연에

는 별로 신경을 쓰지 않기 때문에 장부 조작이 걸리지 않는다는 것이다. 이를 실행에 옮긴 레오와 맥스. 그런데 이들의 희망과 달리 뮤지컬이 예상을 뛰어넘는 큰 성공을 거두자 계획은 틀어지기 시작하고 이어서 회계부정과 탈세 혐의가 드러나 이들은 감옥에 갇히게 된다.

- **쉰들러 리스트(Schindler's List)**: 제2차 세계대전 중 나치 독일 치하에서 기업을 운영하는 쉰들러와 함께 많은 유대인의 목숨을 구한 장본인이 바로 그 기업의 회계담당자인 이작 스턴이다. 스턴은 회계장부를 조작하여 비자금을 확보하고, 쉰들러는 그 돈을 독일군 장교에게 뇌물로 바친다. 가스실로 향할 운명에 처했던 많은 유대인들이 스턴의 정성스러운 분식회계 덕분에 공장에서 꼭 필요한 근로자로 신분이 바뀌어 생명을 건질 수 있었다. 인간의 목숨을 지킨다는 숭고한 목적을 위하여 기술적으로 부정직한 회계부정이 이루어졌던 것이다.

- **어카운턴트(The Accountant)**: 크리스 울프는 미국 일리노이주의 작은 도시에서 평범한 공인회계사로 위장하고 있지만, 실상은 회계부정을 찾아내는 데 기막힌 실력을 갖고 있는 유능한 회계전문가(forensic accountant)이다. 그는 15년간의 회계장부를 하룻밤 사이에 살펴보고, 문제점을 파악할 수 있는 놀라운 능력을 가지고 있다. 이러한 크리스 울프가 가진 숫자에 대한 탁월한 능력은 자폐증의 일종인 서번트 증후군(Servant Syndrome)과 관련이 있었다. 그런데 필기도구에서 식기까지 모든 것을 반듯하게 놓아야 하는 울프가 가장 아끼는 그림은 아이러니하게도 폴락(Jackson Pollock)의 〈자유 형태(Free Form)〉란 작품이다.

- **기타**

이 밖에 Night Shift, Midnight Run, Ghostbusters, Monty Python's The Meaning of Life, Moonstruck, The Royal Tenenbaums 등의 영화에도 회계전문가가 등장한다. 일본의 TV 드라마로 제작된 〈감사법인(監査法人)〉도 공인회계사들의 업무와 사생활에서의 고뇌를 잘 그린 작품이다.

앞서 언급했던 아카데미 시상식으로 돌아가보자. 미국 등에서는 아카데미 시상식이나 복권의 추첨과 같이 공정성과 정확성이 요구되는 행사에 반드시 공인회계사가 입회하여 진행과정을 모니터링하는 것이 일반적이다. 우리나라에서는 복권 추첨을 하는 장소 등에 경찰관이 입회하곤 하는데 미국에서는 그 역할을 회계사가 하는 것이다. 그래서 2017년도 아카데미 시상식에도 세계적인 회계법인인 프라이스워터하우스쿠퍼스(PwC: PricewaterhouseCoopers)가 소속 회계사를 파견하여 이 행사를 모니터링하고 있었다. 그런데 이 회계사들이 그만 유명 연예인들 사이에서 흥분하여 자신의 본분을 잊은 채 셀피(selfie)를 찍고 SNS에 게시하느라 엉뚱한 봉투를 전달한 것이 사고의 원인이 되었다고 한다. 사람들의 주목을 끈 이런 사건들로 인해 회계사의 이미지는 영화에서 보다 더 다양하게 그려질 수도 있을 것 같다.

〈자유 형태(Free Form)〉 1946년. 폴락(Jackson Pollock) 작. 뉴욕 현대미술관(MoMA) 소장

17 회계보고서와 편견으로부터의 자유

회계는 의사결정을 목적으로 하는 기업의 이해관계자들에게 유용한 회계정보를 제공한다. 기업의 이해관계자는 제공된 회계정보를 이용하여 기업의 실체를 파악하고자 한다. 그러나 이해관계자마다 의사결정의 목적이 다르고, 축적된 회계지식과 경험이 다르기 때문에 같은 회계정보를 이용하여도 기업의 실체를 서로 다르게 파악할 수 있다. 특히, 회계보고서에 포함된 정보 중에서 눈에 잘 띄는 정보에만 집중한다면 적절한 의사결정을 하기 어려울 수도 있다.

밀레(Jean-François Millet)의 가장 유명한 작품 중 하나인 〈이삭 줍는 여인들(The Gleaners)〉을 살펴보자. 밀 수확이 끝난 들판에서 이삭을 줍는 세 여인이 그림의 주인공이다. 얼핏 보기에 추수가 끝난 너른 들판과 따스하게 비추는 햇살은 이 풍경을 매우 풍요롭고 평화롭게 만든다.

그러나 밀레가 이 그림을 그리던 당시의 사정을 알고 나면 이 그림은 전혀 다른 느낌으로 다가올 것이다. 그가 머무르고 있던 바르비종(Barbizon) 지역은 파리에서 가까우면서도 프랑스의 산업화 과정에서 소외된 지역으로

〈이삭 줍는 여인들(The Gleaners)〉 1857년. 밀레(Jean-François Millet) 작. 오르세 미술관(Musée d'Orsay, Paris) 소장

전통적인 생활과 제도가 계속 유지되고 있는 곳이었다. 이 지역에서는 지주들이 자신들 소유의 지역에 사는 가난한 여인들과 아이들이 추수가 끝난 들판에서 남겨진 이삭을 줍도록 허용하는 오래된 관습이 있었는데 이것이 바로 이삭줍기 그림의 모티브이다.[1)]

그림에 등장하는 여인들이 자신과 가족들이 시달릴 굶주림을 조금이라도 줄이기 위해 떨어진 이삭을 줍고 있는 것은 작품을 위한 설정이 아니라 그들의 피나는 현실이었다. 작품 속에는 농부들의 반복적인 일상이 얼마나 피곤한 것인지 보여주기 위해 밀레가 고심한 흔적들이 많이 보인다. 여인들의 등에서 들판에 드리워진 그림자로 이어지는 선은 이들의 반복되는 노동이 등골이 부러질 만큼 힘들다는 것을 상징적으로 보여주고 있다. 멀리 오른쪽에는 말을 타고 이들을 감시하는 지주의 모습이 보인다. 지평선 너머로 지는 태양이 수확한 밀을 쌓아놓은 커다란 짚단을 비추고, 앞쪽에서는 이삭을 줍는 가난한 여인들의 모습이 매우 대조적으로 비교되고 있다. 특히 금빛 들판과 이삭 줍는 여인들의 어두운 치마색은 계산되어진 대비라고 할 수 있다.

프랑스 대혁명 직후에 그려진 밀레의 이 작품은 당시의 중산층과 상류층으로부터 하층민들을 미화한다는 반발을 불러일으켰다.[2)] 노동 계층인 주인공을 사실적으로 묘사한 이 작품이 당시에 퍼지기 시작한 사회주의 운동을 연상시켰으며, 종교적인 주제를 갖지 않았다는 이유로 반발을 불러일으키기도 했다.[3)] 또한 밀레의 노동

1) 중국의 고전 『시경(詩經)』에 "彼有遺秉(피유유병) 此有滯穗(차유체수) 伊寡婦之利(이과부지리)"라는 구절이 있다. 이 구절의 뜻은 "추수기에는 이곳 저곳에 수확하지 못한 어린 벼를 거두지 않고, 또 볏단과 벼이삭을 내버려 두는데 그 이유는 곤궁한 생활을 혼자 견디는 여인들로 하여금 이들을 거두어 식량을 삼도록 하기 위함"이다. 이를 보면 동서고금을 막론하고 생활이 어려운 민중들이 연명할 수 있는 최소한의 사회적 합의가 존재하고 있었음을 알 수 있다.

2) Kimmelman, M. 1999. ART REVIEW; Plucking Warmth from Millet's Light. *The New York Times*. New York City(https://www.nytimes.com/1999/08/27/arts/art-review-plucking-warmth-from-millet-s-light.html 2019.9.6. 최종확인).

3) 숫적으로 우세한 노동계층에 의한 혁명은 상류계급이 가장 상상하기 싫은 것이었다. 가로의 폭이 1미터가 넘고 세로로도 80센티미터가 넘는 대형 작품은 당시 종교적 주제를 가진 작품들만의 차지였으나 밀레의 작품은 종교와 전혀 관계가 없었을 뿐만 아니라 노동 계층과 그들의 빈곤을 사실적으로 묘사한 작품이기 때문에 비판을 받았다. 밀레의 이 작품에 대하여 기득권 세력은 이 작품에 등장하는 세 여인이 "… 추하고, 천박하며, 단조롭다"며 비판하기까지 하였다(Kleiner, Fred; Christian J. Mamiya. 2005. *Gardner's*

에 대한 사실주의적 묘사는 후일 도미에(Daumier)나 드가(Degas)의 세탁하는 여인들을 주제로 한 작품들과 카이유보트(Caillebotte)의 마루바닥을 닦는 사람들을 주제로 한 작품들의 모태가 되었다고 한다.[4)]

이처럼 밀레의 작품은 얼핏 보기에는 평화롭지만, 사실은 생존을 위한 여인들의 처절한 삶과 노동이 담겨 있는 그림이다. 밀레는 이들의 노동을 신성하게 그려내었을 뿐만 아니라 힘든 삶을 영위하는 소작농들에게 따뜻한 시선을 보내고 있다. 그림 전체를 밝게 비추는 따뜻한 금색의 햇살이 처연한 장면을 신성하고 영원히 평화로울 듯한 풍경으로 보이도록 만들어주고 있다. 밀레의 그림을 제대로 이해하기 위해서는 첫인상만으로 판단해서는 안 되고 당시의 사회상과 역사적 맥락, 밀레의 의도 등을 파악하여야 한다.

회계보고서를 보는 회계정보이용자 역시 단순히 보고서의 첫인상이나 숫자의 크기에 좌우되어서는 안 된다. 예를 들면, 회사의 명성이나 회계보고서에 기재된 매출액 또는 당기순이익의 크기만으로 해당 기업을 판단하지 말고, 매출액의 구성내역과 추세적 변동, 그리고 이익의 구성요소와 질(Quality of Income), 나아가서 기업을 둘러싼 경영환경 등을 꼼꼼히 따져보아야 한다.

일본의 우타가와 쿠니요시(歌川國芳)가 그린 인물화는 사람들이 일반적으로 갖는 첫인상이 주는 편견을 경고하고 나선다. 그의 작품 〈첫인상은 무섭지만 실제로는 좋은 사람(みかけハこハゐが とんだいゝ人だ)〉이라는 작품에 등장하는 인물은 겉으로 보기에 매우 기괴하고 무섭게 생겼다. 얼굴 전체가 울퉁불퉁하고, 눈동자는 금방이라도 굴러 떨어질듯이 보이며 벌어진 입 속에는 잇몸만 보이고 치아는 보이지 않는다. 손은 기이한 형태로 굳어 있는 것처럼 보인다. 그러나 매우 무서워 보이는 이 인물의 얼굴과 손을 자세히 들여다보면, 그 안에 여러 사람들이 있다는 것을 알 수 있다. 그들은 앉아 있거나 엎드려 있거나 누워 있다.

대부분의 화가는 초상화 주인공의 신체적 특징과 기운을 나타내기 위하여 노력

Art Through the Ages. 12ed. California: Wadsworth/Thompson Learning. p.857). 이러한 분위기 때문에 밀레는 파리 살롱전에 출품된 이 작품을 자신이 원했던 4,000프랑보다 1,000프랑이나 싸게 팔 수밖에 없었다고 한다. 그러나 밀레가 세상을 떠난 후인 1889년에 열린 경매에서 이 그림은 300,000프랑에 팔렸다(Fratello, B. December 2003. France embraces Millet: the intertwined fates of The Gleaners and The Angelus. *The Art Bulletin*. Vol.85, No.4. pp.685-701).

4) Rosenblum, Robert. 1989. *Paintings in the Musée d'Orsay*. New York: Stewart, Tabori & Chang. p.90.

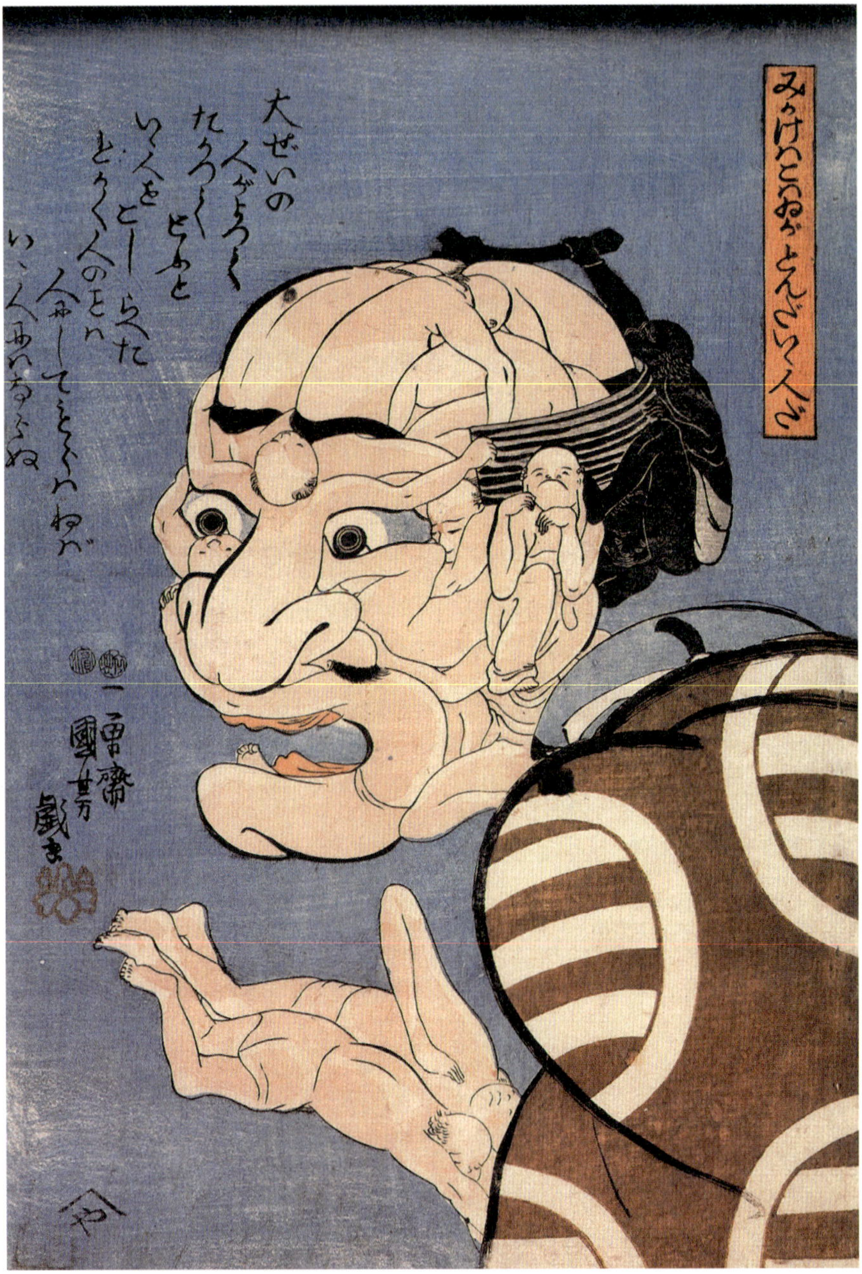

〈첫인상은 무섭지만 실제로는 좋은 사람(みかけハこハゐが とんだいゝ人だ)〉 1847년. 우타가와 쿠니요시(歌川國芳) 작

하는데, 우타가와 쿠니요시는 오히려 주인공의 얼굴과 손에 다른 사람들의 몸을 그려 넣었다. 얼굴은 그 사람의 인생 여정을 보여준다. 희로애락과 생로병사가 얼굴에 응축되어 있는 것이다. 또한 사람의 손은 그 자신과 가족을 부양하기 위하여 열심히 살아온 증거이다. 그러므로 얼굴과 손은 그 사람이 어떠한 태도로 삶을 살아왔는지를 알려준다. 그럼에도 불구하고 우타가와 쿠니요시가 주인공의 얼굴과 손을 다양한 사람들의 신체로 표현하였다는 것은 주인공의 삶이 다른 많은 사람들과의 관계 속에서 형성되었음을 이야기하고 싶었던 것이다. 그림의 제목처럼 이 작품의 주인공은 얼핏 보기에는 무섭지만 실제로는 좋은 사람이라고 한다. 이 그림을 통하여 우리는 작가가 인간과 인간의 삶에 대한 깊은 성찰을 하였다는 것도 알 수 있다.

이처럼 우타가와 쿠니요시는 한 장의 그림 속에 여러 사람들과 더불어 열심히 살아온 한 인간의 다양한 인생 여정의 이야기를 요약하여 보여주고 있다. 인간은 혼자서 살 수 없고, 같은 시대 같은 사회를 사는 많은 사람들과 상호작용하며 삶을 살아간다. 좋든 싫든 동료와 선·후배들의 협력관계 속에서 성취를 이루는 것이다. 우타가와 쿠니요시가 이 작품의 왼쪽에 써넣은 글도 "많은 사람들이 모여들어 드디어 좋은 사람을 만들었다. 아무튼 사람의 일이란 사람들이 서로 베풀어주지 않으면 좋은 사람이 되지않는다"[5]라는 뜻이다. 우타가와 쿠니요시의 그림 속 주인공은 비록 얼굴의 첫인상은 무시워 보이지민, 여리 사람들과 협력하면서 좋은 삶을 살아온 것으로 보인다. 사람들이 그림 속 주인공의 기괴한 첫인상만으로 이 그림을 외면한다면 쿠니요시가 전달하고자 하는 인간의 삶에 대한 이야기를 들을 수 없었을 것이다.

첫인상이 주는 편견과 소통의 부족 때문에 벌어지는 일들은 제인 오스틴(Jane Austen)의 소설 〈오만과 편견(Pride and Prejudice)[6]〉의 주제이기도 하다. 제인 오스틴은 이 소설에 〈첫인상(First Impressions)〉이라는 제목을 임시로 붙였었다고

---

5) 쿠니요시의 작품에는 "大ぜいの 人がよつて たかつてとふと い >人を こしらへた とかく人のことハ人にしてもらハねバ い >人にはならぬ (大勢の 人が寄って たかって、とうとう、いい人を こしらえた。兎角、人の事は 人にしてもらわねば、いい人には成らぬ)"라고 적혀 있다. 이러한 우타가와 쿠니요시의 철학은 그의 〈사람들이 함께 모여 한 인간을 형성한다(人かたまつて人になる)〉는 작품에도 잘 나타나 있다.

6) Austen, J. 1813. *Pride and Prejudice.* London: T. Egerton, Whitehall.

하는데, 그 역시 소설의 내용과 잘 어울리는 제목인 것 같다.[7)]

베넷 집안의 둘째 딸인 엘리자베스(Elizabeth Bennet)는 지적이고, 발랄하고, 매력적이고 재치가 넘치는 20세 아가씨이다. 그런데 이 아가씨는 첫인상만으로 고집스러운 편견을 형성하는 경향이 심한 편이었다. 한편 미남이며 부자인 다아시(Mr. Darcy)는 키가 크고 지적이다. 그러나 그는 상대를 편안하게 만들어주는 배려가 익숙하지 않고 원활한 대인관계를 맺는 능력이 부족했다. 이 때문에 다른 사람들은 다아시를 모범적인 태도를 지녔지만 도도하며 내성적이며 지나치게 오만한 사람이라고 오해했다.

〈엘리자베스와 다아시(Elizabeth and Mr. Darcy)〉 1895년. 제인 오스틴(Jane Austen)의 소설 〈오만과 편견(*Pride and Prejudice*)〉의 삽화. 브록(C. E. Brock) 작

엘리자베스와 다아시와의 관계는 첫인상으로 형성된 편견과 오만함 때문에 좀처럼 발전되지 않았다. 두 사람의 관계는 다아시가 자신의 오만함을 꺾고 엘리자베스가 다아시에 대한 편견을 극복하였을 때에야 비로소 결실을 맺게 된다. 만일 이 소설의 주인공들이 편견과 오만함을 조금 더 일찍 던져버리고 상대방에게 주의를 기울였다면 상대를 제대로 파악하고 이해하는 데 어려움을 적게 겪었을 것이다.

---

7) Le Faye, D. 2002. *Jane Austen: The World of Her Novels*. New York: Harry N. Abrams. 또한 제인 오스틴이 1799년 6월 11일에 자매인 카산드라(Cassandra)에게 쓴 4장짜리 편지의 2번째 장에서도 이 작품을 "첫인상(First Impressions)"이라는 가제목으로 언급하고 있다(… I would not let Martha read "First Impressions" again upon any account, and am very glad that I did not leave it in your power). (출처: https://catalogue.nla.gov.au/Record/4193159 National Library of Australia, Canberra. 2019.9.8. 최종확인). 오스틴은 당시에 인기있던 소설인 패니 버니(Fanny Burney)의 〈세실리아(*Cecilia*)〉에 나오는 구절(Burney, F. 1782. *Cecilia: Or, Memoirs of an Heiress. T. Payne and son and T. Cadell*. pp.379-380)에서 자신의 소설 제목을 정했다고 한다(참조: Dexter, G. 2008.8.10. How Pride and Prejudice got its name? *The Daily Telegraph*. 2019.9.9. 최종확인).

그렇다고 해서 첫인상[8]을 완전히 무시해야 한다는 것은 아니다. 첫인상은 대부분 자신의 경험이나 지식, 작업환경 등에 의하여 형성된다. 첫인상은 다양한 요소들, 예를 들면 나이, 성별, 출신국가, 문화, 언어, 외모, 말투, 음성, 첫 만남에 동석했던 주변 사람, 첫 만남의 시간 등에 의하여 결정된다. 따라서 첫인상이 합리적으로만 형성된다면 의사결정에 도움이 되고 의사결정과정을 단순화시키는 장점이 발휘될 수도 있다. 따라서 첫인상을 갖되 이에 전적으로 의존하지 않고 객관적으로 검증하는 자세가 필요하다. 사실 첫인상이 주는 편견에서 자유로운 사람은 그리 많지 않을 것이다. 예를 들어 편견의 한 종류인 확증 편향은 자신이 이미 갖고 있는 믿음이나 가설을 확인해주는 정보만을 선택적으로 탐색하거나 기억하고 편향적으로 해석하는 경향을 의미한다.[9] 이러한 확증 편향은 인지적인 편향이며 귀납적 추론의 체계적인 오류 중 하나이다. 특히, 자신이 원하는 결과가 있거나 감정적인 고리가 강하게 연결된 사건 그리고 확고한 신념을 방어하려는 경우에 사람들의 확증 편향(Confirmation Bias)이 더 심해진다.

루벤스(Peter Paul Rubens)의 작품 〈시몬과 페로: 로마식 자비(Cimon and Pero: Roman Charity)〉는 매우 당황스러운 작품이다. 그림의 전면에 젊은 여인이 가슴을 드러낸 채 젖을 먹이고 있다. 그런데 그 대상이 은발의 늙은 노인이다. 이 무슨 망측한 모양새인가? 이 그림을 보는 사람들은 자연히 눈살을 찌푸리게 된다. 그럼에도 불구하고 대화가인 루벤스가 이러한 그림을 그린 데에는 합리적인 이유가 있으리라 생각하고 다시 그림을 들여다보면, 젖을 먹고 있는 노인의 손이 뒤로 묶여져 있고 발에도 족쇄가 채워져 있음을 발견하게 된다. 이 노인은 죄수인 것이다. 그래서 그림에 등장하는 인물들의 행동을 정당화하기 위한 이야기가 생겨나게 되었다. 즉, 젊은 여인 페로(Pero)가 굶어 죽는 아사형(餓死刑)을 받고 감옥에 갇힌 아버지 시몬(Cimon)을 찾아가 몰래 젖을 먹인다는 것이다.

이러한 이야기는 감옥에 갇힌 아버지가 중남미 어느 나라의 독립운동 투사로 변신을 하는 등 변형된 채로 인터넷상에 떠돌기도 하였다. 이 대목에서 많은 사람들은 독립운동가인 아버지를 위하여 부끄러움을 무릅쓰고 있는 딸의 모습에 고개를

---

8) 첫인상은 한 사람이 다른 사람이나 사물, 사건을 처음 만났을 때 마음 속으로 형성하는 이미지이다. 첫인상의 정확성은 관찰자나 관찰대상에 따라 달라진다(Mackie, E. R. and D. M. Smith. 2007. *Social Psychology*. 3rd ed. Hove: Psychology Press).

9) Plous, S. 1993. *The Psychology of Judgment and Decision Making*. McGraw-Hill. p.233.

〈시몬과 페로: 로마식 자비(Cimon and Pero: Roman Charity)〉 1630년. 피터 폴 루벤스(Peter Paul Rubens) 작. 암스테르담 국립미술관(Rijksmuseum Amsterdam) 소장

끄덕이면서 자신들이 처음 이 그림을 대면하였을 때 가졌던 불편한 감정을 해소하기도 한다. 실제로 이 이야기의 근원은 로마시대로까지 거슬러 올라가지만, 이야기의 기본적인 틀은 동일하다. 이 이야기는 원래 고대 로마의 역사가인 발레리우스 막시무스(Valerius Maximus)가 야사를 모아 놓은 책 〈고대 로마의 기념할만한 언행을 기록한 아홉 권의 책(*Factorum ac dictorum memorabilium libri IX*)〉[10]에서

10) Maximus, Valerius. *Factorum ac dictorum memorabilium libri IX*(*Nine Books of Memorable Acts and Sayings of the Ancient Romans*) 중 Book V, 5.4.7에 등장한다(출처: Walker, H. J. 2004. *English translation of Valerius Maximus' Memorable Deeds and Sayings: One Thousand Tales from Ancient Rome*. Hackett Publishing. 막시무스는 "어버이를 공경하는 것은 자연의 법칙 중 일부이다(Honor due to parents is a part of natural law)"라고 주장하였다. 또한 가이우스 플리니우스 세쿤두스(Gaius Plinius Secundus, 일명 'Pliny the Elder')는 평민 계급의 어머니에게 젖을 먹이는 딸의 이야기를 언급하기도 하였다(Yalom, M. April 14, 2013. Roman Charity. *Book Review in New York Times*.

착한 딸의 효심을 보여주는 아름다운 이야기로 기록되어 있다. 즉, 효녀인 페로가 감옥에 갇혀 굶어 죽는 형벌을 받은 아버지에게 몰래 젖을 먹인다는 이야기이다.[11)]

이처럼 고대 로마인의 관점에서 가족 간의 사랑과 효성스러운 딸의 희생을 강조하기 위한 이야기는 후대의 그림뿐만 아니라 조각작품과 벽화로도 자주 등장하게 된다.[12)13)] 이탈리아의 주요 도시에는 수유하는 여인을 주제로 한 분수(lactating fountains)가 관광명소가 되고 있다.[14)] 노벨문학상을 받은 존 스타인벡(John Steinbeck)의 소설 〈분노의 포도(The Grapes of Wrath)〉에서도 로자샨(Rosasharn: Rose of Sharon)이 굶주리고 병들어가는 낯선 이에게 자비를 베풀어 헛간 구석에서 수유하는 장면이 등장한다.[15)] 이 소설은 영화로도 제작되었다.[16)]

다시 루벤스의 작품을 보자. 이제 굶어 죽어가는 아버지를 위한 딸의 행동이 이

---

https://www.nytimes.com/2013/04/14/books/review/roman-charity.html(2019.9.20. 최종확인)).

11) Chapter 3: Iconographical sources of nursing and nursing gestures in Christian cultures http://www.darkfiber.com/pz/chapter3.html(2019.9.20. 최종확인)

12) 루벤스, 반 바뷰렌(Dirck van Baburen), 렘브란트 필(Rembrandt Peale), 얀 얀센스(Jan Janssen), 찰스 멜린(Charles Mellin) 등 많은 화가들이 시몬과 페로의 이야기를 그림에 담았다. 카라바조(Caravaggio)의 작품 〈일곱 가지 자애로운 행동(The Seven Works of Mercy)〉 속에도 유사한 장면이 등장한다. 마이 난지그(Mai Dantsig)의 〈빨치산 발라드(Partisan Ballad)〉도 제2차 세계대전 중 독일에 대항하여 싸우는 벨라루시의 빨치산을 등장인물로 같은 주제를 표현하였다. 또한 모셰(Christoph Maucher)의 조각 작품도 같은 주제를 담고 있다.

13) 스파이어 성당(Speyer Cathedral)에서 성 버나드(St. Bernard of Clairvaux)가 동정녀 마리아로부터 수유를 받았다는 전설에 바탕한 〈성 버나드의 수유(Lactation of St Bernard: Bernard receiving milk from the breast of the Virgin Mary)〉는 이 이야기를 인간에 대한 보편적 사랑으로 확장시킨 작품으로 해석할 수도 있다.

14) 예를 들면, 볼로냐(Bologna)의 Fountain of Neptune, 나폴리(Naples)의 Fontana della Spinacorona, 트레비소(Treviso)의 Fontana delle Tette, 티볼리(Tivoli)의 Fountain of Fertility 등이 있다.

15) 이 소설의 시대적 배경은 미국의 대공황이다. 오클라호마(Oklahoma)의 조드(Joad) 집안 사람들이 가뭄과 경제적 어려움, 농업생산방식의 변화 등으로 농사에 어려움을 겪다가 은행에서 채권을 회수하기 위하여 강제집행에 들어가자 집을 잃고 일자리가 많다고 소문난 캘리포니아 지역으로 가는 여정에서 벌어지는 일을 현실적으로 그려낸 소설이다(Steinbeck, J. 1939. *The Grapes of Wrath*. The Viking Press-James Lloyd).

16) 헨리 폰다(Henry Fonda)가 주연을 맡고 존 포드(John Ford)가 감독한 1940년도 작품이다. 아카데미상 최우수 감독상과 최우수 조연 여배우상을 수상하였다. 또한 린제이 앤더슨(Lindsay Anderson) 감독이 1973년도에 제작한 영화 〈오 럭키 맨(O Lucky Man!)〉에서도 비슷한 장면이 등장한다.

해가 된다면 관람객이 받았던 망측했던 첫인상이 수정된 것이다. 그럼에도 불구하고 로마시대부터 이어져 온 가족애, 특히 딸에게 강요된 희생적인 자비는 어떤 이들에게는 여전히 불편한 이야기일 수 있을 것이다. 더구나 그림에 대한 다른 관점에서의 해석 역시 이러한 불편한 시각을 강화시킬 수 있다. 이런 해석은 그림 오른쪽 위에 있는 간수들로부터 시작된다. 그림을 자세히 살펴보면 창문을 통해서 시몬과 페로의 모습을 훔쳐보고 있는 간수들이 보인다. 이를 두고 어떤 이들은 '로마인들의 가족 사랑'이라는 허울좋은 이야기 뒤에 숨어 있는, 특히 여성에게 강요된 희생과 이를 핑계로 하는 관음증을 비평하고 싶었기 때문에 화가인 루벤스가 간수들을 그린 것이라고 해석하기도 한다. 그림을 감상하는 사람들의 내면에 있는 관음증(觀淫症, voyeurism)을 간수의 모습을 통해 적나라하게 드러내고 있다는 것이다.[17)]

이렇게 본다면 루벤스의 〈시몬과 페로〉에서 관객들이 받은 불편한 첫인상은 매우 개연성 있는 느낌일 수 있다. 만일 관객들이 유명한 화가의 작품이라는 이유만으로 이 그림에서 받은 불편한 느낌을 애써 외면했더라면 가족 간의 사랑과 희생이라는 오래된 이야기에 수동적이나마 수긍하고 넘겼을 수 있다. 그러나 로마의 옛이야기에 내포된 또다른 시각과 화가의 명성을 벗어난 작품의 또다른 해석은 관람객들이 불편하게 느꼈던 첫인상이 더 타당하였음을 인정하고 있다. 즉, 첫인상은 편견이 될 수도 있지만 합리적인 추론의 출발점이 될 수도 있다는 것이다. 편견과 합리적인 추론을 가르는 것은 관찰자의 상식과 경험, 그리고 지식이다. 특히 한 분야의 전문가라면 초기에 형성된 첫인상을 출발점으로 하여 전문적인 지식과 경험을 토대로 논리적인 결론을 도출해가는 과정을 반드시 거칠 것이다.

이와 같은 태도는 회계전문가에게 필히 요구되는 자질이기도 하다. 회계전문가는 재무제표의 숫자를 바탕으로 회계 실체에 대해 일정한 가설을 설정하고, 이러한 가설을 검증하기 위하여 추가적인 자료를 공정하게 수집하고 분석하여 결론에 도달하여야 한다. 간단한 예를 들어보자면, 어떤 기업의 수익성과 성장성 등을 분석할 때에는 손익계산서에 표시된 매출액이나 당기순이익만으로 결론을 내려서는 안되는 것이다. 회계전문가라면 매출액의 지역별 · 계절별 구성내역과 매출액의 증감

17) 특히, 막스 사우코(Max Sauco)의 2011년도 작품 〈로마식 자비(Roman Charity)〉는 이러한 허울좋은 관념을 신랄하게 패러디하고 있다(출처: http://www.sauco.ru/?razdel=image&cur_y=2012&item=0 2019.9.20. 최종확인).

추세, 외상매출금의 비율 및 현금의 회수기간 등을 종합적으로 고려하여 판단하여야 한다.

공인회계사에 의한 외부회계감사의 과정 또한 마찬가지이다. 숙련된 전문가는 개략적인 수치만으로도 기업의 상황을 짐작할 수 있다. 왜냐하면 전문가의 축적된 경험과 지식으로 인해 작은 증거 하나만으로도 많은 것을 알 수 있기 때문이다. 그러나 첫인상에서 결론을 바로 도출하고 합리적인 검증과정을 대충 건너뛰는 일은 절대 허용될 수 없는 일이다. 만일 합리적인 검증이 충분히 이루어지지 않는다면 전문가 스스로 첫인상의 희생자가 되어 값비싼 대가를 지불하게 될 수도 있다.

18

〈아르놀피니 부부의 초상〉과 실질우선의 원칙

영국 런던의 국립미술관에는 네덜란드와 벨기에에서 유행했던 플랑드르 미술의 대표 화가로 알려진 얀 반 에이크(Jan van Eyck)가 제작한 지오반니 아르놀피니(Giovanni Arnolfini) 와 그의 아내인 체나미(Giovanna Cenami)의 초상이 걸려 있다.

이 작품은 유화 물감을 사용한 가장 오래된 작품 중 하나로 얀 반 에이크는 안료에 기름을 혼합하여 색채의 투명도를 높이면서 건조속도를 늦춘 유화물감을 직접 만들어 사용했다고 알려져 있다.[1] 유화물감은 그 자체에 은은한 광택이 있을 뿐만 아니라 계속 덧칠을 할 수 있는 재료이기 때문에, 유화를 통해 색채의 변화와 농담을 자연스럽게 표현하게 된 것은 서양회화의 근대화에 큰 영향을 미친 혁신적 변화였다. 또한 당시의 초상화들 대부분이 한 사람의 상반신을 그린 것과 달리 이 작품은 두 명의 전신상을 그리고 있다는 점에서 전통을 벗어나 새로운 구도로 현실감을 부여하고 있는 세밀하고 정교한 작품으로 인정받고 있기도 하다.

이 작품이 제작된 15세기에는 작품에 자신의 서명을 남기는 화가가 드물었다. 얀 반 에이크 역시 다른 작품에는 자신의 서명을 남기지 않았는데, 이 작품에서는 특이하게 거울 위쪽에 "얀 반 에이크가 이 자리에 있었노라. 1434년(Johannes de eyck fuit hic 1434)"이라는 서명을 남겼다. 두 사람 뒤쪽에 있는 거울을 자세히 살펴보면 붉은 옷과 푸른 옷을 입은 두 사람이 서 있는 모습이 비춰져 있는데 작가의 서명과 그 위치 등을 생각해보면 이들이 화가 아르놀피니와 그의 조수라고 추정

1) 15세기 당시의 화가들은 광물이나 식물을 가공하여 얻은 색채 가루에 계란을 섞은 템페라(tempera)를 물감으로 사용하였는데, 이런 물감은 빨리 말라버리는 단점이 있어 늘 화가들을 조급하게 만들었다. 이런 단점을 개선하고자 안 반 에이크는 계란 대신 기름을 사용하는 새로운 유화 방식을 고안하였다.

〈아르놀피니 부부의 초상(Arnolfini Portrait)〉 1434년, 얀 반 에이크(Jan van Eyck) 작, 영국 국립미술관(National Gallery, London) 소장

된다.[2] 또한 이 그림에 등장하는 촛불, 개, 주인공의 자세 등이 도상학적으로 결혼을 의미하는 상징물로 알려져 있어 이 그림은 두 사람의 결혼식으로 알려졌다. 20세기 초 도상해석학이라는 새로운 이론체계를 구축한 미술사학자인 파노프스키(Panofsky) 역시 그림에 등장하는 화가의 서명에 초점을 맞춰 이 작품을 결혼서약을 공증한 기록으로 해석하였다.[3]

도상학(圖像學, iconography)이란 용어는 이미지를 뜻하는 그리스어인 '에이콘(eikon)'과 기록을 뜻하는 '그라페(graphe)'에서 유래하였다. 도상학은 시각예술에서 사용된 상징, 주제, 소재의 의미를 통해 작품을 해석하려는 분야이다. 평화의 상징이라는 말에 비둘기를 떠올리는 것은 비둘기라는 형상을 평화를 의미하는 이미지로 사용하는 사회에서 우리가 의식하지 못하는 와중에 그 의미가 각인되었기 때문이다. 이처럼 회화에서 사용된 이미지의 의미를 통해 작품의 의미를 해석하는 것을 도상학이라고 한다.

흔히들 유럽의 미술관을 제대로 관람하기 위해서는 성서와 그리스 · 로마신화를 알아야 한다고 말하는데 이는 도상학적인 접근을 전제로 하는 말이다. 특히 고대와 중세에는 시각예술품의 작가와 관람자 사이에 이미지의 의미가 일종의 약속처럼 형성되어 있었다. 따라서 이미지의 의미를 아는 것이 미술품을 이해하는 중요한 요소였기 때문에 이미지와 그 의미를 정리한 저서가 발간되기도 하였다.[4] 미술품 중에 이러한 도상학적 접근이 가장 적합한 장르는 중세의 종교화라고 할 수 있다. 글을 모르는 대중을 위해 성서의 내용을 그림으로 표현했던 종교화는 정보의 전달이라는 미술의 사회적 기능을 가장 중요시한 분야라고 할 수 있다. 이러한 특징은 동서양을 막론하고 모든 종교화에서 동일하게 나타나는 부분이라 할 수 있다.

20세기 초 파노프스키는 기존의 도상학에 사회문화사적인 해석을 추가한 도상해석학(圖像解釋學, *Iconology*)을 발표하였다. 그는 이미지의 상징뿐만 아니라 이미지가 만들어진 시간, 장소, 그 시대의 문화적 양식 등 여러 원천에서 수집된 데이

---

2) 〈아르놀피니 부부의 초상〉에서는 〈시녀들(Las Meninas)〉에 등장하는 벨라스케즈와는 달리 화가가 화구를 들고 있지 않다.

3) Panofsky, E. 1934. Jan van Eyck's Arnolfini Portrait. *The Burlington Magazine for Connoisseurs*. 64(372). pp.117–119 and 122–127.

4) 1593년에 체사레 리파(Cesare Ripa)가 고대와 중세의 화가와 조각가들이 사용한 미술의 어휘를 체계적으로 정리하여 발행한 *〈Iconologia〉*라는 저서가 유명하다.

터를 종합적으로 해석하여 작품에 내재된 본질적인 의미를 찾고자 하였다.[5] 파노프스키에 따르면 도상학적으로 작품을 읽는 방법은 전도상학적(pre-iconographic) 단계, 도상학적(iconographic) 단계와 도상해석학적(iconology) 단계의 세 단계로 구분된다. 전도상학적 단계는 작품의 형식적인 요소에 중점을 두고 표현된 이미

부분: 〈아르놀피니 부부의 초상(Arnolfini Portrait)〉 중 작가의 서명, 거울 그리고 침대 모서리의 조각

---

5) 흔히 'Iconography'를 '도상학(圖像學)'으로, Iconology를 '도상해석학(圖像解釋學)'으로 번역하고 있다. (참조: 파노프스키(Erwin Panofsky) 저. 이한순 역. 2002. *도상해석학 연구(Studies in Iconology): 르네상스 미술에서의 인문주의적 주제들*. 시공사; 리파(Cesare Ripa) 저. 김은영 역. 2007. *이코놀로지아(Iconologia): 그림 속 비밀을 읽는 책*. 루비박스). 그러나 학문적 관점에서 보면 시각예술에서 사용된 상징, 주제, 소재의 의미를 식별하고 해석하여 작품의 주제를 찾으려는 학문인 'Iconology'를 '도상학(圖像學)'이라 부르고(참조: 진중권의 도상해석학 이야기. https://youtu.be/6B8R8CJqMwc 2019.10.28. 최종확인), 다양한 'Eikon'을 집대성하고 분류하여 미술가가 '기록하는 방식'이며 동시에 관람자가 이미지를 '해석하는' 방법으로, 서로 간에 이루어진 일종의 약속의 목록을 정리한 편람의 성격을 띠고 있는 분야인 'Iconography'를 도상해석학(圖像解釋學)으로 바꾸어 부르는 것이 조금 더 적절해보이기도 한다.

지를 보이는 형상 그대로 해석하는 단계이다. 도상학적 단계는 작품의 형식적인 요소가 표현하고자 하는 특정 주제나 개념을 이해하는 단계이며, 도상해석학 단계는 작품 속의 특정한 주제나 개념을 통해서 그 시대 사회의 보편성을 파악하는 단계이다. 파노프스키는 미술품이 시대의 문화적 함의를 담고 있는 기호이기 때문에 이러한 기호의 의미를 해석하는 것이 도상해석학이라고 주장하였다.

이 단계에 따라 아르놀피니의 작품에 표현되어 있는 인물과 사물을 살펴보자. 작품의 형상을 보이는 대로 기술하면 남자와 여자가 손을 잡고 서 있으며 그 사이에는 개가 있고, 침대가 놓여있는 실내에는 초가 켜져 있고 거울이 걸린 벽면에는 화가의 서명이 적혀 있다. 이런 점으로 보아 두 사람은 특별한 친밀한 관계인 것으로 보여지며, 특히 침대 옆에 서 있는 것으로 보아 부부인 듯하다.

작품을 당시의 관습과 이전의 사례에 따라 다시 살펴보면 두 사람은 확실하게 부부로 보여진다. 거울의 테두리에 동그랗게 그려진 10개의 그림은 예수가 골고다 언덕으로 십자가를 지고 올라갈 때 머물렀던 장소가 그려져 있는데, 이는 결혼 중에 일어날 수 있는 여러 고난을 상징한다고 해석한다. 또한 거울 옆의 묵주에는 경건한 신앙심으로 결혼생활의 어려움을 극복하기를 바라는 뜻이 담겨 있으며, 거울 자체는 이들을 지켜보리라는 신의 눈을 상징하며, 먼지 없이 깨끗한 거울 표면은 성녀 마리아의 순결함을, 충절이나 지조를 의미하는 동물인 개는 배우자에 대한 성실한 태도를 상징한다.[6] 붉은 색의 침대 모서리에 두 손을 모은 목조장식은 임신과 출산의 수호성자로 알려진 성녀 마르가리타(Saint Margaret)[7] 또는 주부의 수호성자인 성녀 마르타(Saint Martha)[8]상으로 보여진다.

이 모든 상징들과 함께 당시의 사회문화적 배경을 고려하여 종합적이고 직관적인 해석을 통해 작품에 내재된 의미를 파악해보면 이 그림은 두 사람의 결혼을 의미한다는 것이다. 당시에는 결혼이 성사되기 위해 2명의 증인이 있어야 했다는 점, 그 시대의 경향과 달리 화가가 굳이 자신이 그 자리에 있었다는 서명을 남겼다는 점, 등장인물인 남녀의 자세가 결혼을 의미하는 동작들로 구성되어 있고 그 외에도 결혼을 의미하는 많은 상징물들이 배치된 것을 볼 때 두 사람의 결혼을 의미한다는

6) Panofsky, E. 1953. *Early Netherlandish Painting, its Origins and Character*. Vol.1. Cambridge: Harvard University Press. pp.202–203.

7) Panofsky. *Op. cit.*

8) Harbison, C. 1991. *Jan van Eyck, The Play of Realism*. Reaktion Books, London. pp.36–37.

것이다. 그러나 그림 속 공간이 침대가 있는 방이라는 점, 화가의 서명 문구와 거울 속 모습이 화구를 들고 있지 않다는 점 등으로 유추해보면 결혼식이 아닌 결혼의 증거로써 이 그림을 그린 것으로 보인다는 것이다. 이를 종합하여 파노프스키는 이 작품을 결혼 서약을 공증한 기록으로 해석하였다.

곰브리치(E. H. Gombrich)는 도상해석학(Iconology)이 "전체적인 문화의 지평을 재구축하는 것이며 그렇기 때문에 단일한 텍스트(text)보다 많은 것을 포괄하는 것"이라 하였다. 즉 예술적 배경뿐만 아니라 사건의 맥락, 상황적 의미, 문화적 배경까지 모두 포함하는 컨텍스트(context) 개념을 의미한다고 하였다.[9)]

그러나 이 작품에 대한 기존의 해석을 혼란에 빠지게 한 사건이 벌어진다. 1997년 스코틀랜드의 미술학자인 캠벨(L. Campbell)이 아르놀피니 부부가 결혼한 연도가 1447년이라는 기록을 찾아냈기 때문이다.[10)] 그림 속에는 얀 반 에이크가 1434년이라는 제작 연도를 분명히 적었고 또한 화가는 1441년에 사망하였기 때문에 그 부부의 결혼을 화가가 작품으로 남겼다는 것은 시기적으로 부합하지 않았다. 이로 인해 작품 속 남자가 지오반니의 사촌동생인 니콜라오 아르놀피니(Nicolao Arnolfini)이며, 그의 첫 부인이 1433년에 세상을 떠났기 때문에 죽은 아내를 추모하기 위해 의뢰한 작품이라는 해석이 등장하기도 하였다.[11)] 다른 한편에서는 이 결혼이 정략결혼이기 때문에 성당이 아닌 자신의 저택에 있는 방 안에서 결혼식을 했으며, 화가가 그런 결혼에 대해 빈김으로 작품 속 남녀의 신발을 따로 배치하여 조롱한 것이라고 주장하기도 하였다.

얀 반 에이크가 무엇을 위해 가로 60센티미터 세로 82센티미터의 오크 화판에 많은 상징과 함께 자신의 서명을 남겼는지 그 수수께끼는 아직 명확하게 풀리지는 않았지만, 도상학적 해석이 작품의 진실을 이해하고자 하는 미술사적 방법론이란 점을 분명하게 각인시킨 작품이라 할 수 있다.

아르놀피니 부부의 초상과 마찬가지로 도상학적 논쟁의 대표적인 또다른 그림이 한스 홀바인(Hans Holbein)의 〈대사들(The Ambassadors)〉이 있다. 작품의 아

9) 곰브리치는 "단어에 관한 언어학의 역할처럼 궁극적으로 도상학이라는 학문이 이미지에 관한 역할을 하게 될 것이다…"라고 하였다. (Gombrich, E. H. 1987. *Reflections on the History of Art: Views and Reviews*, (ed.) Richard Woodfield. Oxford. p.246.)

10) Campbell, L. 1998. *The Fifteenth Century Netherlandish Paintings*. London: National Gallery.

11) 남자 머리 위의 촛불은 켜져 있고 여자 쪽의 촛불은 모두 꺼져 있다는 것을 그 증거로 내세운다.

〈대사들(The Ambassadors)〉 1533년. 한스 홀바인(Hans Holbein the Younger) 작. 런던 국립미술관(National Gallery, London) 소장

래쪽에 뜬금없이 비스듬하게 왜곡된 형태로 등장하는 해골 때문에 매우 유명한 작품으로, 등장인물이 과연 누구인지, 세속적인 복장과 종교적인 복장의 의미는 무엇인지, 그림 속에 등장하는 당시로서는 최신의 과학 기재들인 지구와 천체의 모형은 어떤 의미가 있는지, 루터교의 기도문과 줄이 끊어진 현악기 그리고 수학책은 왜 등장하는지에 관하여 많은 학자들이 흥미로운 논쟁을 벌였다.

결국 왼쪽에 화려한 털옷을 입고 있는 프랑스의 외교관인 장 드 댕뜨빌(Jean de Dinteville)의 의뢰로 친구인 조르주 드 셀브(Georges de Selves) 주교를 함께 그린 작품이라는 결론이 내려졌다. 작품 해석의 논쟁이 진행되어 가는 과정에서 그림이 그려질 당시의 시대상과 등장인물의 지위 등에 관한 많은 연구들이 이루어졌다. 근대 과학의 태동기에 사람들이 느낀 인간의 유한성과 인생의 허무함이라는 시대적인 공감대가 해골로 형상화되었으며, 댕뜨빌 역시 이런 사고에 심취되어 있었기에 이런 작품이 제작될 수 있었다는 해석이 공감을 얻고 있다.

이처럼 객관적으로 관찰된 그림 속에 보이는 실마리를 이용하여 작품의 실체적 진실을 파악하려는 노력을 회계 분야에서도 찾아볼 수 있다. 기업의 여러 가지 거래활동 중 리스(Lease)거래에 대한 회계처리가 그 중 하나이다. 리스는 임대인인 리스제공자(Lessor)가 일정기간 리스료를 받는 대가로 재산이나 재산의 사용권을 임차인인 리스이용자(Lessee)에게 이전하는 계약을 말한다. 일종의 임대차거래인 셈이다. 대학생들이 캠퍼스 내에서 전동킥보드를 빌리는 거래도 일종의 리스거래라고 할 수 있다. 이를 통해 학생들은 전동킥보드를 구입하고 관리해야 하는 번거로운 일을 피하면서도 캠퍼스 내의 여러 건물을 편하고 빠르게 오갈 수 있으며, 전동킥보드의 주인은 자신의 전동킥보드를 여러 사람에게 빌려주어 수익을 얻을 수 있다. 이때 전동킥보드는 빌리는 사람의 소유가 아니고 빌려주는 사람의 소유(자산)이다. 이렇듯 필요하긴 하지만 구입하기에는 관리 등의 비용 때문에 망설여지는 것들을 빌려주고 대가를 받는 것이 새로운 사업기회가 되었는데, 이것이 리스산업이다.

기업 간 거래에서는 빌려 쓰는 대상이 전동킥보드가 아니라 금액이 훨씬 큰 기계나 차량 또는 비행기가 될 수 있고 부동산이 될 수도 있다. 그것이 무엇이든 리스제공자의 소유이므로 리스이용자는 빌려 쓴 대가를 비용으로 처리하면 되는 간단한 거래라고 생각할 수도 있다. 그러나 이렇게 단순하게 처리하기에는 거래의 실체가 모호하고 복잡한 상황들이 현실에서 자주 발생한다. 만약 어떤 기업이 필요한 기계를 구입하려면 10억원이 있어야 하는데 구입자금이 여의치 않아서 빌려 쓰기로 하였다. 그런데 그 기계의 수명이 10년이고 임차계약기간이 10년이라면 이 거래를 어떻게 봐야 할까?[12] 리스이용자는 기계를 빌린 것일까 아니면 기계를 구입할 자금을 빌린 것일까? 또한 리스거래의 대상인 기계의 소유권을 생각해보자. 이 기계는 리스제공자의 자산일까 아니면 리스이용자의 자산일까?

이런 문제는 거래의 형식과 실질 내용이 일치하지 않기 때문에 발생한다. 만약

12) 이 예의 10년이라는 리스계약기간은 이해를 돕기 위한 것이며, 회계기준에서는 이 외에도 여러 가지 상황을 예시하고 있다.

기계의 임대차기간이 1년이라면 리스회사는 1년 뒤에 이 기계를 또다른 회사에게 임대를 할 것이다. 이는 명백하게 임대차거래이므로 우리가 고민할 상황은 아닐 것이다. 그러나 임대차계약의 기간이 기계가 정상적으로 작동할 수 있는 전체 기간과 거의 같다면 그 기계는 다시 누군가에게 임대되지 않을 것이라는 사실을 짐작할 수 있다. 즉, 리스이용자가 독점적 · 배타적으로 사용할 수 있는 자산이라는 의미가 된다. 그렇다면 리스이용자가 일정한 대가(리스료)를 정기적으로 지급하는 것 역시 기계의 구입자금을 리스회사에게 빌리고 그 자금과 이자를 꼬박꼬박 갚아 나가는 것으로 볼 수 있다. 이와 같은 경우 해당 거래는 단순하게 판단하기가 어려워진다. 거래의 형식은 임대차거래인데 그 내용을 따져보면 돈을 빌리고 빌려주는 금융거래가 포함되어 있기 때문이다.

회계는 이런 문제들에 대해 어떤 입장을 취하고 있을까? 아니 취해야 할까? 이에 대한 답을 찾기 위해서는 우리가 회계를 하는 목적부터 생각해보는 것이 합리적일 것이다. 회계의 목적은 정보이용자들에게 유용한 정보를 제공하는 것이며, 유용한 정보란 기업의 경제적 상황을 있는 그대로 보여주는 정보이다. 이 목적을 달성하기 위해서는 거래의 형식이 아니라 거래의 실질적인 내용에 따라 회계처리를 하는 것이 보다 바람직할 것이다. 편견이나 어떤 의도 없이 있는 그대로의 경제적 상황을 보여줄 수 있기 때문이다. 회계의 이런 원칙을 실질우선의 원칙(substance over form)이라고 한다.

회계기준에 따르면 리스계약은 거래의 내용을 살펴서 자금을 대여한 것으로 판단되면 금융리스로 회계처리를 하고, 자산을 빌려주는 실질적인 임대차 거래라면 운용리스로 처리하도록 하고 있다. 금융리스란 리스계약의 대상물을 리스이용자의 자산으로 처리하는 한편, 리스이용자가 앞으로 지불해야 하는 금액(리스료)을 부채로 기록하는 회계처리를 말한다. 리스이용자가 필요한 자산을 리스제공자의 자금으로 마련하였다는 것이 거래의 실체이기 때문이다. 리스제공자의 입장에서는 해당 자산의 구입자금과 그 자금에 대한 이자를 리스료라는 명목으로 받을 것이기 때문에 이 금액은 채권(받을 돈)으로 기록해야 하는 것이다.

이에 반해 리스제공자가 순전히 수익을 얻고자 자산을 빌려준 것이 거래의 실제 내용이라고 판단된다면 이 계약은 운용리스로 처리한다. 자산을 빌려준 임대차계약에서 리스계약의 대상물은 당연히 리스제공자의 자산이 되며 리스제공자가 받는 리스료는 자신의 수익이 된다. 리스이용자는 리스료를 지불하고 이를 비용으로 처

리하면 되는 것이다.[13)]

실질우선의 원칙은 리스의 회계처리뿐만 아니라 다른 회계처리에도 동일하게 적용되어야 하는 원칙이다. 거래의 형식만을 따져 회계처리를 하는 것은 마치 전도상학적 단계에서 작품을 이해하는 것과 같다. 즉, 작품의 실체나 의미에 대한 해석이 불충분할 수 있다는 의미이다. 관습적으로 적용되던 이미지의 상징적 의미뿐만 아니라 작품의 시대적 배경과 상황까지 조사하여 종합적으로 해석하고자 하는 도상해석학의 등장은 작품의 실체를 파악하고자 하는 열정의 결과물일 것이다. 그와 마찬가지로 거래의 형식에 따라 회계처리하던 관습에서 벗어나 거래의 실질적 내용을 분석하여 그 거래가 기업의 재무상태와 수익성에 미치는 영향을 반영하도록 회계처리를 하여야 한다는 것이 실질우선의 원칙이다.

실질우선의 원칙을 회계에 적용하면 회계보고서는 회사의 경영활동을 있는 그대로 보여주는 보다 객관적이고 유용한 정보를 제공할 수 있다. 물론 도상학적 접근이 미술작품을 이해하는 여러 방법 중 하나라는 점에서 볼 때 회계에서 실질우선의 원칙이 가지는 위상과 같지는 않겠지만, 작품의 실제 의미에 대한 이해도를 높이는 데 도상해석학이 기여하였듯이 실질우선의 원칙 또한 회계정보가 보다 유용한 정보가 될 수 있도록 하는 중요한 회계 개념이다.

그나저나 아르놀피니 부부의 결혼으로 알려진 이 작품을 얀 반 에이크가 그린 목적은 무엇일까? 궁금하기도 하지만 한편으로는 이렇게 신비롭게 해석되고 궁금한 부분이 남아 있는 편이 더 어울리는 것 같다는 생각이 들기도 한다. 예술이란 원래 모호하면서 신비한 매력을 갖고 있는 그런 분야니까…

13) 우리나라가 채택하여 적용하고 있는 국제회계기준(K-IFRS)에 따르면 리스이용자는 모든 리스거래를 금융리스로 회계처리해야 한다. 금융리스로 처리할 때 부채비율이 증가하는 등의 불리한 상황이 생기는 것을 피하기 위해 해당 거래가 운용리스로 해석될 수 있도록 리스계약의 내용을 조정하려는 의도를 원천적으로 방지하기 위한 것이다.

19

〈안개 바다 위의 여행자〉와 최고경영자

최고경영자는 기업의 모든 활동에 대하여 오롯이 최종적인 책임을 지는 사람이다. 이러한 책임은 기업의 재무상태와 생산, 물류, 인사, 마케팅 및 연구개발 등의 운영 성과에 대한 책임은 물론이고, 종업원의 복지와 지역사회에 대한 사회적 책임[1]까지 모두 포함한다.

이처럼 복합적이고 어려운 책임을 떠안은 경영자는 신중하게 의사결정을 하여야 한다. 미래의 경영환경이 어떻게 변화할지 예측하여야 하며, 기업조직이 동원할 수 있는 자원을 활용하여 기업을 어떻게 운영할지에 대한 중 · 장기계획을 수립하고 실행에 옮겨야 한다.

그러나 다른 관점에서 생각해보면 경영자는 자신이 맡은 과업을 즐기는 사람이기도 하다. 경영자는 기업의 미래에 관한 청사진을 그리고, 자신이 세운 계획이 성과로 나타날 때 성취감의 희열을 느끼게 된다.

독일의 낭만주의 화가인 프리드리히(Caspar David Friedrich)의 작품 〈안개 바다 위의 여행자(Der Wanderer über dem Nebelmeer)[2]〉는 산 위에 올라 자신 앞에 펼쳐진 풍경을 바라보는 남자의 뒷모습을 그리고 있다. 봉우리 위에 올라 등을 보이고 있는 주인공의 머리카락은 바람에 날리고 있으며, 지팡이를 짚고 한쪽 발을

---

1) 최고경영자에게 부여된 사회적 책임은 사회의 희소한 경제적 자원을 효율적으로 운영할 경제적 책임이 기본이다. 회계학적 관점에서는 한정된 자원을 활용하여 부가가치를 최대화함으로써 보다 풍요로운 사회건설에 기여하고 그 혜택을 사회구성원 및 이해관계자들과 공유하여야 한다(이중희 등. 2019. *K-IFRS 회계원리*. 경문사).

2) 독일어 Wanderer는 방랑자라는 뜻으로 많이 쓰이지만, 나그네, 도보 여행자, 여행가, 순례자라는 의미로도 사용된다(허형근, 서울대 독일학연구소. 2017. *엣센스 독한사전*. 민중서림).

〈안개 바다 위의 여행자(Der Wanderer über dem Nebelmeer)〉 1818년. 프리드리히(Caspar David Friedrich) 작. 함부르크 미술관(The Hamburger Kunsthalle) 소장

내디딘 채로 눈 앞으로 펼쳐진 풍경[3]을 바라보고 있다. 그의 눈 앞에는 바위로 이루어진 봉우리가 중간에 삐죽삐죽 솟아있고[4] 멀리 연이어 있는 높은 산들이 보인다. 프리드리히는 이 봉우리와 산들 사이를 안개로 채워 넣었다. 이 안개는 멀리 보이는 풍경에 다다르면 지평선도 구분할 수 없도록 만든다. 급기야 안개 때문에 하늘과의 구분도 분명하지 않게 된다. 그림 속의 남자는 홀로 선 채 눈 앞에 있는 안개 바다와 연이은 봉우리를 보며 도대체 무슨 생각을 하고 있을까?

기업의 경영환경은 늘 불확실하다. 산업 내·외에서 경쟁은 치열해져가고, 정치·사회적 요소는 불확실성을 증가시킨다. 경영자는 이러한 불확실성 하에서 조직을 이끌어 목표를 달성하고 성과를 이루어내야 한다. 프리드리히의 작품에 등장하는 주인공이 응시하는 안개 바다는 불확실한 미래의 상징이다.[5] 바위 위에 홀로 서서 이 안개 바다를 바라보는 남자는 불확실한 미래에 어떻게 대처할 것인지를 머릿속에 구상하고 있다.[6] 저 멀리 보이는 봉우리를 목표로 하여 그곳에 어떻게 도달할 것인가를 가늠하고 있다. 그러기 위해서는 중간에 삐죽삐죽 솟아나온 산등성이와 봉우리들은 물론 안개 바다에 가려져 잘 보이지 않는 지형지물까지 파악해내야 한다.

프리드리히의 이 작품에서 높은 곳에 올라 전체를 조망하는 주인공의 모습과 미래 환경에 대한 예측을 하고 이를 바탕으로 활동계획을 세우는 최고경영자의 모습이 겹쳐 보인다. 최고경영자는 계획–실행–통제의 과정[7]을 거쳐 조직의 목표를 달성하기 위하여 인적·물적자원을 활용한다. 최선의 의사결정을 통해 멀리 떨어진

3) 프리드리히의 그림에 등장하는 지역은 독일 작센(Saxony)주와 체코의 북 보헤미안(North Bohemian) 지역에 걸쳐 있는 엘베 샌드스톤(Elbe Sandstone) 고원지대이다. 그림에서 멀리 오른쪽에 보이는 고원은 지르켈스타인(Zirkelstein)이고, 멀리 왼쪽에 보이는 것은 로젠베르그(Rosenberg) 또는 칼텐베르그(Kaltenberg)라고 알려져 있다. 그림의 주인공이 서 있는 곳은 카이저크로네(Kaiserkrone) 고원이라고 한다(Hoch, KarlLudwig. 1987. *Caspar David Friedrich und die böhmischen Berge*. Dresden: Kohlhammer. p.215).

4) Gorra, M. E. 2004. *The Bells in Their Silence: Travels Through Germany*. Princeton University Press. pp.11–12.

5) Dembo, R. S. and Freeman, A. January 19, 2001. *The Rules of Risk: A Guide for Investors*. Wiley. p.10.

6) 프리드리히는 1918년 1월에 결혼하였다(Vaughan, W. 1980. *German Romantic Painting*. New Haven: Yale University Press). 1918년 완성된 이 작품은 프리드리히가 결혼을 전후하여 미래의 불확실성에 대한 자신의 내면을 그린 작품일 수도 있다.

7) 박무현 등. 2015. *원가관리회계의 이해.* 도서출판 청람.

〈파도(Wave, Волна)〉 1889년 이반 아이바조브스키(Ivan Aivazovsky, АйвазовскийИ.К) 작. 국립 러시아 미술관(State Russian Museum, Saint Petersburg) 소장

봉우리까지 도달하기 위한 가장 효율적인 방법을 찾아내려는 여행자처럼 최고경영자도 설정된 목표를 향해 조직구성원들과 함께 동반여행을 하는 것이다. 혼자 떠나는 여행이 아니라 조직구성원들과 함께 목표에 도달하기 위해서라면 단기적으로 도달해야 하는 중간지점들을 설정하고 어떤 경로를 이용하여 중간지점들을 거친 후 최종 목적지에 도달할지 미리 계획을 세워야 한다. 또한 목적지에 도달하기 위해 필요한 인적 · 물적자원이 무엇인지 가늠해보아야 한다. 이러한 자원을 언제 어떻게 동원하고 활용하여 최종 목표에 도달할지에 대한 계획을 세운 후 실행에 옮겨야 한다. 실행 과정은 잘 통제되어야 하고, 목표를 달성한 후에는 과정을 돌아보고 결과에 대한 냉철한 평가가 있어야 한다. 이러한 평가는 자신과 구성원들에 대한 보상에 활용될 뿐만 아니라 다음 번 여행에 활용할 수 있는 소중한 경험이 되기 때문이다.

만일 이러한 과정이 잘못 되면 돌이킬 수 없는 부정적인 결과를 초래할 수도 있다. 즉 예측이 잘못되거나 활동계획을 실행하는 과정에서 실수가 발생하거나, 또는 활동에 대한 통제가 이루어지지 못하면 최고경영자는 자신이 책임지고 있는 조직과 함께 망망대해에서 표류하게 된다. 최악의 경우에는 아이바조브스키(Ivan Aivazovsky)의 작품 〈파도(Wave, Волна)〉에 등장하는 난파선과 같이 될 것이다.

아이바조브스키의 작품 〈파도〉에는 산더미만한 파도가 연이어 덮쳐오는 것을 볼 수 있다. 오른쪽 아래에는 이미 선체가 물 속으로 가라앉아 돛대만 보이는 배가 있다. 몇몇 선원들은 살아남기 위하여 필사적으로 돛대 위쪽으로 기어 올라가고 있다. 그 옆의 사선 방향 아래쪽으로는 배에서 탈출한 선원들이 조각배에 타고 있다. 그러나 너무 많은 인원들이 작은 배에 타고 있을 뿐 아니라, 아직도 여러 선원들이 기를 쓰고 올라타려는 바람에 배는 한쪽으로 기울어 있다. 곧 이 조각배도 침몰할 것으로 보인다. 더 오른쪽에는 이미 희생자가 보이고, 몇몇 살아남은 사람들이 커다란 나무 기둥 위에 오르고 있다. 이 어려운 상황에서도 다른 사람을 도와주고 있는 모습도 보인다. 그러나 화면 안에 해나 달이 보이지 않는 것으로 보아 거친 날씨는 곧 끝날 것 같지도 않은 절망적 상황이다.

이 난파선의 최고경영자인 선장은 거친 바다에 나서면서 큰 실수를 저질렀다. 가장 큰 실수는 무시무시한 파도가 덮쳐오는 바다의 심각성을 예측하지 못한 것이다. 배를 많이 타본 선장의 자신감 때문일 수도 있고, 일정의 급박함 때문에 서둘렀기 때문일 수도 있다. 그러나 선장은 경험이 많을수록 좀 더 정확하게 항로상에 있는 바다의 환경을 예측했어야 했다. 선장의 두 번째 실수는 충분한 가용자원이 없이 바다에 나선 것이다. 어차피 바다는 거칠고 파도가 높은 것이 일상적이라면 거친 환경을 극복할만큼 충분한 준비를 하였어야 했다. 충분히 큰 배와 능숙한 선원, 주의 깊은 경계심 등이 있었다면 힘들지만 파도를 넘을 가능성이 더 높아졌을 것이다.

이처럼 불확실한 상황에서 최고경영자가 목표지점까지 성공적으로 도달할 수 있도록 옆에서 도와줄 최고의 동반자는 올바른 의사결정을 할 수 있도록 정확한 정보를 제공해주는 조력자이다. 기업의 경우 이러한 조력자가 바로 회계전문가이다. 왜냐하면 회계전문가는 기업 내의 현금흐름을 비롯한 모든 보유자원의 현황과 동원 가능성을 잘 파악하고 있기 때문이다. 또한 각 부문의 성과를 요약하여 전달하고, 미래의 투자의사결정에 필요한 정보를 수집하여 최고경영자에게 보고하는 임무를 맡고 있기 때문이다. 그러므로 본연의 임무에 충실한 회계전문가와 최고경영자는 훌륭한 팀이 되어 안개 바다로 가득 찬 세상을 함께 여행할 수 있다.

최고경영자가 동반자와 함께 여행하는 모습은 프리드리히의 또다른 작품 〈달을 보며 생각에 잠긴 두 남자(Two Men Contemplating the Moon)〉에서 볼 수 있다. 안개 바다가 자욱한 산봉우리에 올라 목표지점을 살폈던 최고경영자는 이제 동반자와 함께 길을 가고 있다. 한 사람이 다른 사람의 어깨에 팔을 걸치고 있는 모습으

〈달을 보며 생각에 잠긴 두 남자(Two Men Contemplating the Moon)〉 1825~1830년. 프리드리히(Caspar David Friedrich) 작. 뉴욕 메트로폴리탄 미술관(Metropolitan Museum of Art, NY) 소장

로 보아 두 사람은 서로 친밀한 사이로 보인다. 둘 사이에는 어느 정도의 신뢰가 쌓인 듯한 모습이다. 지금 두 사람은 지나온 여정을 반추하고, 달을 보면서 앞으로 남은 길을 가늠하고 있다. 그림 한 가운데에 보이는 초승달은 점점 차올라 보름달이 되어갈 것이고, 이 두 사람이 남은 길을 가는 동안 더욱 밝게 비출 것이다. 그림의 색조는 전반적으로 밝아서 두 동반자가 서로 협조하면서 목표를 잘 달성하리라는 긍정적인 추측을 할 수 있게 한다.

프리드리히의 작품 〈안개 바다 위의 여행자〉가 대자연 속에서 자신이 가야 할 길을 가늠하는 최고영영자의 이미지를 보여준다면 까이유보트(Gustave Caillebotte)의 그림에서는 대조적으로 도시적인 분위기에서 사색에 빠져 있는 경영자를 묘사하고 있다.

〈창가에 서 있는 젊은이(Jeune Homme à la Fenêtre)〉 1875년. 카이유보트(Gustave Caillebotte) 작. 개인 소장

그림 속의 주인공은 자신의 집무실에서 창문을 열어놓은 채 바깥을 내다보고 있다. 동반자와 함께 성공적으로 여정을 마치고 목적지에 도착한 최고경영자의 자신감과 자부심이 느껴지는 듯하다. 자신이 헤쳐온 불확실성의 바다를 머릿속으로 되새겨보면서 "내가 여기까지 성공적으로 왔구나!" 하면서 자신이 이루어놓은 성취에 뿌듯해 하고 성공의 여운을 즐기고 있는 중일 수도 있다. 온갖 불확실성이 안개처럼 자욱하던 경영환경 속에서 어떻게 헤쳐나올 수 있었는지를 반추하고 있다. 주요 성공 요인(key success factor)과 위기의 순간을 되돌아보며 그 원인을 분석하여 다음 프로젝트에 도전하기 위해 숨을 고르고 있는 듯하다.

어쩌면 창문 밖에서 들어오는 공기를 느끼며 머릿속으로는 당면한 또다른 문제를 해결하기 위해 골똘하게 생각하고 있을 수도 있다. 이번에는 도시의 복잡한 환경이 경영환경을 대변하고 있다. 즉, 주변의 건물과 건물 뒤로 숨겨진 도로를 잘 파악하고 또다른 목적지에 도달하기 위한 경로와 수단을 점검해야 한다. 창문을 열어놓은 것은 바깥의 분위기를 더욱 정확히 파악하기 위함일 것이다. 주인공은 앞으로의 경영계획을 실행에 옮길 방안을 그리고 있을 것이다.

최고경영자는 프리드리히와 까이유보트의 작품에 등장하는 주인공과 같이 설정한 목표를 달성하기 위하여 미리 예측하고 계획을 세워야 한다. 따라서 경영활동을 실행하기 전에 신중하게 심사숙고하는 것이 필요하다. 다른 한편으로 복잡하고 변화와 경쟁이 일상화되어 있는 실제 산업현장에서는 우유부단함보다는 빠른 결단과 행동이 더 필요한 경우도 많다. 그리스 · 로마신화에 등장하는 프로메테우스(Prometheus)와 같이 심사숙고하는 성향과 그의 동생인 에피메테우스(Epimetheus)와 같이 과감한 실행능력이 균형을 이루어야 한다.[8)]

신화에 따르면 거인족인 에피메테우스는 신들이 만든 이 땅의 생물들에게 선물을 나누어주는 임무를 맡았다. 자신이 가진 선물을 미리 계획적으로 잘 배분하지 못한 에피메테우스는 선물이 동나서 더 이상 사람들에게 줄 선물이 없게 되었다. 동생의 고민을 들은 프로메테우스는 인간에게 보다 의미 있는 선물을 주기로 하였다. 프로메테우스는 제우스 몰래 불을 훔쳐 인간에게 불을 선물하기로 하고 계획을

8) 프로메테우스(Prometheus)는 '미리 생각한다(forethought)'는 말의 어원이고, 그의 동생 에피메테우스(Epimetheus)는 '나중에 생각한다(afterthought)'는 말의 어원이 된다. 프롤로그(prologue)와 에필로그(epilogue)도 여기서 파생된 말이다(Smith, W. 2014. *Dictionary of Greek and Roman Biography and Mythology.* Amazon Digital Services LLC.).

〈계획의 장점과 단점을 토의하고 있는 프로메테우스와 에피메테우스 형제(The brothers discuss pros and cons. Prometheus and Epimetheus)〉 벽화

세워 실행에 옮겼다. 그러나 결국 제우스에게 잡힌 프로메테우스는 매일 독수리에게 간을 쪼아먹히는 벌을 받게 되었다. 프로메테우스는 이러한 상황마저 미리 예측하였지만 이를 감수하고 불을 훔친 것이다.

조직구성원들의 리더인 최고경영자가 항상 큰 보상을 받고 성취감을 느끼는 것은 아니다. 때로는 자신이 통제할 수 없는 외부의 환경 때문에 최선의 노력을 해도 노력한 만큼 성과를 이루기는커녕 최악의 결과를 맞이할 수도 있다. 그럼에도 불구하고 최고경영자는 목표를 성취하기 위한 도전을 멈추지 않는 사람들이다. 이것은 최고경영자가 가진 가장 큰 장점이다. 그리고 여기에 더해 프로메테우스처럼 일의 결과를 잘 예측하고 자신이 한 일에 대한 결과에 책임을 지는 자세 역시 최고경영자가 갖추어야 할 또다른 덕목이기도 하다.

소포클레스(Sophocles)의 비극에 등장하는 오이디푸스(Oedipus) 역시 가혹한 운명의 희생자였다. 그는 자신의 아버지를 죽이고 어머니와 결혼하게 될 것이라는 신탁을 받고 비극적 운명을 피하기 위하여 가족과 고향을 떠나는 과감한 결정을 하였다. 스핑크스(Sphinx)와 목숨을 건 한판 승부를 걸고 승리를 거둔 오이디푸스는 테베의 왕이 되고 훌륭하고 공정한 지도자가 되기 위하여 최선을 다하였다. 그러나 오이디푸스는 자신이 모든 불행한 사태의 한가운데 있는 주인공이 되었음을 알게

〈스핑크스에게 수수께끼의 답을 설명하는 오이디푸스(Oedipus explains the riddle of the Sphinx)〉 1805년. 엥그르(Jean Auguste Dominique Ingres) 작. 루브르 미술관(Musée du Louvre) 소장

되고, 책임을 지기 위해 왕위를 내려놓고 스스로 두 눈을 찌른 뒤 테베를 떠났다.

신탁이 예언한 대로 끔찍한 운명의 주인공이 되는 것을 피하지는 못하였지만, 오이디푸스는 자신이 처한 상황을 피하지 않고 끊임없이 운명에 도전하였다. 우리는 그에게서 자신의 운명에 대한 도전정신, 어려움을 헤쳐나가는 지혜, 그리고 결과에 대한 책임감을 배우게 된다. 최고경영자가 갖추어야 할 덕목 역시 이와 다르지 않을 것이다.

20 〈가지 않은 길〉과 의사결정

프로스트(Robert Lee Frost)는 전원의 풍경을 일상적인 대화를 하듯이 표현한 시인이다. 그는 전원생활을 현실적으로 묘사하고 평이한 미국식 문체를 구사한 것으로 잘 알려져 있다. 특히, 미국 동북부의 뉴잉글랜드 지방에서의 생활을 주제로 삼아 당시의 복잡한 사회적 · 철학적 문제를 다루는 글을 많이 썼다. 이러한 프로스트는 스티븐스(Wallace Stevens)와 엘리엇(Thomas Stearns Eliot)과 함께 당대의 가장 뛰어난 미국의 시인으로 꼽힌다.[1] 개인적으로 많은 아픔을 겪은[2] 그는 자신의 다양한 경험을 시 속에 녹여 내었다. 〈가지 않은 길(The Road Not Taken)〉은 프로스트

---

1) Jarrell, R. 1999. Fifty Years of American Poetry. *No Other Book: Selected Essays*. HarperCollins. New York.

2) 프로스트가 11세가 되었을 때 아버지가 폐결핵으로 돌아가셨다. 남겨진 유산은 겨우 8달러 뿐이었다. 15년 후인 1900년에는 프로스트의 어머니도 암으로 돌아가셨다. 또 정신이 온전치 않은 여동생을 1920년에 정신병원에 입원시켜야 했고, 여동생은 정신병원에서 9년을 지내다 세상을 떠났다. 여동생을 괴롭혔던 정신병은 아마도 프로스트의 집안의 유전인자인 것으로 추정된다. 프로스트와 그의 어머니가 우울증을 앓았고, 프로스트의 딸도 1947년에 정신병원에 입원했어야 했다. 그런데 프로스트의 부인인 엘리노어(Elinor)까지 우울증으로 치료를 받아야 했다. 엘리노어와 로버트 프로스트 사이에는 여섯 자녀가 있었는데, 이들의 생도 순탄하지 않았다. 아들 엘리엇(Elliot)은 콜레라에 걸려 4살 때 사망하였고, 또다른 아들인 캐롤(Carol)은 38세 때 자살하였다. 딸인 마조리(Marjorie)는 태어나자마자 산욕열 때문에 그 후유증으로 고생하다 29세에 사망하였다. 또 다른 딸 엘리노어 베티나(Elinor Bettina)는 1907년에 태어난지 하루만에 사망하였다. 나머지 두 딸인 레슬리(Lesley Frost Ballantine)와 어마(Irma)만이 아버지보다 오래 살았다. 프로스트의 부인은 심장이 약하여 평생 고생하다가 1937년에 유방암이 발병하였고 다음 해에 심장마비로 사망하였다(Frost, R. 1995. Collected Poems, Prose, & Plays. R. Poirier and M. Richardson (eds.). *The Library of America*. 81. New York: Library of America).

의 시 중에 우리들에게 익히 잘 알려진 작품 중 하나이다.

프로스트의 다른 시처럼 〈가지 않은 길〉도 평범한 일상을 중얼거리듯 담담하게 표현하고 있다. 그러나 얼핏 단순하게 보이는 이 작품에서 프로스트는 회계전문가들이 늘 마주치는 의사결정의 본질적인 원리를 잘 설명하고 있다. 작가는 갈림길에서서 어느 길로 갈 것인가에 대한 의사결정을 누구보다도 철저하게 분석하였다. 의사결정의 원칙과 실행, 결과의 수용까지 프로스트의 시 한 편에 녹아들어 있다. 그럼에도 불구하고 작가는 이 모든 것을 아무 일도 아닌 것처럼 차분하게 설명하고 있다.

네덜란드의 화가인 헤이덴(Jan van der Heyden)의 작품 〈숲 속의 갈림길(Crossroad in a Wood)〉도 프로스트의 시처럼 길을 가는 사람들의 모습을 무심한 듯 담고 있다. 숲과 마을의 경계인 듯한 곳에 있는 갈림길에서 등장인물들은 만나기도 하고 반대로 멀어져 가기도 한다. 왼쪽에 허리가 구부정한 노인은 무거운 짐을 지고 지팡이를 짚고 있다. 그 앞에는 부부인 듯 보이는 두 사람이 담소하며 걷고 있고, 붉은 망토를 걸친 채 이제 막 마을로 들어서는 나그네도 보인다. 한 아이는 업고 다른 아이는 걸리면서 가는 엄마는 힘겨워 보인다. 반대편에서 사냥을 마치고 돌아오는 듯한 높은 양반이 말을 타고 일행과 함께 마을로 돌아오고 있다. 그 뒤로는 가축 떼를 몰고 멀어져 가는 목동의 모습도 보인다. 가장 오른쪽에는 물에서 무언가를 건져 올리는 여인과 이를 뒤에서 바라보는 여인이 보인다. 다리 위에서 낚싯대를 드리운 채 여유를 갖기도 하고, 그 옆에서 낚시꾼과 대화를 나누기도 한다. 등장인물들은 갈림길에서 익숙한 듯 자기들의 길을 가고 있는 듯 그려져 있지만, 목적지에 다다르기 위해서는 갈림길에서 방향을 잘 잡아야 한다. 목적지에 도착해서 해야 할 일이 있을 수도 있고, 또 다른 결정이 이들을 기다리고 있을 수도 있다.

사람은 일생 동안 수많은 의사결정을 내리게 된다. 의사결정이란 미래에 취할 수 있는 여러 행동 중 가장 선호하는 행동을 선택하는 과정이다.[3] 이러한 의사결정은 아침에 깨어났을 때 바로 눈을 뜰 것인가, 어떤 옷을 입을 것인가, 또 어떤 교통편을 이용할 것인가와 같은 일상적인 의사결정도 있지만, 어떤 주식을 살 것인가 또는 어느 공급업자의 제안을 선택할 것인가와 같은 심각한 의사결정도 있다.

---

3) Barnard, C. and H. A. Simon. 1947. *Administrative Behavior: A Study of Decision-making Processes in Administrative Organization*. Macmillan, New York.

〈숲 속의 갈림길(Crossroad in a Wood)〉 1660년. 얀 반 데르 헤이덴(Jan van der Heyden) 작. 티센 보르네미사 미술관(Museo Nacional Thyssen-Bornemisza, Madrid, Spain) 소장

The Road Not Taken

by Robert Frost

Two roads diverged in a yellow wood,
And sorry I could not travel both
And be one traveller, long I stood
And looked down one as far as I could
To where it bent in the undergrowth;

Then took the other, as just as fair,
And having perhaps the better claim,
Because it was grassy and wanted wear;
Though as for that the passing there
Had worn them really about the same,

And both that morning equally lay
In leaves no step had trodden black.
Oh, I kept the first for another day!
Yet knowing how way leads on to way,
I doubted if I should ever come back.

I shall be telling this with a sigh
Somewhere ages and ages hence:
Two roads diverged in a wood, and I —
I took the one less traveled by,
And that has made all the difference.

가지 않은 길

로버트 프로스트

노란 숲 속에 두 갈래 길이 나 있었다네.
두 길 모두 걸을 수 없음을 아쉬워하며
홀로 오랫동안 서서 한 길을 내려다보았네.
저 멀리 덤불 속으로 굽은 길이
더이상 보이지 않을 때까지 눈길 보낸 채.

그러다 똑 같이 아름다운 다른 길을 선택했다네.
그 길엔 밟힌 자국도 없이 풀이 자라고 있어
사람의 발길을 기다리고 있다는 생각에서.
하기야 그 길을 갔더라면
어차피 밟힌 자국이야 엇비슷했을 것이겠지만.

게다가 그 날 아침엔 두 길 모두 똑 같이
밟힌 자국이라곤 없는 나뭇잎들로 덮여 있었다네.
아, 다음을 위해 나는 첫 길을 남겨두었다네!
길은 길로 이어지기 마련임을 알지만
언젠가 돌아올 날을 기약할 수는 없었다네.

먼 훗날 어디에선가 나는 한숨 지으며
두고두고 그때 그 일을 이야기하겠지.
숲 속에 두 갈래 길이 나 있었고, 난 —
나는 인적이 드문 길을 선택했다네.
그리고 내 인생은 온통 달라졌다네!

다시 프로스트의 〈가지 않은 길〉을 살펴보자. 헤이덴의 작품에서 등장인물들이 이미 가야 할 길을 아는 것처럼 보이는 것과는 달리 프로스트의 시에서는 주인공이 어느 길로 갈 것인가를 결정하는 과정을 풀어주고 있다. 갈림길에서 보이는 모든 길을 다 걸을 수 없기 때문에 한 길을 선택하고 다른 길은 포기하여야 한다. 선택을 하기 위하여 프로스트는 한쪽 길이 굽어져서 더 이상 보이지 않을 때까지 살펴보았다. 길에 대한 정보를 수집한 것이다. 먼저 살펴본 굽은 길이 아름다운 길이었지만 다른 길도 똑같이 예쁘다고 생각하였다. 따라서 '아름다운(fair) 길'이라는 기준은 선택에 영향을 미치지 않았다. 프로스트의 선택에 영향을 미친 기준은 '다른 사람들이 가지 않은 길'이었다. 그 길은 사람의 인적이 없어 자기를 초대하고 있다고 생각했다. 자신이 가지 않은 모든 길들도 다 이어져 있을 것이라고 스스로 위로는 하지만 자신의 선택 때문에 인생이 달라졌다고 한다. 프로스트는 갈림길에 서서 자기 앞에 놓인 길들을 살펴보았고, 자기만의 기준으로 선택을 하였으며 그 선택의 결과를 담담하게 받아들이고 있다.

의사결정자는 프로스트와 같이 대안의 탐색과 선택, 실행 과정 및 결과의 수용이라는 의사결정의 모든 과정에 대한 합리적인 태도를 견지하여야 한다. 그러나 인간은 제한된 합리성(bounded rationality)[4]의 제약을 받기 때문에 의사결정을 내리면서 모든 요소를 다 고려하여 가장 훌륭한 선택을 하는 것은 매우 어려운 일이다. 기업의 경영자도 마찬가지이다. 불확실한 경영환경 속에서 미래에 대한 최선의 예측을 하고, 일정한 선택기준에 따라 판단하고 대안을 선택하여 실행에 옮기기 위해 노력하지만 경영자도 여러 가지 함정[5]에 빠질 수 있다.

이러한 함정에 빠지지 않기 위해서는 의사결정의 단계를 '문제의 인지 단계', '해결 대안을 탐색하는 단계', '대안을 평가하고 선택하는 단계', '선택된 대안을 실행

4) 노벨 경제학상 수상자인 사이몬(Herbert A. Simon)은 대부분의 사람들이 복잡한 문제를 해결하기 위하여 정보를 처리할 때 경제학적으로 합리적 인간(homo economicus)이 아닌 제한적으로 합리적인 인간이라고 하였다. 그 이유는 인간의 정보처리 및 전달능력이 인지적으로 완벽하지 못하기 때문이다. 따라서 인간은 완벽함을 추구하기보다는 희생과 만족(satisficing)을 추구한다(참조: Simon, H. A. 1957. *Models of Man: Social and Rational–Mathematical Essays on Rational Human Behavior in a Social Setting*. Wiley; Newell, A. and H. A. Simon. 1972. *Human Problem Solving*. Prentice–Hall).

5) 의사결정과정에서 인간이 빠질 수 있는 여러 함정을 오류 또는 편향이라고 하는데, 확증편향(confirmation bias)이 대표적이다(안서원, 안광호. *행동적 의사결정론*. 2015. 법문사).

〈파리스의 판단(Juicio de Paris)〉 1485~1488년. 산드로 보티첼리(Sandro Botticelli) 작. 베니스의 치니 재단(Collezione Vittorio Cini, Venice) 소장

하는 단계'로 나누어[6] 합리적으로 진행하는 것이 일반적이다. 이 과정에서 가장 중요한 것은 '문제의 인지 단계'이다. 그 이유는, 첫째 문제를 인지하지 못하면 의사결정의 다음 단계로 진행하지 못하기 때문이다. 문제가 없다고 인지하면 세상은 편안하다고 느낄 것이고 변화를 모색할 필요가 없을 것이다. 둘째, 문제를 어떻게 인지하는가에 따라 다음 단계인 대안의 탐색이 달라진다. 같은 상황을 어떠한 틀[7]에 따

6) 사이몬(Herbert A. Simon)의 의사결정 단계에 맞추어 개발한 모형은 여러 곳에서 제시되고 있다(참조: 김상수, 김영천. 2011. *창의적 문제해결과 의사결정*. 도서출판 청람. p.15).

7) 프로스펙트 이론(Prospect Theory)에 따르면, 의사결정자는 상황을 틀(frame)에 따라 편집하여 인지하며, 대안의 평가와 선택이 달라질 수 있다. 이러한 현상을 '틀효과(framing effect)'라고 한다(Tversky, A. and D. Kahneman. 1981. The framing of decisions and the psychology of choice. *Science*. 211. pp.453-458).

라 인지하는가에 따라 전혀 다른 해결방안을 모색할 수도 있다. 또한 탐색된 대안을 평가할 때에는 회계에서 가장 일반적으로 사용하는 원가/효익분석(cost/benefit analysis)이 유용하게 쓰인다.

우리에게 잘 알려져 있는 트로이전쟁(Trojan War)[8]의 발단이 된 파리스(Paris) 왕자의 선택을 예로 들어보자. 신 중의 왕인 제우스가 펠레우스(Peleus)와 테티스(Thetis)[9]의 결혼을 축하하기 위하여 헤스페리데스(Hesperides)[10]의 정원에서 축하연회를 열었다. 그런데 이 연회에 초대받지 못해 화가 난 불화의 여신 에리스(Eris)가 황금사과를 들고 나타난다. 에리스는 가장 아름다운 여신이 황금사과를 가질 자

8) 트로이전쟁에 관한 기록은 여러 곳에서 나타나지만, 가장 유명한 것은 역시 호머(Homer)의 서사시인 일리아드(the Iliad)와 오디세이(the Odyssey)이다(Wood, M. 1998. *In Search of the Trojan War*. University of California Press).

9) 이 둘은 후일 그리스의 명장이며 트로이의 멸망에 결정적 역할을 하는 아킬레스(Achilles)의 부모가 된다.

10) 헤스페리데스(Hesperides)는 금빛 석양과 밤의 요정이다.

격이 있다며 내어 놓는다. 이 사과를 차지하기 위해 세 여신이 다툼을 벌인다. 바로 헤라(Hera)와 아테나(Athena) 그리고 아프로디테(Aphrodite)이다. 이들은 제우스에게 셋 중 누가 가장 아름다운지 판정해 달라고 한다. 그러나 제우스는 이 결정을 트로이에 있는 파리스(Paris)가 내리도록 명령을 내린다.

세 여신은 전령의 신인 헤르메스(Hermes)를 앞세워 이다 산(Ida Mountain)에서 목동 노릇을 하고 있는 트로이 왕 프리암(Priam)의 둘째 아들 파리스를 찾아 제우스의 명령을 전한다. 보티첼리(Sandro Botticelli)의 작품 〈파리스의 판단(Juicio de Paris)〉은 세 여신이 황금사과를 들고 앞서거니 뒤서거니 하면서 파리스를 찾아가 판단을 구하는 장면을 묘사하고 있다. 이 그림에서 전령의 신 헤르메스는 보이지 않는다. 그러나 그림의 왼쪽에 소와 양 그리고 이들을 지키기 위한 개들을 보여줌으로써 파리스가 목동임을 보여주고 있다. 또한 멀리 뒤편에 보이는 번화한 항구도시는 트로이임을 알 수 있다.

세 여신은 파리스에게 자신을 고르도록 인센티브를 제시한다. 제우스의 부인인 헤라는 막강한 권력을 이용하여 파리스를 유럽과 아시아의 왕으로 만들어 주겠다고 제안한다. 전쟁의 여신 아테나는 지혜와 전쟁의 기술을 전수해주겠다고 하였다. 마지막으로 아프로디테는 인간세상에서 가장 아름다운 여인을 구해주겠다고 제안하였다.

파리스는 아프로디테의 달콤한 유혹에 이끌려 아프로디테에게 황금사과를 건네준다. 보티첼리의 작품에서 파리스에게 한 걸음 다가서며 황금사과를 향해 손을 뻗는 여신이 아프로디테일 것이다. 아프로디테는 약속한대로 가장 아름다운 여인인 헬레네(Helene)를 설득한다. 헬레네는 그리스의 도시국가인 스파르타의 왕 메넬라우스(Menelaus)의 부인이었지만, 아프로디테의 설득에 넘어가 파리스와 함께 트로이로 향한다. 이 일은 메넬라우스를 비롯한 그리스인들에게 동맹을 결성하여 트로이를 침공할 정당한 구실을 주었다. 결과적으로 트로이는 멸망하고, 파리스의 가족은 물론 수많은 시민들이 약 10년간 전쟁의 참화에 휘말려 많은 생명을 잃는 비극이 일어난다.

파리스는 도대체 왜 그러한 선택을 하였던 것일까? 만일 다른 선택을 하였다면 어떻게 되었을까? 아니면 제우스처럼 선택을 하지 않고 다른 사람 또는 신에게 미루었다면 어찌 되었을까?

앞에서 설명한 것처럼 파리스는 의사결정의 여러 단계에서 치명적인 실수를 저지른 것을 알 수 있다. 첫째는 문제의 인지 과정이다. 파리스는 제우스의 명에 따라 "세 여신 중 누가 가장 아름다운가?"를 판정하는 문제를 풀어야 했다. 제우스의 명령이기도 하였지만, 그는 당연히 해결책을 제시해야 하는 것으로 인지하였을 것이다. 제우스는 왜 스스로 판단을 내리지 않고, 핑계를 대어 파리스에게 판단을 미루었을까를 한번쯤 생각해보았다면, 그리고 파리스가 이 문제를 조금만 더 깊이 생각해보았다면, 이 문제가 '아름다운' 여신을 선정하는 단순한 문제가 아니라는 것을 알아차렸을 것이다. 파리스는 제우스가 제시한 틀이 아닌 다른 틀을 사용하여 이 문제의 구조를 파악하였어야 한다.

둘째는 선택 대안의 결과를 미리 예측하여 각 대안별로 원가/효익분석을 하지 않았다. 선택을 미루었을 경우와 선택을 했을 경우, 또 선택을 하더라도 세 여신별로 원가/효익분석을 해보았더라면 어떠하였을까? 세 여신이 각각 제시한 인센티브인 권력, 지혜, 그리고 아름다운 여인이 효익이라면 거부당한 여신이 퍼부을 저주는 비용일 것이다.[11] 주어진 문제도 '아름다운 여신'을 선발하는 것이었고, 파리스의 의사결정 기준도 권력과 지혜가 아닌 '아름다운 여인'이었다. 그러나 '아름다움'을 기준으로 선택한 결과 치른 비용은 가족과 왕국의 멸망이었다. 만일 파리스가 문제

11) 헤라와 아테나, 아프로디테는 이다 산(Ida Mountain)의 깨끗한 샘물에서 목욕을 하고 파리스를 만나러 간다. 그런데 파리스는 세 여신들이 옷을 입은 상태에서는 아름다움을 판단하기 어렵다고 해서 여신들은 옷을 벗는다. 많은 화가들의 그림에서 미의 여신 아프로디테는 상대적으로 당당한 태도를 취한다. 그러나 헤라는 모성과 가정에 충실함, 그리고 순결함을 상징하는 여신이다. 종종 성질이 사납고 질투의 화신처럼 묘사되지만, 제우스를 남편으로 둔 점을 감안하면 이해가 되기도 한다. 더구나 신의 왕인 제우스의 부인으로서 체통도 지켜야 했다. 이런 이유로 헤라는 여러 작품에서 품위를 유지하려는 듯한 태도를 보이며 공작새와 함께 옷을 걸친 상태로 많이 등장한다. 당연히 헤라는 파리스가 자신의 아름다움을 다른 여신들과 비교하는 데서 오는 자존감의 상처를 참기 어려웠을 것이다. 지혜로운 전쟁의 여신 아테나는 아름답기도 하지만, 아테나가 더 자랑하고 싶은 것은 지혜이었을 것이다. 스스로 자랑스러워 하는 지혜가 아니라 육체적 아름다움을 기준으로 경쟁하는 것은 그리 반가운 일이 아닐 것이다. 그래서 아테나는 그림 속에서 어정쩡한 태도를 취하는 모습이 자주 보인다. 결국 아프로디테가 사과를 차지하고 다른 두 여신이 빈 손이 되었을 때 감히 여신들을 심사한 파리스에게 매서운 복수가 기다리고 있는 것은 당연하다. 그래서 헤라와 아테나는 헬레네를 구출한다는 명분으로 트로이를 함락시키기 위해 전쟁을 벌이는 그리스 연합군을 은근하게 또는 노골적으로 도와 파리스의 트로이를 무너트리는 결정적인 역할을 한다(Windekens, A. J. van. 1958. Hra" (die) junge Kuh, (die) FÃ¤rse. *Glotta* 36(3) pp.309–311).

의 해결영역[12]을 '아름다움'에 맞추지 않고 다른 기준을 추가하여 더 넓혔더라면, 그리고 각 대안을 더 깊이 있게 분석하였더라면 다른 결론을 내렸을 수도 있고, 따라서 비극을 막을 수도 있지 않았을까?

파리스의 행동은 그리스신화에 등장하는 또 다른 인물인 에피메테우스(Epimetheus)와 비슷한 행동 유형을 보이고 있다. 심사숙고하고 결단력 있는 그의 형 프로메테우스(Prometheus)와 달리 에피메테우스(Epimetheus)는 생각보다 행동이 앞서 간다. 에피메테우스는 커다란 선물 보따리를 들고 지상의 생물들에게 선물을 하나씩 나눠주었는데, 생각없이 마구 나누어주다 보니 인간에게 줄 선물이 없었다. 이는 프로메테우스가 불을 훔쳐 인간에게 주는 모험을 감행하도록 만든 원인 중 하나이다.

프로메테우스에게 벌을 주고도 분이 덜 풀린 제우스는 이들 형제와 인간을 골탕 먹이기 위해 '아름다운' 판도라(Pandora)[13]를 창조한다. 형의 만류에도 불구하고 에피메테우스는 제우스의 의도대로 판도라와 결혼을 하고, 제우스의 계획대로 판도라의 상자(Pandora's Box)는 인간 세상에 내려오게 된다. 판도라가 호기심을 참지 못하고 이 상자를 열었을 때 인간 세상에는 모든 악이 돌아다니고, '희망(Hope)'만이 꼭꼭 숨게 되었다. 케닝톤(Thomas Benjamin Kennington)의 작품 〈판도라(Pandora)〉는 고개를 떨구고 후회하고 있는 판도라의 모습을 보여주고 있다. 그러나 그녀의 무릎 위에 놓여진 상자는 이미 활짝 열려 있으니 후회는 이미 늦었다.

이처럼 트로이의 파리스와 에피메테우스 그리고 판도라는 자신의 행동을 결정함에 있어서 정확하게 문제의 핵심을 인지하지 못하였고, 원가/효익분석을 비롯하여 결과를 미리 예측하지 않는 등 제대로 된 의사결정과정을 거치지 않았기에 그 대가를 톡톡히 치루었다. 만일 회계적 사고방식을 가진 조력자가 이들 옆에서 도와주었다면 이들의 결정은 달라졌을 수 있을 것이다. 회계전문가는 의사결정의 과정과 결

12) 문제해결영역 또는 문제해결공간(problem domain or problem space)이란 문제를 해결하기 위하여 문제를 정의하고, 대안을 수립하고 검토하는 전문가의 영역을 지칭한다. 개인은 자신이 관심을 가진 주제에 초점을 맞추고 다른 주제에 관한 것들은 멀리 하기 때문에 특정한 문제의 해결에 직면하여 설정되는 문제해결영역이 매우 중요하다.

13) 신화에 따르면, 제우스(Zeus)의 지시에 따라 헤파에스투스(Hephaestus)가 판도라(Pandora)를 빚어낸다. 그녀는 처음으로 창조된 인간 여성이 된다(참조: Grimal, P. 1990. Pandora. in S. Kershaw (ed.) *A concise dictionary of Classical Mythology*. Oxford: Basil Blackwell Ltd).

〈판도라(Pandora)〉 1908년. 토마스 벤자민 케닝톤(Thomas Benjamin Kennington) 작

과에 관한 예측정보를 잘 정리하여 제공할 뿐만 아니라 그 내용을 객관적으로 계량화하여 제시하는 전문가이기 때문이다.

회계전문가는 많은 의사결정을 내려야 하는 경영자를 위하여 정보를 수집하여 전달하기도 하고 스스로 의사결정을 내리기도 한다. 회계전문가가 스스로 의사결정을 내려야 하는 부분의 예를 들면 재무회계 분야에서는 대손상각률의 추정, 감가상각을 위한 내용연수의 산정, 재고자산 감모액의 결정 등이 해당된다. 회계감사인은 감사증거의 수집 범위를 결정하고, 수집된 증거에 따라 표명할 감사의견을 결정해야 하며, 관리회계 분야의 전문가는 예산과 통제시스템을 수립하고, 조직구성원과 각 부문의 성과를 공정하게 평가하기 위한 시스템을 설계해야 한다. 또한 원가담당자는 제품의 원가를 정확하게 측정하고 판매가격을 결정하기 위한 정보를 제공한다.

이런 모든 과정에서 회계전문가는 자신이 작성하는 정보가 갖추어야 할 특성에 대해 깊이 생각하게 된다. 그런 여러 가지 특성 중에 가장 기본적인 인식의 바탕 또는 인식의 최소요건을 의미하는 특성을 중요성이라고 한다. 다시 말해서 해당 정보가 누락되거나 왜곡되었을 때 정보이용자의 의사결정에 영향을 미친다면 중요성을 갖는 정보라는 것이다. 따라서 이런 정보는 재무제표에 다른 정보와 구분해서 표시를 해야 하며 누락되어도 아무런 영향이 없는 정보라면 재무제표에 굳이 구분하여 표시할 필요가 없다는 의미이다. 중요성은 재무제표에 다른 정보와 구분하여 제시할 것인지를 결정하는 판단기준 또는 임계치로서 작용하는 것이다.

중요성의 판단은 대개 제공되는 정보의 금액 크기에 의해 결정된다. 여기서 금액의 크기는 모든 기업에 공통적으로 적용되는 금액이 아니라 기업규모에 따라 상대적으로 결정되는 금액이다. 예를 들어 1억원이라는 금액에 대해서 자산총액 100억원인 기업과 100조원인 기업이 판단하는 중요성은 동일하지 않을 것이다. 자산 총액 100조원인 기업에서의 1억원은 그 중요성이 당연히 낮게 평가될 것이다.

그러나 금액의 크기와는 관계없이 정보의 성격 그 자체에 따라 중요성을 판단할 수도 있다. 만약 기업이 새롭게 진출한 사업부문이 있다면 그 부문의 영업성과는 중요한 정보일 것이다. 물론 이익인지 손실인지와 그 금액의 크기도 중요하겠지만, 이를 배제하고도 신규사업의 성과라는 그 자체만으로도 기업의 미래를 예측하는 데 중요한 정보라는 것에 동의할 수 있을 것이다. 이외에도 현재 진행 중에 있는 소송이 있거나 계열회사의 차입에 대해 지급보증을 하였다는 사실은 그 자체만으로도 중요한 정보이기 때문에 재무제표에 반드시 표시하여야 한다. 만약 금액으로 표시할 수 없는 경우에는 그 내용을 주석으로 표시하도록 하고 있기 때문에 정확하게 말하면 재무제표는 재무상태표, 손익계산서, 현금흐름표, 자본변동표와 함께 주석까지 포함하는 명칭이 된다.

기업 내부의 경영자는 기업의 경영에 관한 의사결정을 해야 하고, 기업 외부의 이해관계자들은 자신의 자산에 대한 경제적인 의사결정을 해야 한다. 그러나 그들의 의사결정보다 먼저 중대한 의사결정을 해야 하는 이들이 바로 회계정보를 작성하는 회계전문가들이다. 회계전문가들은 여러 가지 요소와 상황을 세밀하게 고려하고 합리적인 과정을 통해 의사결정을 하여야 한다. 자신이 내린 의사결정의 결과인 회계정보가 기업과 관련한 모든 이들의 의사결정에 밑거름이 되기 때문이다. 만일 파리스나 에피메테우스처럼 사안의 본질을 파악하지 못하고 즉흥적으로 잘못된 결정을 내리게 된다면 그 결과는 결국 기업이나 사회가 감당해야 한다. 에피메테우스로 인해 인간이 겪게 된 세상의 모든 슬픔에 비한다면 파리스의 결정이 도화선이 되어 트로이가 멸망한 것은 작은 일이라 할 수도 있다. 이에 비한다면 회계전문가의 잘못된 결정으로 인한 피해는 그 범위가 더 작다고 할 수 있을까? 물론 그렇다고 할 수도 있다. 그러나 그런 경제적 고통을 받게 되는 피해자가 내가 될 수도 있고 우리의 가족 또는 이웃일 수 있다는 현실이 더 무겁게 다가올 수 있다.

21 아킬레스의 무기와 회계정보

〈아킬레스의 무기를 차지하기 위한 아이아스와 율리시즈의 논쟁(The Contention of Ajax and Ulysses for the Armour of Achilles)〉[1]이라는 희곡은 그리스신화에 등장하는 영웅 중 아이아스(Ajax)와 오디세우스(Odysseus 또는 Ulysses)의 다툼에 관한 이야기를 주제로 하고 있다. 아킬레스의 장례식에서 그리스 연합군의 예언자인 칼카스(Calchas)가 읊조리는 구슬픈 애도의 시[2]로 시작하는 이 작품은 트로이전쟁을 배경으로 하고 있는데, 그 내용은 다음과 같다.

그리스 연합군의 장수 중에서 가장 용맹하고 불사의 몸을 지녔던 아킬레스가 죽음을 맞이하자[3] 아이아스와 오디세우스가 아킬레스의 무기를 놓고 다툼을 벌이게 된다. 이 무기는 아킬레스의 어머니인 테티스(Thetis)가 신들의 대장꾼인 헤파에스

1) 이 희곡은 영국의 극작가 제임스 셜리(James Shirley)가 오비디우스(Ovidius)의 변신이야기(Metamorphoses) 중 13권에 등장하는 짧은 에피소드에 기반하여 만든 작품이다. 1654~1658년 사이에 공연되었으며, 1659년에 출판되었다.

2) 이 시는 아킬레스뿐만 아니라 트로이전쟁에서 죽은 모든 영혼에게 바치는 애도의 노래처럼 들린다. 셜리의 희곡에서는 "우리의 피와 국가의 영광(The glories of our blood and state)"으로 소개되지만, 다른 곳에서는 "모든 이를 평등하게 만드는 죽음(Death the Leveller)"이란 제목으로 인용되기도 한다(Van Dyke, H. and H. Craig (eds.). 1909. *Little Masterpieces of English Poetry*. Vol.7. New York, Doubleday, Page and Co. p.9). 후일 같은 제목의 노래로도 만들어졌다고 한다.

3) 트로이의 왕자인 파리스(Paris)가 쏜 화살에 아킬레스의 유일한 약점인 뒤꿈치에 맞아 죽게 된다. 일부에서는 파리스가 화살을 쏘지 않고 칼로 찔렀다는 이야기도 전해진다. 그런데 이때 아킬레스는 프리암(Priam) 왕의 딸인 폴리크세네(Polyxena)와 결혼하기 위해 또는 그녀에게 청혼하기 위해 아폴로의 신전을 방문하고 있었다고 한다. 두 이야기 모두 파리스가 아킬레스를 전투나 결투에 의해 죽이지 않았기 때문에 파리스에게 영웅적인 전사로서의 명예를 부여하지 않고 있다.

〈아킬레스의 무기를 만드는 헤파에스토스(Hephaistos forging Achilles' armor)〉 1492~1546년. 줄리오 로마노(Giulio Romano) 작. 두칼레 궁전(Palazzo Ducale, Mantua, Italy) 소장

〈**프랑수와 항아리(Francois Vase)**〉 BC 570~565년. 에르고티모스(Ergotimos)가 만들고 클레이티아스(Kleitias)가 칠함. 플로렌스 고고학 박물관(Museo Archeologico, Florence, Italy) 소장

〈**아킬레스 시신을 옮기는 아이아스(Ajax Carrying the Corpse of Achilles)**〉 〈프장수와 항아리(Francois Vase)〉의 손잡이에 그려진 그림

토스(Hephaestus 또는 Vulcun)에게 특별히 부탁하여 제작하였다고 알려져 있다.

줄리오 로마노(Giulio Romano)의 작품 〈아킬레스의 무기를 만드는 헤파에스투스(Hephaistos forging Achilles' armor)〉를 보면 헤파에스투스가 아킬레스의 투구를 만드는 모습이 보인다. 헤파에스투스는 아킬레스를 위해 갑옷과 투구, 그리고 방패를 만들어주었다. 방패를 짚고 서서 대장장이의 작업을 진지하게 지켜보고 있는 여인이 아킬레스의 어머니인 테티스이다. 헤파에스투스는 아킬레스의 무기를 두 번 만드는데, 처음 만든 무기는 아킬레스의 친구인 파트로클루스(Patroclus)가 빌려서 전투에 나갔다가 트로이의 왕자 헥토르에게 빼앗겨 버렸다. 또다시 테티스의 부탁을 받은 헤페에스투스는 인간사의 온갖 장면들을 다 새겨 넣어서 아킬레스의 방패를 만들었다고 한다. 줄리오 로마노의 작품에 등장하는 방패를 보면 디자인이 단순해서 아마도 첫 번째 무기를 제작하는 헤파에스투스를 그린 것으로 짐작된다.

이처럼 대단한 무기를 물려받는 것은 그 자체만으로도 매우 영광스러운 일이기도 하지만, 그리스의 영웅 아킬레스와 같은 반열에 올라 그의 뒤를 잇는 장수가 된다는 상징적인 의미가 있는 일이다. 아킬레스의 무기를 물려받으면 그때까지 전쟁에서 세운 전공을 인정받고 보상받는다는 의미가 있었기에 자신의 군대를 이끄는 장수라면 누구나 탐내고 있었다. 그러나 많은 장수들 중 아이아스와 오디세우스가 그럴만한 자격이 있다고 인정을 받았다. 왜냐하면 아이아스와 오디세우스가 함께 아킬레스의 시신을 적진에서 운반해왔는데, 망자의 시신을 지킨 공이 큰 사람에게 망자의 유품을 요구할 권리가 있다는 당시의 관례에 따른 것이었다.

기원전 570년 경에 제작된 토기들에는 트로이전쟁을 소재로 삼은 그림들이 많이 그려져 있다. 그 중에서 〈프랑수와 항아리(Francois Vase)〉로 알려져 있는 항아리가 가장 잘 알려져 있다. 이 항아리는 포도주나 물을 담아 두는 용도로 쓰였던 것으로 보이는데, 손잡이 부분에 아이아스가 아킬레스의 시신을 옮기는 모습이 매우 선명하게 그려져 있어 유명하다.

아킬레스의 무기를 차지하려는 아이아스와 오디세우스가 서로 양보하지 않고, 논쟁이 결투로 번지려 하자 예언자인 칼카스가 이들을 말린 후 그리스 연합군의 사령관인 아가멤논(Agamemnon)을 찾아가 결정을 청하도록 중재하였다. 그러나 아가멤논은 혼자 이 일을 결정하게 된다면 나중에 벌어질 일을 감당하기 어렵다고 생각하여 장수들로 이루어진 위원회[4]를 구성하여 결정을 맡겨버린다.

4) 위원회의 구성원은 아가멤논(Agamemnon)과 메넬라우스(Memelaus), 네스토르(Nestor), 데르산데르

위원회 앞에 선 아이아스와 오디세우스는 자신이 아킬레스의 무기를 물려받을 적임자라는 주장을 펼쳤다. 아이아스는 자신이 아킬레스의 사촌이며, 아킬레스의 친구인 파트로클루스의 시신과 아킬레스의 시신을 적진에서 구출해왔다는 점을 강조하여 자신이 아킬레스의 무기를 차지할 적임자라고 주장하였다. 이에 더하여 아이아스는 오디세우스의 인격과 용맹을 깎아내리면서 자신의 용맹스러움에 대하여 장황하게 연설을 하였다. 이에 비해 오디세우스는 영리하고 지략이 뛰어난 장수였다. 그는 말솜씨 또한 유려하여 자신의 통찰력과 지략을 돋보이게 하면서 아이아스의 약점이 자연스럽게 드러나도록 하는 연설을 하였다.

두 사람의 주장을 경청한 위원들은 오디세우스에게 아킬레스의 무기를 주기로 결정하였다. 그러자 전사로서의 자긍심에 상처를 입고 모욕을 당했다고 생각한 아이아스는 분노에 차서 아가멤논과 메넬라우스를 찾아가 그들의 군사들을 몰살시켰다. 그러나 이것은 아테나가 아이아스의 정신을 혼미하게 만든 환영이었으며 실제로 아이아스가 죽인 것은 아가멤논과 메넬라우스의 군사들이 아니라 가축떼였다. 아침에 정신을 차린 아이아스는 동지였던 장수들을 죽이려고 했던 자신의 행동에 자괴감을 느끼고 괴로워하다 결국 자결하였다.[5)]

비극적인 최후를 맞이하긴 하였으나 아이아스는 그리스 군을 이끌었던 매우 용맹한 장수였다. 그는 아킬레스가 파리스의 화살에 맞아 죽자 트로이군을 물리치고 아킬레스의 시신을 업고 나왔으며 아가멤논과의 갈등으로 아킬레스가 전투에 불참을 선언했을 때에는 앞장서서 그리스 군의 전투를 이끌었다. 큰 체구의 아이아스는 미련해보일 만큼 우직한 성품을 가진 과묵한 인물이었으며, 아킬레스의 뒤를 잇는 용맹한 장수로 여겨졌다.

이에 반해 오디세우스는 영리한 지략가 유형의 장수였다. 아킬레스가 죽은 후에 그의 아들인 네오프톨레무스(Neoptolemus)를 참전시키고, 헤라클레스(Hercules)의 활을 물려받은 필록테테스(Philoctetes)로 하여금 파리스를 죽이게 하였다. 우리에게 잘 알려진 트로이 목마를 활용하여 트로이를 함락시키고 힘든 전쟁을 승리

(Thersander) 그리고 디오메데스(Diomedes) 등이다.

5) 이때 아이아스가 사용한 칼이 트로이전쟁 초기에 헥토르와 선물로 교환한 칼이었다고 한다. 그의 피가 떨어진 곳에서 히야신스(Hyacinth)가 죽었을 때와 마찬가지로 꽃이 피어났다고 한다. 이 꽃의 꽃말은 애통함(lament)이라고 한다. 이 이야기는 니콜라스 푸생(Nicolas Poussin)의 작품 〈꽃의 여신 플로라의 제국(The Empire of Flora)〉에서 등장한다.

로 마무리한 장수가 바로 오디세우스였다. 개별적인 전투에서 승리하는 다른 영웅들에 비해 그는 전체 전쟁의 판도를 살피는 전략적인 태도를 지녔으며 이런 이유로 지혜로운 전쟁의 여신 아테네로부터 전폭적인 지지를 받을 수 있었다.[6)]

지오반니 티에폴로(Giovanni Domenico Tiepolo)의 작품 〈트로이 성내로 들어가는 트로이의 목마(The procession of the Trojan Horse in Troy)〉에는 그리스 연합군이 철수한 것으로 위장하면서 남겨놓고 간 목마를 트로이의 시민들이 성 안으로 끌고 들어가는 모습을 그리고 있다. 이 목마 속에는 그리스 정예병들이 숨어 있었다.[7)] 트로이 시민과 군사들이 승전의 기쁨에 취하여 곯아 떨어진 밤에 목마에서 빠져나온 그리스 병사들이 성문을 열고 연합군을 성 안으로 이끌었다.

그렇다면 그리스 장수들로 구성된 위원회는 왜 오디세우스를 선택하였을까? 당시 그리스군은 오랜 전쟁으로 모두 지쳐 있었다. 불사신으로 여겨졌던 아킬레스마저 독화살을 맞고 싸늘한 시신으로 돌아오자 그리스 연합군의 사기는 바닥까지 떨어졌다. 이러한 상황에서 그리스 연합군은 기존의 영웅들이 가지고 있는 힘과 용맹함보다는 전략적인 접근이 더 필요하였고, 위원회는 전쟁을 승리로 이끌기 위해 필요한 인재로 오디세우스를 선택한 것이다.

결과론적으로 볼 때 오디세우스의 계책으로 트로이를 함락시키고 전쟁을 끝낼 수 있었으니 위원회의 판단은 효과적이라고 볼 수 있다. 프란시스코 콜란테스(Francisco Collantes)의 작품 〈불타는 트로이(El incendio de Troya)〉는 트로이가 함락되는 모습을 그리고 있다. 트로이의 목마 안에서 이미 성 안으로 잠입해 있던 그리스 전사들이 물밀듯이 성 안으로 들어온 그리스 연합군과 합세하여 당황한 트로이 군사들을 진압하고 있다. 화려한 트로이의 건물들은 불에 타서 화염과 검은

6) 로마에서는 이런 점 때문에 오디세우스를 평가절하하였다. 또한 트로이의 왕자 헥토르와 비교될 정도로 용맹한 장수였으며 트로이가 멸망한 후 유민을 이끌고 이탈리아로 건너가 로마의 기원이 되는 도시국가를 건설한 아이네이아스(Aeneas) 때문에 트로이의 멸망을 이끈 오디세우스에 대한 부정적 정서 때문이기도 하다.

7) 로마의 서사시인 퀸투스 스미르나우스(Quintus Smyrnaeus)에 따르면 30명의 그리스 전사가 목마의 배 안에 숨어 있었고, 2명의 스파이가 입 쪽에 숨어 있었다고 한다(출전: Quintus Smyrnaeus. *The Fall of Troy. Book 12*(Way, A. S. 번역. https://www.theoi.com/Text/QuintusSmyrnaeus12.html 2019.11.9. 최종확인)). 목마에는 "그리스인들이 집으로 돌아가기를 바라며 이 제물을 아테나 신에게 바친다(For their return home, the Greeks dedicate this offering to Athena)"고 새겨져 있었다고 한다. 트로이 사람들은 예언자인 라오콘(Laocoon)의 만류에도 불구하고 목마를 성 안으로 끌고 들어간다.

〈**트로이 성 안으로 들어가는 트로이의 목마**(The Procession of the Trojan Horse in Troy)〉 1760년. 지오반니 도메니코 티에폴로(Giovanni Domenico Tiepolo) 작. 런던 국립미술관(National Gallery, London) 소장

연기가 치솟고 있으며, 도망가는 트로이 시민과 군사들이 뒤섞여 있다. 오른쪽 아래에는 트로이 연합군의 용맹한 장수였던 아이네이아스(Aeneas)가 가족들과 함께 피신하는 모습이 보인다.

아킬레스의 사후에 그의 무기를 물려받을 장수를 선택하는 과정과 관련된 이 이야기는 리더십, 성과평가와 보상의 문제와 관련하여 현대의 기업경영에 여러 가지 시사점을 제공하고 있다. 또한 의사결정에 유용한 정보를 제공하여야 하는 회계 분야에서도 생각해보아야 할 점들이 많이 있다. 그리스 연합군의 장수들로 구성된 위원회가 단순히 두 영웅의 주장만으로 무기의 소유자를 결정한 것은 아니었다. 위원회는 두 영웅의 주장을 확인하기 위한 증거를 수집하였다.[8] 예를 들면, 포로들을 심문하기도 하고, 트로이 성으로 염탐꾼을 보내서 트로이의 군사들이 누구를 왜 두려워하는지 알아보는 등 의사결정을 위한 여러 정보를 수집하였다. 이러한 정보수집

8) 강대진. 2017. *그리스 로마 신화*. 지식서재. p.346.

〈불타는 트로이(El Incendio de Troya)〉 1657년. 프란시스코 콜란테스(Francisco Collantes) 작. 프라도 미술관(Museo del Prado) 소장

이 의미하는 바가 무엇이겠는가? 이 점을 아이아스는 좀 더 깊이 생각해보았어야 했다.

위원회 앞에서 아이아스는 그 시대의 전형적인 장수들처럼 자신의 무용담을 늘어놓기에 바빴다. 그러나 오디세우스는 자신의 판단과 전략을 설명하고 전투에 미친 영향을 조리있게 설명하였다. 아킬레스의 무기를 물려받는다는 것의 의미는 더 이상 실적에 대한 보상이 아니라 승리에 대한 그리스 군의 기대감을 책임진다는 것이었다. 즉, 아킬레스가 가졌던 용맹함뿐만 아니라 승리의 이미지까지 승계하는 것이다. 따라서 위원회는 지금까지의 성과를 평가하는 것이 아니라 앞으로의 전쟁을 승리로 이끌 수 있는 능력을 보기 위해 면접과 조사를 진행한 것이었다. 전투에 앞장섰던 전형적인 장수였던 아이아스는 이 점을 간과하였고, 영민한 오디세우스는 위원회의 요구를 간파하였다.

회계정보에 대한 사회의 요구는 무엇일까? 원활한 경제를 위해서는 투자를 받아야 하는 기업과 투자할 곳을 찾는 자본이 활발하게 연결되어야 하는데, 이 둘을 연결해주는 중요한 역할을 회계정보가 담당하여 왔다. 지금까지 사회가 회계정보에 요구한 것은 논리적이고 객관적인 정확한 실적에 대한 정보였으며, 회계시스템은 충실하게 이 요구를 받아들였다. 합의된 기준을 바탕으로 증빙자료를 갖추고 정해진 절차를 따라 검증가능한 회계정보를 생산하였다. 기업은 회계정보를 토대로 생산성을 높이기 위해 작업과정을 개선하였고 재무구조를 관리하였다.

그러나 오늘날의 상황은 예전과 같지 않다. 정보기술의 발전과 경제적 발전에 따른 우리 사회의 구성원들의 정보욕구는 기존의 회계정보시스템에 의하여 생성된 회계정보로는 충족될 수 없게 되었다. 이제는 전통적 회계정보의 한계를 극복하기 위한 새로운 대안을 제시하여 주기를 바라고 있는 것이다.[9] 최근에 많은 관심을 받는 무형자산[10]의 회계처리를 예로 들어보자.

오늘날 기업이 보유하고 있는 전체 자산 중에 유형자산의 비중은 점차 감소하고 있는 반면 무형자산의 비중이 증가하고 따라서 그 중요성이 점점 커지고 있다. 성장 속도가 빠른 IT기업이나 연구개발의 성과가 핵심인 바이오테크(biotech) 기업 또는 소프트웨어 업체나 인터넷 스타트업(start-up) 기업 등은 기술발전으로 인한 성장잠재력이 풍부한 업종으로 알려져 있으며, 이들이 연구개발 또는 브랜드 개발 등에 지출하는 금액은 전체 지출에서 큰 비중을 차지한다. 이러한 이유 때문에 회계 분야에서는 현재 연구개발과 관련한 무형자산 항목들에 대한 논의가 활발하게 이루어지고 있다.

그렇다면 연구개발과 관련한 지출은 미래에 경제적 효익을 창출하는 지출인가? 만일 이 질문에 대한 대답이 부정적이라면 해당 지출액은 비용이 되고, 기업의 이익은 그만큼 줄어들게 된다.[11] 당장의 실적에 부정적인 영향을 미치는 것이다. 반

9) 바루크 레브, 펑 구 지음. 신지현 옮김. 2017. *회계는 필요 없다: 재무보고서에 가려진 기업의 진짜 가치를 찾는 법*. 한스미디어(원서: Baruch, L. and F. Gu. 2016. *The End of Accounting and the Path Forward for Investors and Managers*. Wiley Finance).

10) 기업이 영업활동에 활용하는 자원인 자산에는 물리적 형태가 있는 유형자산과 물리적 형태가 없는 무형자산으로 구분할 수 있다. 유형자산의 예를 들면 기계장치, 공장건물이나 차량 등이 있다. 이와 반면에 물리적 형태는 없지만 영업활동과 미래의 수익창출에 중요한 역할을 하는 상표권, 특허권, 프랜차이즈, 저작권 등은 무형자산이다. 예를 들어 제품에 부착하는 상표는 해당 상표를 독점적으로 사용할 수 있는 권리가 있어야 사용할 수 있으며, 해당 상표권은 미래에 이익을 가져올 수 있는 잠재력이 있다.

11) 회계학의 기본적 관점 중 하나인 보수주의적 관점에 따르면 연구개발에 지출한 금액을 모두 비용으로 처리하는 것이 일반적인 회계처리가 된다. 회계학에서 보수주의(Conservatism)란 발생 가능한 여러 상황

면에 같은 질문에 대한 답이 긍정적이라면 해당 지출은 자산, 구체적으로 무형자산으로 볼 수 있다. 이 경우 지출금액 전체를 한꺼번에 비용으로 처리하는 대신 자산으로 처리하고, 그 중 일부 금액만을 조금씩 비용으로 처리하기 때문에 당장의 실적이 줄어들지는 않는다.[12] 또한 자산으로 처리되는 금액은 장차 경제적 효익이 발생할 것이라는 의미를 내포하고 있어 회계정보 이용자들에게 보다 긍정적인 신호를 보내게 된다. 그러나 연구개발 활동의 효과는 늘 불확실하기 때문에 미래의 경제적 효익을 가져올 것인지를 명쾌하게 판단하는 것은 쉽지 않은 일이다.

연구개발과 관련된 지출 중 어느 만큼의 금액을 비용으로 처리하고 어느 만큼을 자산으로 인정하는가는 기업의 미래 수익에 대한 판단에 달린 것이다. 어떤 방식의 회계처리를 하든지 간에 미래 경제적 효익에 대한 이러한 결정은 기업의 수익성이나 재무건전성을 측정하는 지표에 영향을 주게 되고 결국 주가에도 영향을 미치게 된다. 이는 마치 그리스 연합군의 장수 아가멤논이 이끄는 위원회가 아이아스와 오디세우스 중 누가 더 아킬레스의 무기를 차지할 자격이 있는가, 또 나아가서 누가 더 그리스의 미래에 더 부합한 장수인가를 판단하는 것과 같다. 역사에 있어 가정이 성립되지 않는다고 하지만, 오디세우스가 아닌 아이아스가 선택되었다면 그리스 연합군의 전략과 전쟁의 방식, 나아가 전쟁의 결과가 달라졌을 수도 있다.

아가멤논이 구성한 위원회가 전쟁을 승리로 이끌 장수를 선택하고 싶었던 것처럼 현재의 회계정보 이용자들은 새로운 산업사회에서 기술전쟁에서 살아남을 수 있는가에 대한 정보를 원하고 있다. 그러나 현재의 재무회계는 객관성과 검증가능성을 최우선의 원칙으로 삼고 있기 때문에 누가 보아도 같은 금액으로 측정되는 과거의 정보를 생산하여 제공하고 있다. 물론 기업 외부의 이해관계자에게 공통적으로 제공되는 회계정보는 어느 누구에게도 편향되지 않고 공평하여야 하며, 따라서 객관적이며 검증가능하여야 한다. 반면 기업의 미래 영업활동을 계획하고 현재의 활동을 점검하고 대안을 고려해야 하는 기업 내부의 경영자들에게 제공하는 관리회계정보는 정확성을 다소 희생하더라도 미래지향적인 예측정보를 많이 포함하게

중에서 가장 비관적인 상황을 가정하여 회계처리하는 것이다.

12) 물론 몇 년간의 실적을 한꺼번에 계산하면 비용으로 처리하거나 자산으로 처리하거나 그 결과는 동일하게 나타난다. 현재 우리나라의 K-IFRS를 따르면, 연구활동에 따른 지출은 전액 비용으로 처리하고 개발활동의 지출은 해당 지출이 가져올 경제적 효익의 판단에 따라 개발비라는 항목의 무형자산으로 처리한다.

된다.

회계정보 이용자들의 정보욕구는 변화하고 있다. 즉, 기업 외부에 있는 이해관계자들도 기업을 평가하는 데 검증가능한 과거 정보뿐만 아니라 거칠더라도 미래에 대한 예측가능성이 높은 정보를 요구하고 있다. 검증가능한 과거의 정보는 이미 발생한 사실에 근거한 정보이기 때문에 공평하며 정확하지만, 이러한 정보만을 제공하는 것이 늘 최선은 아니다. 오히려 불평등을 야기하고 있는 것일 수도 있다. 즉, 정직하게 공시된 회계정보마저도 정보로서의 품질이 낮기 때문에[13] 투자자본의 배분과 경제성장에 심각한 왜곡을 가져올 수 있다.[14] 왜냐하면 현재의 회계정보가 성장잠재력이 높은 기업을 찾아내려는 투자자의 눈에 맞는 도수의 안경이 되지 못하고 있기 때문이다. 현실에서는 기업의 연구개발 활동에 대한 정보를 외부에 공시된 정보로 충분히 얻을 수 없으며, 따라서 정보에 대한 개인적인 접근 수단이 있는 이용자와 그렇지 못한 이용자는 기울어진 운동장에 함께 서 있는 것이다.[15]

아킬레스의 무기를 둘러싼 아이아스와 오디세우스의 논쟁은 변화하고 있는 회계환경과 이에 따른 회계정보욕구에 회계가 어떻게 대응해야 할 것인가에 대한 시사점을 주고 있다. 아이아스처럼 자신의 과거 무용담을 열심히 늘어놓는 것보다 오디세우스처럼 위원회가 바라는 기대를 읽고 그에 맞게 자신의 장점을 논리적으로 전개해 나가는 것이 더 현명한 자세이지 않겠는가?

루이스 비네(Louis Binet)가 그린 〈아킬레스의 무기를 차지하기 위해 위원회 앞에서 자신의 주장을 펼치는 아이아스와 오디세우스(Ajax et Ulysse se disputent les armes d'Achille)〉를 보면 여러 장수들로 구성된 위원들이 오른쪽에 앉아 있고 그들 앞에 서 있는 두 사람의 장수를 볼 수 있다. 두 사람 중 어느 쪽이 아이아스인지 구체적인 자료를 찾을 수는 없지만, 아마도 왼쪽 끝에 서 있는 사람이 아이아스이

---

13) 회계정보는 총액으로 제시되고 있고 제공해야 할 내용도 명확하지 않다는 한계를 가지고 있다. 구체적으로 어떤 연구와 개발 활동이 이루어지는지 공시된 회계정보를 통해서는 확인할 수 없다는 것이다. 이는 인공지능(AI)과 사물인터넷(IoT) 등의 기술 발전으로 모든 것이 연결되어 가는 4차 산업을 향해 달려가는 기업들의 바지가랑이를 잡고 있는 격이다.

14) 바루크 레브, 펭 구 지음. 신지현 옮김. *전게서*

15) 이외에도 시대상황의 변화에 따라 회계정보의 유용성에 의문을 제기할 수 있는 상황들이 존재하지만, 여기에서는 더 이상 상세하게 이야기하지 않기로 한다. 이 주제는 회계를 전공하는 회계학자 또는 회계전문가들이 좀 더 깊이 고민할 문제이기 때문이다.

〈아킬레스의 무기를 차지하기 위해 위원회 앞에서 자신의 주장을 펼치는 아이아스와 오디세우스(Ajax et Ulysse se disputent les armes d'Achille)〉 1771년, 찰스 모네(Charles Monnet)를 모방한 루이스 비네 (Louis Binet)의 작품. 스위스 국립 ETH 도서관(ETH Library, Zürich) 소장

고 그 옆에서 팔을 뻗고 있는 사람이 오디세우스일 것이다. 자신의 공적을 주장하는 데 집중한 아이아스의 손은 자신을 가리키고 있지만, 오디세우스의 팔은 앞으로의 전쟁에서 승리할 것을 예지하듯이 아킬레스의 무기를 가리키며 앞으로 쭉 뻗어 있기 때문이다.

22

풍번문답(風幡問答), 〈진주귀걸이를 한 소녀〉와 마음회계

우리나라의 절터에는 당간지주(幢竿支柱)가 있다. 예전에는 신성한 사찰이 있는 지역이라는 것을 나타내기 위해서 또는 그곳에서 행사가 있다는 것을 알리기 위해 상징물을 높이 달았다고 한다. 이러한 상징물을 당(幢)이라고 하는데 현재까지 남아 있는 것을 거의 볼 수 없다고 한다.[1] 이 상징물을 달아두는 장대를 당간(幢竿)[2]이라 하며, 장대를 양쪽에서 지탱해주는 두 기둥이 당간지주이다. 우리나라에 남아 있는 당간지주 중 유명한 것이 강릉의 굴산사(崛山寺)터에 우뚝 서 있는 5.4M 높이의 당간지주이다. 유홍준은 강릉의 굴산사터에 있는 당간지주를 명작으로 꼽았다. 그는 "명작의 조건 중 하나는 몇 번을 보아도 볼 때마다 깊은 감동이 있고, 일부러라도 그것을 찾아가게 된다는 것"이라며 "그런 명작 중 하나가 강릉 굴산사터 당간지주"라고 하였다.[3]

1) 찰간(刹竿) · 장간(長竿) · 정간(旌竿) · 기간(旗竿) · 치간(幟竿) · 번간(幡竿) · 범장(帆檣) 등으로 불리는 당간에 깃발이나 상징물을 높이 매다는 풍습은 신성한 지역을 나타내는 선사시대의 '솟대' 신앙과 관련이 있다. 상징물의 모양이 용머리 모양이면 용두당(龍頭幢), 상부에 여의주를 장식하면 여의당(如意幢) 또는 마니당(摩尼幢), 사람의 머리 모양이면 인두당(人頭幢)이라고 부른다.

2) 당간지주는 주로 나무, 돌, 구리, 쇠 등으로 만든다. 현재 남아 있는 당간지주 중에 비교적 보존이 잘되어 있는 것으로는 공주 갑사 철당간(公州 甲寺 鐵幢竿, 보물 제256호)과 청주 용두사지 철당간(淸州 龍頭寺址 鐵幢竿, 국보 제41호)의 철제당간 2기와 나주 동점문 밖 석당간(羅州東漸門一石幢竿, 보물 제49호)과 담양 객사리 석당간(潭陽客舍里石幢竿, 보물 제505호)의 석제당간 등이 있다.

3) 유흥준. 2011. *국보순례*. 눌와출판사. p.170.

〈강릉 굴산사터 당간지주〉 보물 제86호 ©沅

불가에서는 부처와 보살의 위덕을 나타내고 도량(道場)이 장엄함을 나타내기 위하여 당간의 끝이나 전각 근처에 5색[4]의 깃발을 높이 달기도 하는데 이를 번(幡)이라고 한다. 이 깃발과 관련하여 중국에서 전해오는 유명한 이야기가 있다.

옛날 중국의 한 고승이 절에서 달아놓은 깃발이 나부끼는 것을 두고 스님들이 둘로 나뉘어 논쟁을 벌이는 것을 보았다.[5] 한쪽 스님들은 흔들리는 것은 깃발이라 하고, 다른 스님들은 바람이 흔들리는 것이라며 서로의 주장을 굽히지 않았다.

> 깃발이 흔들린다는 주장을 한 스님이 말했다.
>
> "아무리 바람이 세게 불어도 바위나 산은 결코 흔들리지 않는데, 깃발만은 흔들리고 있다네. 결국 흔들리는 것은 깃발이 아닌가!"
>
> 바람이 흔들린다고 했던 스님이 곧 반박하였다.
>
> "이 세상의 모든 결과에는 근원이 있네. 만일 바람이 불지 않는다면 깃발이든 갈대이든 흔들릴 이유가 없네. 그러니 바람이 흔들린다는 것이 옳은 이치란 말일세!"
>
> 두 스님의 논쟁은 점점 가열되었지만 결론이 나지 않았다.
>
> 그때 두 스님을 물끄러미 쳐다보던 고승이 말했다.
>
> "흔들리고 있는 것은 바람도 깃발도 아니라네. 단지 그대들 마음이 흔들리고 있을 뿐이지."

이 고사에서 알려주는 것처럼 우리가 사물과 사물의 이치를 인지하는 것은 마음에 따라 좌우된다. 예를 들어보기로 하자. 바로크 시대 네덜란드의 화가 베르메르(Johannes Vermeer)의 그림 중 가장 유명한 작품은 아마도 〈진주 귀걸이를 한 소녀(Girl with a Pearl Earring)〉일 것이다.

이 작품은 칠흙처럼 어두운 배경을 바탕으로 고개를 왼쪽으로 돌려 관객을 바라보는 소녀를 등장시켜 관람객들이 소녀에게 주의를 집중하도록 만들고 있다. 이 작품에 등장하는 소녀는 속눈썹과 눈썹이 거의 그려지지 않아 '네덜란드의 모나리자

4) 주로 청・황・적・백・흑색으로 구성된다.

5) 중국의 광동성(廣東省) 광주(廣州) 법성사(法性寺) 앞에서 벌어진 일로 선종의 6대 조사인 혜능(慧能: 638~713) 스님의 일화로 알려져 있다. 이 일화를 바람과 깃발에 관한 문답(풍번문답: 風幡問答)이라고 한다(참조: 혜능대사 지음. 광덕 역주. 2012. *육조단경(六祖壇經)*. 불광출판사).

〈**진주귀걸이를 한 소녀(Girl with a Pearl Earring)**〉 1665년. 요하네스 베르메르(Johannes Vermeer) 작. 마우리츠하이스 왕립미술관(Koninklijk Kabinet van Schilderijen Mauritshuis, The Hague, Netherland) 소장

〈부분: 진주귀걸이를 한 소녀(Girl with a Pearl Earring)〉

(Mona Lisa)'라고 불려지기도 한다. 생동감 있고 영롱해보이는 눈, 앵두 같은 붉은 입술, 그리고 뒤로 갈수록 어두워지는 얼굴이 이 소녀를 매우 사실적으로 보이게 한다.

베르메르는 노란색과 파란색을 잘 사용하였다고 한다. 이 작품에서는 노란색 상의와 터번을 한 소녀에게 파란색 두건을 씌워 이국적인 느낌이 나도록 하였다. 그런데 노랑과 파랑 이외에도 이 작품에서는 흰색도 큰 역할을 하고 있다. 눈동자에 사용한 흰색은 눈을 사실적으로 보이도록 하는 동시에 눈이 영롱해보이도록 하고 있다. 살짝 벌어진 입술에 찍은 흰 점은 소녀의 입술을 도톰하게 만들어 얼굴 표정을 사실적으로 만들고 있다. 한편, 소녀가 입고 있는 흰색 셔츠는 귀걸이에 반사되어 보이도록 하였으며, 소녀가 걸고 있는 귀걸이에도 추가로 흰색 점을 찍어 귀걸이가 반짝거리도록 만들었다.

그러나 매우 사실적으로 보이는 이 그림을 확대하여 자세히 보면 관람객들이 진주귀걸이라고 생각했던 물체는 그저 흰색 점과 반사된 흰 셔츠로 이루어져 있을 뿐이다. 소녀의 귀에는 진주귀걸이를 거는 고리도 달려 있지 않으며, 진주귀걸이의 동그란 모양도 없다. 그럼에도 불구하고 많은 사람들은 이 소녀의 귀에는 당연히 귀걸이가 걸려 있다고 생각하고 있으며, 작가인 베르메르도 관객들의 착각을 유도한 것으로 생각된다. 이 작품에 등장하는 소녀의 상징이기도 하고 제목의 일부이기도 한 진주귀걸이는 결국 그림 속에 있는 것이 아니라 관람객들의 마음 속에 있는 것이다. 흔들리는 깃발과 바람이 우리 마음 속에 있는 것처럼…

이처럼 사람들의 마음은 무엇을 인지할 것인지를 결정하고, 우리는 인지한 것에 따라 의사결정을 하며, 의사결정에 따라 우리의 행동이 결정된다. 이같은 마음의 역할을 경제학의 가장 기본적인 법칙인 수요와 공급의 법칙에서 찾아볼 수 있다.

> 어떤 상품을 사려는 의지(수요)와 팔려는 의지(공급)는 각각 상반된 힘으로 시장에 표출된다. … 줄다리기의 예를 들어 사려고 하는 힘을 왼쪽으로 끄는 힘에, 그리고 팔려고 하는 힘을 오른쪽으로 끄는 힘에 비유해보기로 하자. 이 두 힘이 똑같이 맞아떨어진다면 줄의 중심은 한 곳에 계속 머물러 있을 것이다. 이처럼 두 힘이 균형을 이루었을 때 형성되는 가격을 균형가격이라고 한다(이준구. 2016. *미시경제학*. 문우사. p.21).

수요와 공급에 관한 경제학적 법칙에 따르면 동일한 상품에 대하여 어떤 사람들은 아직 싸다고 생각해서 구입하려 들고, 또다른 사람들은 아직 비싸다고 생각하여 시장에서 내다 팔려고 든다. 자본주의 체제의 꽃이라고 불리는 증권시장에서도 이러한 법칙이 적용된다. 같은 기업의 주식을 어떤 사람들은 앞으로 가격이 떨어질 것이라고 생각하여 내다 팔고, 또 다른 사람들은 앞으로 가격이 오를 것이라 생각하여 사려 든다. 이렇게 마음이 서로 다른 사람들이 사려는 압력과 팔려는 압력이 같아질 때 주식의 가격은 균형에 도달한다.

회계학에서는 증권시장에서 거래되는 주식의 가격으로 기업실체의 가치를 객관적으로 측정하기도 한다. 그런데 주식의 가격은 앞에서 설명한 것처럼 증권시장에 참여하는 사람들의 마음에 의하여 결정된다. 물론 사람들은 주식의 매입과 매수 결정을 무작위로 하는 것이 아니라 회계보고서에 포함된 여러 가지 계량적 정보를 고려한다. 그럼에도 불구하고 주식의 매도와 매수는 결국 본인의 가치관 등을 고려한 마음이 결정한다.

마음이 경제적 활동과 의사결정에 미치는 영향에 대하여 연구한 여러 학자[6]들에 따르면 사람들의 행동은 반드시 정통 경제학에서 정의한 경제적 인간(Homo Economicus)의 행동양식을 따르는 것이 아니다. 경제적 인간은 완벽하게 이성적

6) 이들 중 사이몬(Herbert A. Simon), 카네만(Daniel Kahneman), 로스(Alvin Roth) 그리고 테일러(Richard Thaler) 등은 노벨 경제학상을 수상하였다.

이고 합리적이며, 일관적인 선호를 유지하며, 효용의 극대화를 목표로 하여 의사결정한다. 이에 반하여 대다수의 인간은 제한된 합리성(bounded rationality)과 휴리스틱(heuristics)에 의하여 의사결정한다. 특히, 이 분야를 연구한 학자들 중 테일러(Richard Thaler)는 특별히 '마음회계(Mental Accounting)'라는 주제를 집중적으로 연구하여 2017년에 노벨 경제학상을 수상한다. 마음회계는 일관적이지 않고 합리적이지 않아 보이는 인간의 의사결정을 회계적인 방식으로 풀어서 설명한다.

당신의 친구 두 사람은 다음의 각 상황에서 어떤 결정을 해야 할까?

[상황 1] 오늘은 오랫동안 기대해 온 뮤지컬 데이트가 있는 날이다. 각박한 일상에 치여서 잊고 지냈던 문화생활을 즐기려 작심한 터라 주머니 사정이 빠듯했지만 큰 맘 먹고 30만원짜리 뮤지컬 티켓을 미리 사두었다.
저녁을 먹고 콧노래를 부르며 공연장에 도착하였는데, 미리 사 둔 뮤지컬 티켓이 온데간데 없이 사라져버린 것이 아닌가!
사랑하는 사람과의 약속을 지키기 위해 뮤지컬 공연을 보려면 30만원짜리 티켓을 다시 구입해야 한다. 어떠한 선택을 하겠는가?

(1) 다시 산다.　　　　(2) 다시 사지 않는다

이러한 상황에서 두 번째 대안을 선택하는 사람들이 더 많다. 즉, 사랑하는 사람과의 약속을 지키지 못하더라도 뮤지컬 티켓을 다시 구입하지 않는 것이다. 그렇다면 이러한 상황을 다음과 같이 바꾸어 제시해보자.

[상황 2] 오늘은 오랫동안 기대해 온 뮤지컬 데이트가 있는 날이다. 각박한 일상에 치여서 잊고 지냈던 문화생활을 즐기려 작심한 터라 주머니 사정이 빠듯했지만 큰 맘 먹고 뮤지컬 티켓을 살 돈 30만원을 따로 봉투에 넣어 두었다.
저녁을 먹고 콧노래를 부르며 공연장에 도착하였는데, 뮤지컬 티켓을 살 30만원을 넣어 둔 봉투가 온데간데 없이 사라져버린 것이 아닌가!
사랑하는 사람과의 약속을 지키기 위해 뮤지컬 공연을 보려면 30만원을 내고 티켓을 구입해야 한다. 어떠한 선택을 하겠는가?

(1) 다시 산다.　　　　(2) 다시 사지 않는다

두 번째 상황에서는 앞의 첫 번째 상황과는 달리 30만원을 추가로 지출하더라도 뮤지컬 공연을 보겠다는 사람들이 더 많다. 첫 번째 상황과 두 번째 상황은 기본적으로 큰 차이가 없다. 사랑하는 사람과 이미 약속을 하였고, 뮤지컬 데이트를 위해 30만원의 예산을 갈무리해 둔 점에서 기본적으로 큰 차이가 없다. 다만 구입한 티켓을 잃어버렸다는 점과 티켓을 구입할 돈을 잃어버렸다는 점이 [상황 1]과 [상황 2]의 차이점이다.

[상황 1]에서 다시 티켓을 구입하지 않는다는 사람이 많았는데 [상황 2]에서는 티켓을 구입한다는 사람이 더 많아진 이유는 무엇일까? 두 경우의 차이가 없음에도 불구하고 사람들이 결정을 바꾼 이유는 무엇일까? 당장 분명하게 말할 수는 없지만 어떤 차이가 존재하기 때문에 결과가 바뀌었을 것이라는 짐작은 할 수 있다. 그 이유는 자신도 알지 못하는 사이에 사람들은 뮤지컬 티켓을 위한 계정을 자기 마음 안에 만들어 두었기 때문이다. 이렇게 생각하면 이 현상을 이해하기가 좀 더 수월해진다. 좀 더 자세히 이야기해보자.

[상황 1]에서는 사랑하는 사람과의 데이트를 위해 현금 30만원으로 뮤지컬 티켓을 미리 구입하였다. 그러므로 마음속의 '데이트–뮤지컬 티켓' 계정에 30만원이 증가하게 된다. 그런데 공연장에서 티켓을 잃어버렸다는 것을 확인하는 순간 '데이트–뮤지컬 티켓' 계정의 30만원 위에 빨간 줄이 그어지고, '분실'이라는 꼬리표가 붙게 된다. 이러한 상황에서 뮤지컬 티켓을 구입하기 위하여 30만원을 더 지출한다면 '데이트–뮤지컬 티켓' 계정에 다시 30만원이 증가한다. 따라서 '데이트-뮤지컬 티켓' 계정에는 모두 합쳐 60만원이 소비된 것으로 기록된다.

반면에 [상황 2]에서는 뮤지컬 티켓을 아직 구매하기 전이므로 공연장 앞에 갈 때까지 '데이트–뮤지컬 티켓' 계정에는 기록된 금액이 없는 상태이다. 다만 공연장 앞에서 봉투 속 30만원이 없어진 것을 확인하는 순간 '봉투 속 현금' 계정에서 30만원이 손실로 기록된다. 티켓을 구입하기로 결정한다면 '데이트–뮤지컬 티켓' 계정에는 30만원이 기록될 뿐이다.

[상황 1]과 [상황 2]에서의 현금이 줄어든 금액은 60만원으로 동일하다. 티켓 구입액이 30만원이며, 잃어버린 금액이 30만원이다. 그러나 [상황 1]에서는 티켓을 사기 위해 소비하는 금액, 즉 '데이트-뮤지컬 티켓'에 기록되는 금액이 60만원인 데 비하여 [상황 2]에서는 30만원이다. 즉, 지갑 속에서 60만원이 빠져나간 것은 같지만, [상황 2]에서는 뮤지컬에 지불된 금액을 30만원으로 인식하는 것이다. 그렇기 때문

에 사람들이 [상황 1]보다는 [상황 2]에서 더 쉽게 지갑을 열고 30만원을 추가로 지출하는 것이다. 비록 마음속에 있는 가상의 계정에 나누어 기록하였지만 어느 곳에 기록하는가에 따라 의사결정과 그에 따른 행동이 달라질 수 있는 것이다.

비슷한 의사결정 상황을 주식투자의 경우에 적용해보자. 다음의 [상황 3]과 [상황 4]를 비교해보자.

[상황 3] 당신은 한 바이오회사의 주식이 크게 오를 것이라는 정보를 믿고, 주당 2,000원의 가격에 1만주를 매입하였다. 그런데, 한달이 지난 지금 주식가격은 주당 1,000원으로 폭락했다.
친구의 말을 섣불리 믿은 것을 한탄하면서, 당신은 "현재 상태에서 1,000만원이나 손실을 보고 팔아야 하나?" 또는 "다시 오르기를 기다려야 하나?" 하며 고민하고 있다. 반 토막 난 주식의 매도 버튼 위에 마우스를 올려놓았으나 도저히 누를 수가 없었다.
당신은 이런 경우 손해를 보더라도 팔겠는가 아니면 팔지 않겠는가?

(1) 판다 (2) 팔지 않는다

[상황 4] 당신이 매도를 망설이고 있는 사이 전화벨이 울렸다. 부모님의 전화를 받고 다시 방에 돌아온 당신은 가슴이 철렁하였다. 왜냐하면 세 살짜리 귀여운 딸이 이미 매도 버튼을 눌러버리고 천진난만하게 웃고 있는 것이다.
주식에 투자했던 원금 2,000만원은 이미 현금 1,000만원으로 반토막이 되어 당신의 통장으로 입금되어 있다.
1,000만원의 손실을 본 현재 상태에서 당신은 방금 매도한 이 회사의 주식을 다시 사들여 계속 보유하겠는가? 아니면 이 회사의 주식을 다시 사들이지 않겠는가?

(1) 다시 산다 (2) 다시 사지 않는다.

다수의 사람들은 [상황 3]에서 '팔지 않는다'라는 선택을 한다. 그러나 [상황 4]에서는 다수의 사람들이 '다시 사지 않는다'라는 선택을 한다. '팔지 않는다'라는 것은 주식을 계속 보유하겠다는 의사를 표시한 것인데, 이러한 의사표시가 일관성이 있기 위해서는 [상황 4]에서 주식을 다시 사들여야 한다. 즉, [상황 3]에서 '팔지 않는다'는 선택을 한 사람은 [상황 4]에서 '다시 산다'는 선택을 하여야 일관되게 행동하는 것이다. 반면에 [상황 3]에서 '판다'는 선택을 한 사람은 [상황 4]에서 '다시 사지 않는다'를 선택을 하여야 그 역시 일관되게 행동하는 사람인 것이다.

사람들이 반드시 경제적 인간의 행동양식 또는 합리적인 의사결정을 하는 것은 아니다. 경제적 인간은 완벽하게 이성적이고 합리적이며 일관된 선호를 가지며, 효용의 극대화를 목표로 의사결정을 하지만, 이에 반하여 대다수의 인간은 제한된 합리성에 의하여 의사결정한다. 과연 당신의 마음은 어떤 선택을 하였는가? 당신이 평소에 자신을 합리적 사고방식을 가진 사람으로 자부하였다면 [상황 3]과 [상황 4]의 선택에서도 일관되게 합리적인 선택을 하였는가?

23

〈비, 증기 그리고 속도: 대서부철도〉와 새로운 산업혁명시대

영국의 국민화가라 불리는 윌리엄 터너(J. M. William Turner)는 빛에 의한 색채의 변화를 섬세하게 표현한 화가로 유명하다. 그의 대표작 중 하나인 〈비, 증기 그리고 속도: 대서부철도(Rain, Steam and Speed: The Great Western Railway)〉는 빠르게 움직이는 증기기관차의 속도감을 극대화하여 표현한 작품이다.

지금은 고속철도를 누구나 쉽게 탈 수 있고, 진공 터널을 이용한 초고속열차도 개발되고 있어서 속도감이 그리 낯선 것이 아니다. 그러나 산업혁명의 결과 18세기 후반에 증기기관으로 움직이는 자동차가 등장하고,[1] 19세기에는 육중한 증기기관차가 철로 위로 운행을 하게 되면서[2] 이를 보는 많은 사람들이나 실제 기차를 타고 여행

---

1) 사람이 탈 수 있는 최초의 증기기관 자동차는 1771년 프랑스의 쿠노(Nicolas-Joseph Cugnot)가 발명하였다. (Eckermann, E. 2001. *World History of the Automobile*. SAE Press. p.14). 내연기관을 사용한 최초의 자동차는 벤츠(Benz)가 1885년 발명하고 1886년부터 생산하기 시작하였다(참조: https://www.mercedes-benz.com/en/mercedes-benz/classic/museum/legend-1-pioneers-the-invention-of-the-automobile/2019.7.29. 최종확인). 엔진의 크기는 954cc짜리이며 1기통 2/3마력의 출력을 갖추었다.

2) 최초의 증기기관차는 1802년 영국에서 트레비식(Richard Trevithick)이 만들었고, 10년 뒤에는 블렌킨소프(John Blenkinsop)가 상업용 증기기관차로 성공을 거둔다. 스티븐슨 부자(George Stephenson and Robert Stephenson)가 세운 회사인 'Robert Stephenson and Company'가 1825년에 처음으로 승객을 싣고 철로를 달리는 기차

〈비, 증기 그리고 속도: 대서부철도(Rain, Steam and Speed: The Great Western Railway)〉
1844년. 윌리엄 터너(J. M. William Turner) 작. 런던 국립미술관(National Gallery, London) 소장

하는 사람들에게는 매우 새로운 경험이었을 것이다.

터너의 이 작품에서 기차는 템스(Thames)강의 철교[3] 위를 빠르게 지나가고 있다. 폭풍우가 몰아치고 짙게 낀 뿌연 안개 때문에 검은 연기를 내뿜는 기관차만 보이고 뒤의 승객과 화물칸은 희미하게 보이고 있다. 멀리 있는 너른 들판에서 옅은 불빛으로 흐릿하게 형체만 보여주던 기차는 안개를 뚫고 나타나서 모습을 보여 주는 순간 다시 반대편으로 빠르게 사라질 것 같은 느낌을 준다.

증기기관차는 사람뿐만 아니라 석탄과 목재 등의 자원을 생산지에서 소비지로 단시간에 이동시켰다. 이 증기기관차는 당시 기술발전의 집약체이기도 하지만 거대한 사회적 변화의 상징이기도 하다. 산업혁명시대를 선도하는 많은 기술들이 출현하였고, 그러한 기술들은 사람들이 원하든 원하지 않든 새로운 기계와 새로운 문화, 그리고 새로운 질서를 만들어내었다. 이러한 기술과 문화의 상호작용은 과거 · 현재 그리고 미래에도 계속될 것이지만 그 변화의 방향과 결과를 구체적으로 예측하는 것은 매우 어려운 일이다. 불확실성과 그에 따른 위험은 어디에나 널려 있지만, 인간은 그저 자신들의 판단을 믿고 앞으로 나아갈 뿐이다. 마치 터너의 작품 속 증기기관차가 안개를 뚫고 관객들을 향하여 달려와서는 다시 반대편으로 달려가는 것처럼!

터너는 이 작품에서 달려오는 기차의 왼쪽으로 작은 배 한 척이 지나가도록 하여 증기기관차와 비교하고 있다. 이 배는 증기기관차에 비하여 상대적으로 느리고 유유자적하는 느낌까지 준다. 강둑에 서 있는 사람들은 지나는 기차를 보고 손을 흔들고 있다. 휘몰아치는 폭풍우와 안개[4]는 보는 사람들의 시야를 흐리게 하지만, 속도를 내어 달리는 기차를 방해할 수는 없다. 거친 자연환경 속에서 인간이 개발한 기술로 움직이는 철마가 이제 막 모습을 드러내고 위용을 뽐내며 달리는 중이다. 기관차의 오른쪽에는 놀란 토끼가 풀쩍 뛰어올라 달아나는 모습을 보여주고 있다.

를 운행하였다. 1830년에는 조지 스티븐슨(George Stephenson)이 리버풀과 맨체스터의 두 도시를 잇는 최초의 철도를 운행하였다(참조: Ellis, H. 1968. *The Pictorial Encyclopedia of Railways*. Hamlyn Publishing Group. pp.24–30).

3) 이 철교는 영국의 타플로우(Taplow) 지역과 메이든헤드(Maidenhead) 지역을 잇는 메이든헤드(Maidenhead) 철교라고 한다.

4) 터너의 화풍에 영향을 받은 클로드 모네(Claude Monet)도 1877년에 〈셍 라자르 역(La Gare Saint-Lazare)〉 연작을 완성한다. 이 작품들에서도 자욱한 안개와 기차가 내뿜는 증기가 셍 라자르 역 안을 가득 채우고 있다.

터너가 이 그림을 그리던 당시는 산업혁명[5]이 한창 꽃을 피우던 시기이다. 굉음을 내지르고 검은 연기를 내뿜으며 무서운 속도로 내달리는 육중한 증기기관차는 산업혁명의 상징이기도 하다. 당시의 사람들은 이러한 기술의 발전에 다양한 반응을 보였을 것이다. 일부 사람들은 새로운 기술에 편승하여 자신들도 독창적 기술을 만들어내기 위하여 머리를 싸맸을 것이고, 다른 사람들은 기술의 편리함에 환호하고 응원을 보냈을 것이다. 또 다른 사람들은 무관심하거나 애써 무시하는 태도를 유지하기도 했을 것이다. 그리고 터너의 그림에 등장하는 토끼처럼 신기술에 놀라고 경계심을 품는 사람들도 있었을 것이다.

이렇게 다양한 반응은 지금 현재에도 일어나고 있다. 왜냐하면 4차산업혁명이 지금 진행 중이기 때문이다. 1차산업혁명은 18세기 초에 일어난 기계화혁명이었다. 즉, 증기기관과 기계의 발명에 따라 전통적인 수공업은 기계로 대체되는 현상이 일어나고 동일한 제품을 반복적으로 생산할 수 있게 되었다. 2차산업혁명은 제1차 세계대전과 제2차 세계대전을 거치면서 19세기와 20세기 초에 완성된 대량생산혁명이다. 전기에너지를 공장에 공급할 수 있게 되면서 컨베이어벨트로 상징되는 대량생산시대가 개막되었다. 3차산업혁명은 20세기 후반에 일어나기 시작한 지식정보혁명이다. 컴퓨터와 전자산업의 발전으로 인하여 거의 모든 산업에서 프로세스의 자동화가 진행되고 지식산업이 성장하게 된다. 4차산업혁명은 21세기 초인 지금 진행되고 있는 인공지능혁명이다. 사물인터넷(IoT) 등에 기반하여 산업구조와 사회시스템이 초연결(Ultra-Networking)시대를 맞이하게 된 것이다.[6]

스위스의 다보스(Davos)에서 2016년 1월 열린 세계경제포럼(WEF: World Economic Forum)은 '4차산업혁명 터득하기(Mastering the fourth industrial revolution)'를 주제로 내걸었다. 세계는 바야흐로 4차산업혁명시대에 진입한다는 것을 공식적으로 선언하고, 4차산업혁명의 모습과 그 영향을 파악하기 시작한 것이다. 인공지능, 로봇기술, 생명과학이 주도하는 차세대 산업혁명이 이미 진행 중이다. 디지털혁명을 기반으로 모바일과 인터넷, 온라인과 오프라인을 이어주는 센서 관련 공학과 인공지능에 대한 기계적 학습, 나노기술과 바이오 생명공학기술, 신재

5) 산업혁명은 기술혁명에 의지한다. 여러 기술이 단기간 내에 빠른 속도로 발전하여 기존의 기술들을 대체하는 현상이 일어난다. 이러한 기술적 대체 현상은 새로운 기술이 생산과 소비 등 기존의 생활방식을 빠르게 변화시키면서 사회에 충격을 주어 인간생활과 의식에 변화를 일으킨다.

6) Marr, B. April 5, 2018. Why Everyone Must Get Ready For The 4th Industrial Revolution. *Forbes*.

생에너지 등 다양한 분야에서 이미 최첨단 기술이 융·복합산업 간의 경계를 무너뜨리고 있다.

회계와 관련되어서도 이미 4차산업혁명의 영향이 나타나고 있다. 예를 들면, 미국의 투자관리회사인 쇼(D. E. Shaw & Co., L.P.)사는 수학적 프로그램과 첨단 컴퓨터시스템을 이용하여 증권시장을 분석하고 있다.[7] 또한 미국의 신용평가회사 에스앤피(S&P Global)는 2018년에 5억 5천만달러를 투자해 인공지능(AI)으로 금융정보를 분석하는 켄쇼(見性, Kensho) 테크놀로지를 인수한다고 발표하였다.[8] 켄쇼 테크놀로지의 프로그램은 당시에 금융전문가가 40여 시간에 걸쳐 할 수 있는 일을 단 몇 분 만에 해결한다고 알려졌다.

미국공인회계사(AICPA) 시험에서는 엑셀(EXCEL) 프로그램을 활용[9]할 수 있도록 하였으며, 세계적인 감사법인에서는 이미 인공지능을 적용한 감사기법을 도입하고 있다.[10] 기존의 감사절차는 시간과 기술의 제약 때문에 기업의 회계시스템과 모든 거래를 다 확인하거나 검증할 수 없다고 가정하고 있다. 그렇기 때문에 표본감사가 매우 중요하게 여겨져 왔다.[11] 그러나 4차산업혁명시대를 맞이하여 이러한 가정은 이미 그 타당성을 상실하고 있다. IT기술의 발전은 기업의 거래를 전수조사하여 정상이 아닌 것으로 의심되는 거래의 숫자, 종류 그리고 그 내용을 보고하는 데 필요한 시간을 최소한으로 단축시켜 놓았다. 즉, 시간과 기술의 제약이 더 이상 회계감사의 한계를 설정하지 않는다.

---

7) 1988년에 데이비드 쇼(David E. Shaw)가 창립한 이 회사는 세계 2만여 개의 주식을 단 12초 만에 분석하고 3초 만에 주식거래를 완료하는 프로그램을 선보이기도 하였다. 이 회사는 2018년 1월에 가장 수익률 높은 헤지펀드 5위에 이름을 올렸다(참조: Taub, S. Jan. 23, 2018. The Top-Earning Hedge Fund Firms of All Time. *United States: Institutional Investor*. Institutional Investor LLC. 2019.7.30. 최종확인).

8) 참조: "S&P Global's Acquisition of Kensho Technologies Hits Early Milestone; Expands Private Company Data Offering to Clients". May 14, 2018. prnewswire.com(2019.7.30. 최종확인).

9) AICPA는 2018년 4월 이후에 시행되는 시험부터 엑셀프로그램을 활용할 수 있도록 하였다(참조: https://www.aicpa.org/becomeacpa/cpaexam/forcandidates/tutorialandsampletest/cpa-exam-videos.html 2019.12.16. 최종확인).

10) Bowling, S. June 1, 2019. How we successfully implemented AI in audit. *Journal of Accountancy*. (참조: https://www.journalofaccountancy.com/issues/2019/jun/artificial-intelligence-in-audit.html 2019.12.16. 최종확인).

11) 회계감사기준위원회. 530 표본감사. *회계감사기준*(2018년 개정).

또한 재고자산의 흐름을 인위적으로 평균법, 선입선출법 등으로 가정하고 개별법을 제한적으로 사용해오던 관습도 이제 바뀌게 된다. 왜냐하면, 간단한 바코드(bar code)나 QR코드만으로도 재고자산의 구매원가 또는 생산원가, 공급업자는 물론 판매가격, 판매시간과 장소 그리고 고객을 개별적으로 파악하여 효율적으로 재고자산을 실시간 관리하는 것이 가능해졌기 때문이다.

관리회계 분야에서도 첨단기술과 빅데이터를 이용한 프로그램이 적용되기 시작하였다. 활동기준회계(ABC: Activity-based Costing)/활동기준관리(ABM: Activity-based Management) 및 기업조직의 업무재설계(BPR: Business Process Reengineering)와 관련해서는 심층학습을 이용한 인공지능이 적용되고 있다. 핵심성과지표(KPI: Key Performance Indicator)와 핵심위험성지표(KRI: Key Risk Indicator)를 관리[12]하거나, 목표원가를 고려하여 새로 개발되는 제품 또는 서비스의 원가를 결정[13]할 수 있도록 도와주기도 한다.

이처럼 4차산업혁명은 이미 회계의 여러 영역에 막대한 영향을 미치고 있으며, 기존의 상식과 질서를 통째로 뒤바꾸는 게임체인저(Game Changer)의 역할을 하고 있다. 그렇다면 회계전문가 또는 회계전문가가 되려는 사람들은 어떠한 능력을 보유하여야 할까? 영국의 공인회계사회(ACCA: Association of Chartered Certified Accountants)와 관리회계사회(IMA: Institute of Management Accountants)는 새로운 시대를 맞이하는 회계전문가들에게 다음과 같은 원칙을 제시하고 있다:[14]

첫째, 새로운 기술을 습득하라.

둘째, 재무전문가 및 정보기술전문가와 협력하라.

셋째, 회계전문가들 앞에 놓인 과제를 한 번에 해결해주는 묘책은 없다는 것을 인지하라.

마지막으로, 가치(value)를 추출해내는 것이 가장 중요하다.

---

12) 예를 들면, 회계 프로그램 전문기업인 어그리먼트(AGREEMENT)사의 Attack Board가 있다(참조: http://www.agreement.jp/2019.7.30. 최종확인).

13) 예를 들면, 데이터마이닝(data mining) 기법을 이용하여 원가 추정을 도와주는 EasyKost사의 제품이 있다(참조: http://www.easy-kost.fr/2019.7.30. 최종확인).

14) ACCA and IMA. November 2015. *The Data Revolution*.

회계전문가는 새로운 개념과 용어를 이해하기 위해 노력하여야 하고, 능동적으로 필요한 기능을 습득하여야 한다. 새로운 지식은 더 이상 '갖추면 멋진' 것이 아니라, '반드시 갖추어야 할' 것이다. 새로운 지식은 여러 분야의 전문가들이 협력할 때 최고의 생산성을 발휘할 수 있다. 특히, 회계전문가들은 재무지식과 정보기술 지식이 융합된 미래와 마주치게 될 것이다. 정보기술과 빅데이터, 인공지능이 춤추는 세계에서 회계와 관련된 문제를 단순하게 풀어주는 소프트웨어는 존재하지 않는다. 회계전문가는 여전히 소프트웨어의 원가와 기대효과를 냉정하게 따져보아야 할 것이다. 환상적인 정보기술도 결국은 기업이 가치를 창조하는 데 도움을 주어야 한다는 사실을 잊지 말아야 한다.

인공지능과 이에 따른 산업현장의 변화는 지금까지 회계전문가들이 일상적으로 처리하던 회계업무를 근본적으로 바꾸어놓고 있다. 지금까지 당연시해왔던 회계 실무와 가정들이 새로운 산업혁명시대에 걸맞는 것인지를 하나하나 다시 검증하고 변화시켜야 한다. 장부의 형태와 기록방법, 재무제표의 표시나 일반대중에게 전달하는 방법 등을 포함한 전반적인 회계시스템과 이에 대한 통제 및 감사절차에 근본적인 변화가 생길 수 있다. 예를 들면, 우리가 오랫동안 사용해왔던 차변과 대변이 과연 앞으로도 회계를 조금이라도 아는 사람과 모르는 사람을 나누는 절대적인 잣대의 역할을 할 수 있을 것인가? 분개하고 전기하는 과정은 꼭 필요할 것인가? 지금 우리가 가르치고 배우는 회계기준에 포함된 수많은 조항들 중 몇 개나 앞으로 10년 후에도 그대로 유지될 수 있을 것인가? 더 나아가서 회계산업과 회계전문가가 미래에도 살아남을 수 있을까?

이에 대한 답은 온전히 회계전문가들에게 달려있다. 즉, 우리에게 닥쳐오고 있는 사회, 경제 및 정치적 변화에 대처하는 우리들의 자세에 달려있는 것이다. 터너의 작품에 등장하는 기차를 타고 변화를 능동적으로 주도할 것인지, 기차가 주는 변화를 수동적으로 받아들일 것인지, 기차가 지나가는 것을 외면할 것인지, 그것도 아니면 놀라서 도망가는 토끼처럼 이 모든 변화로부터 도피할지는 온전히 우리의 의지에 달려있는 것이다.

터너의 또다른 작품 〈전함 테메레르의 마지막 항해(The Fighting Temeraire Tugged to Her Last Berth to Be Broken Up)〉를 살펴보자. 이 작품은 터너가 가장 아끼는 작품이라고 한다. 전함 테메레르는 1805년 10월 벌어진 트라팔가 해전에서 넬슨 제독이 이끄는 영국 해군이 프랑스와 스페인의 연합 해군을 격퇴하는 데 공을

〈전함 테메레르의 마지막 항해(The Fighting Temeraire Tugged to Her Last Berth to Be Broken Up)〉 1839년. 윌리엄 터너(J. M. William Turner) 작. 런던 국립미술관(National Gallery, London) 소장

세운 전함이다. 그러나 세월이 흘러 새로운 시대에 더 이상 어울리지 않아서 퇴역하게 되었다. 이 작품은 테메레르호가 해체되기 위하여 증기선에 의해 항구로 예인되어 가는 모습을 그리고 있다.

테메레르호가 실제로 예인될 당시에는 돛대도 없이 초라한 모습이었는데, 터너가 테메레르호의 마지막에 경의를 표하기 위하여 온전한 모습으로 등장시켰다고 한다. 오른쪽 뒤로 하늘을 찬란하게 물들이면서 떨어지는 해는 영광스러운 전함의 마지막을 함께하고 있다. 전함을 앞에서 끌고 있는 예인선은 작지만 길다란 굴뚝에서는 연기가 힘차게 뿜어져 나오고 있다. 석양은 한 시대가 저물어가는 것을 상징하며, 증기기관을 장착한 예인선은 새로운 시대를 상징한다. 퇴역하는 전함과 서쪽 하늘로 찬란하게 저물어가는 해를 노년의 터너가 자신과 동일시하면서 새로운 기술의 상징인 예인선이 이 모든 상황을 주도하고 있는 것을 담담하게 그려내고 있다.

이 그림의 상징적 의미를 이용한 인기있는 영화가 있다. 바로 〈007스카이폴(007

Skyfall)〉[15]에서 007이 새로 호흡을 맞추는 신입직원 Q와 만나는 장면에서 감독은 터너의 이 그림을 등장시킨다. 온갖 정보기술에 능숙한 젊은 직원 Q는 산전수전 다 겪은 백전노장 007과 함께 이 그림을 보면서 "한때 위용을 자랑했던 전함의 퇴역"과 "세월은 누구도 피할 수 없음"을 이야기한다. 기술의 우위를 은근히 과시하면서 나이 든 스파이 007을 테메레르호에 빗대어 이제는 현장에서 근무하기 힘들지 않는가 하는 암시를 주고 있는 것이다.

회계전문가들이 증기기관차에 놀란 토끼처럼 되지 않기 위해서는 우리에게 다가오는 변화를 잘 파악하고 있어야 한다. 터너의 기차가 어떠한 변화를 불러올지 예측하고, 그 변화에 어떻게 적응할 것인지 미리 준비하고 있는 것이 좋지만, 때로는 변화를 예측하고 준비하는 것이 어려울 수도 있다. 변화의 시기에 필요한 것이 사고의 탄력성이다. 즉, 회계전문가들의 사고가 유연해져야 한다. 새로운 변화를 그저 수동적으로 받아들이기만 한다거나 회피한다면 미래사회에서 회계와 회계전문가는 도태될 수도 있다. 변화를 창의적으로 받아들이고 이에 맞추어 회계시스템을 변화시켜야 한다. 전함 테메레르호에서 증기기관을 갖춘 예인선으로 변환하여야 하고, 스텔스 기능과 인공지능을 갖춘 최신 전함이 되어야 한다. 마치 영화 트랜스포머(Transformer) 시리즈[16]에 등장하는 평범한 중고자동차가 최첨단 소재와 무기를 갖춘 오토봇(Autobot)으로 변신하듯이 회계전문가는 4차산업혁명시대에 걸맞는 지식베이스와 창의적 감수성을 갖추어야 한다. 그러기 위해서는 주위를 둘러보며 다양한 방식으로 사고하는 데 익숙해져야 할 것이다. 새로운 시대는 이미 우리 곁에 와 있기 때문이다.

---

15) 2012년도에 개봉한 영화이다. 샘 멘데스(Sam Mendes)가 감독하고, 다니엘 크레이그(Daniel Craig)가 007역을, 벤 휘쇼(Ben Whishaw)가 요원 Q의 역을 맡았다(참조: https://www.imdb.com/title/tt1074638/2019.7.31. 최종확인).

16) 마이클 베이(Michael Bay) 감독이 제작한 연작 영화이다. 2007년 개봉한 〈트랜스포머(Transformer)〉, 2009년의 〈트랜스포머: 패자의 역습(Revenge of the Fallen)〉, 2011년의 〈트랜스포머: 달의 어둠(Dark of the Moon)〉, 2014년의 〈트랜스포머: 사라진 시대(Age of Extinction)〉, 그리고 2017년의 〈트랜스포머: 최후의 기사(The Last Knight)〉까지 모두 5편과 2008년 번외편으로 발표된 〈범블비(Bumblebee)〉가 있다(참조: https://tfwiki.net/wiki/Live-action_film_series 2019.7.31. 최종확인).

| 참고문헌 |

강대진. 2017. *그리스 로마 신화*. 지식서재.

권철근. 2008. 도스토예프스키 장편소설의 '황금시대' 테마. *슬라브硏究*. 제24권 2호.

김상수, 김영천. 2011. *창의적 문제해결과 의사결정*. 도서출판 청람.

김여경, 홍나영. 2009. 조각보 의미 분석을 통한 문화상품 개발 방안. *복식*. 59(3).

도상호 · 김정민. 2017. *회계윤리*. 도서출판 청람.

리파(Cesare Ripa) 저. 김은영 역. 2007. *이코놀로지아(Iconologia): 그림 속 비밀을 읽는 책*. 루비박스.

매천 황현, 절명시(絕命詩) 제3편.

바루크 레브, 펭 구 지음. 신지현 옮김. 2017. *회계는 필요 없다: 재무보고서에 가려진 기업의 진짜 가치를 찾는 법*. 한스미디어.

박무현 등. 2015. *원가관리회계의 이해*. 도서출판 청람.

박종친. 2009. Enron의 재무회계와 기업지배구조에 관한 사례연구. *회계저널*. 제18권 제2호.

백인산. 2014. *간송미술 36 회화: 우리 문화와 역사를 담은 옛 그림의 아름다움*. 컬처그라퍼.

신홍철. 1994. 경영혁신과 관리회계의 관련성에 관한 소고. *회계저널* 12(1).

안서원, 안광호. *행동적 의사결정론*. 2015. 법문사.

오주석. 2017. *한국의 미 특강*. 푸른역사.

오혜정. 2017. *수학 언어로 문화재를 읽다*. 지브레인.

유홍준. 1997. *나의 문화유산답사기 3*. 창작과비평사.

유홍준. 2011. *국보순례*. 눌와출판사.

이상윤. 2019. 정탐의 기록: 19세기 미국 낭만주의 풍경화와 프로테스탄트 윤리의 반영. *서양미술사학회논문집*. 50.

이준구. 2016. *미시경제학*. 문우사.

이중희 등. 2019. *K-IFRS 회계원리*. 경문사.

장석주. 2015. *대추 한 알*. 이야기꽃.

전상운. 2016. *우리 과학 문화재의 한길에 서서*. 사이언스북스.

차홍규, 김성진. 2018. *알수록 다시 보는 서양미술100*. 미래타임즈.

천주현, 유혜선, 박학수와 이수미. 2006. 〈尹斗緖 自畵像〉의 표현기법 및 안료 분석. *미술자료*. 74.

최윤혜, 은영자. 2004. 전통 조각보의 색채, 면구성을 응용한 패턴의 감성이미지 연구. *한국의류산업학회지* 6(3).

파노프스키(Erwin Panofsky) 저. 이한순 역. 2002. *도상해석학 연구(Studies in Iconology): 르네상스 미술에서의 인문주의적 주제들*. 시공사.

한국기상학회, 기상청. 2015. *최신 대기과학용어사전*. 시그마프레스.

허형근, 서울대 독일학연구소. 2017. *엣센스 독한사전*. 민중서림.

혜능대사 지음. 광덕 역주. 2012. *육조단경(六祖壇經)*. 불광출판사.

회계감사기준위원회. 530 표본감사. *회계감사기준*(2018년 개정).

ACCA and IMA. November 2015. *The Data Revolution*.

Al-Saati, A. 1990. Mondrian: Neo-Plasticism and its influences in architecture. *Journal of the Faculty of Architecture*. Middle East Technical University. Vol.10. No.1-2.

Andress, D. 1999. *French Society in Revolution, 1789-1799*. Manchester University Press.

Andrew, P. C. 2017. *Financial Statement Analysis*: The Blueprint for Investing Success. Independently published.

Austen, J. 1813. *Pride and Prejudice*. London: T. Egerton, Whitehall.

Bailey, D. M., L. Kennedy, and T. A. Cohen. 2006. *The American pageant: a history of the Republic*(13th ed). Boston: Houghton Mifflin Co.

Banner, S. 1998. The Origin of the New York Stock Exchange, 1791-1860. *The Journal of Legal Studies*. 27(1): pp.113-140. The University of Chicago Press.

Bark, J. M. 2007-8. The spectacular self: Jean-Etienne Liotard's Self-Portrait Laughing. *North Street Review: Arts and Visual Culture*. Vol.XII.

Barnard, C. and H. A. Simon. 1947. *Administrative Behavior: A Study of Decision-making Processes in Administrative Organization*. Macmillan, New York.

Baruch, L. and F. Gu. 2016. *The End of Accounting and the Path Forward for Investors and Managers*. Wiley Finance.

Batchelor, R. A. and Ramyar, R. 2006. *Magic numbers in the Dow*. London: Cass

Business School, City of London.

BBC News. Oct. 19, 2008. Iceland set for $2.1bn IMF help.

Bottéro, J. 1995(Reprinted ed.). "The 'Code' of Hammurabi" in *Mesopotamia: Writing, Reasoning and the Gods*. Translated by Bahrani, Z. and M. Van De Mieroop. University of Chicago Press.

Bouleau, C. 1963. *The Painter's Secret Geometry: A Study of Composition in Art*. Harcourt, Brace & World.

Boussora, K. and S. Mazouz. 2004. The Use of the Golden Section in the Great Mosque of Kairouan. *Nexus Network Journal*. 6(1).

Bowling, S. June 1, 2019. How we successfully implemented AI in audit. *Journal of Accountancy*.

Brown, D. 1969. *The World of Velázquez: 1599-1660*. New York: Time-Life Books.

Brown, D. A. 1998. *Leonardo Da Vinci: Origins of a Genius*. Yale University Press.

Browning, E. S. Oct. 15, 2007. Exorcising Ghosts of Octobers Past. *The Wall Street Journal*. Dow Jones & Company.

Burrows, D. 1994. *Handel*. Oxford University Press.

Campbell, L. 1998. *The Fifteenth Century Netherlandish Paintings*. London: National Gallery.

Carr, D. W. and X. Bray. 2006. Velazquez. in *Velazquez*. (eds.) D. W. Carr and X. Bray. London: National Gallery.

Carswell, J. 1960. *The South Sea Bubble*. London: Cresset Press.

Clapham, J. H. 2008. *The Bank of England: A History*. Cambridge University Press, London.

Cruver, B. 2002. *Anatomy of Greed*. Carroll & Graf.

Dale, R. 2004. *The First Crash: Lessons from the South Sea Bubble*. London: Princeton University Press.

Davies, M. 1996. *The Gutenberg Bible*. British Library.

Dembo, R. S. and Freeman, A. January 19, 2001. *The Rules of Risk: A Guide for Investors*. Wiley.

Dempsey, C. Botticelli, Sandro. *Grove Dictionary Art Online*, Oxford Art Online. Oxford University Press.

Deutsch, O. E. 1955. *Handel: A Documentary Biography*. London: Adam and

Charles Black.

Devlin, K. 2005. *The Math Instinct: Why You're a Mathematical Genius(Along with Lobsters, Birds, Cats, and Dogs)*. New York: Basic Books.

Dexter, G. 2008.8.10. How Pride and Prejudice got its name? *The Daily Telegraph*.

Dow Jones & Company, Inc. 2006. *DOW JONES HISTORY - THE LATE 1800s*.

Dow, C., R. Russell, C. Carlson and P. Shread. 2009. *Dow Theory Unplugged: Charles Dow's Original Editorials and Their Relevance Today*. (ed. L. Sether) W&A Publishing.

Durante, D. L. 2016. New York Stock Exchange: 224 Years and Counting. in Bolg.

Eckermann, E. 2001. *World History of the Automobile*. SAE Press.

Edgerton, S. Y., 2009. *The Mirror, the Window & the Telescope: How Renaissance Linear Perspective Changed Our Vision of the Universe*. Ithaca, NY: Cornell University Press.

Egerton, J. 1998. *The British School (National Gallery Catalogues)*. National Gallery London.

Ellis, H. 1968. *The Pictorial Encyclopedia of Railways*. Hamlyn Publishing Group.

Fechner, G. 1876. *Vorschule der Ästhetik*. Leipzig: Breitkopf & Härtel.

Foutakis, P. 2014. Did the Greeks Build According to the Golden Ratio? *Cambridge Archaeological Journal*. 24(1).

Fox, S. April, 30. 2010. What Causes Corporate Greed? *LiveScience*.

Fratello, B. December 2003. France embraces Millet: the intertwined fates of The Gleaners and The Angelus. *The Art Bulletin*. Vol.85. No.4.

Friedrichsen, T. A. Spring 2005. The Temple, a Pharisee, a Tax Collector, and the Kingdom of God: Rereading a Jesus Parable(Luke 18:10-14A). *Journal of Biblical Literature*. 124(1).

Frost, R. 1995. Collected Poems, Prose, & Plays. R. Poirier and M. Richardson (eds.). *The Library of America*. 81. New York: Library of America.

Gardner, H., F. S. Kleiner and C. J. Mamiya. 2004. *Art through the Ages*. Thomson Wadsworth.

Gazalé, M. J. 1999. *Gnomon: From Pharaohs to Fractals*. Princeton University Press.

Genesis 11:7.

Genesis 11:9.

Giorgi, R. 2008. *European art of the seventeenth century*. Getty Publications.

Gombrich, E. H. 1945. Botticelli's Mythologies: A Study in the Neoplatonic Symbolism of his circle. *Journal of the Warburg and Courtauld Institutes*. 8.

Gombrich, E. H. 1987. *Reflections on the History of Art: Views and Reviews*, (ed.) Richard Woodfield. Oxford.

Gorra, M. E. 2004. *The Bells in Their Silence: Travels Through Germany*. Princeton University Press.

Greeley, R. A. 2006. *Surrealism and the Spanish Civil War*. Yale University Press.

Grimal, P. 1990. Pandora. in S. Kershaw (ed.) *A concise dictionary of Classical Mythology*. Oxford: Basil Blackwell Ltd.

Gross, D. Oct. 14, 2007. The Capital of Capital No More? *The New York Times Magazine*.

Hankins, J. 1991. The Myth of the Platonic Academy of Florence. *Renaissance Quarterly*. 44.

Harbison, C. 1991. *Jan van Eyck, The Play of Realism*. Reaktion Books, London.

Harper, D. 2003. Emancipation in New York. *Slavery in the North*.

Harper, P. A. Feb. 5, 2013. How Slave Labor Made New York. *The Root*.

Herz-Fischler, R. 2000. *The Shape of the Great Pyramid*. Wilfrid Laurier University Press.

Hoch, KarlLudwig. 1987. *Caspar David Friedrich und die böhmischen Berge*. Dresden: Kohlhammer.

Howe, D. W. 2007. *What Hath God Wrought: The Transformation of America 1815-1848*. Oxford University Press.

Jarrell, R. 1999. Fifty Years of American Poetry. *No Other Book: Selected Essays*. HarperCollins. New York.

Jones, J. 2009. Why George Orwell was right about Salvador Dalí. *The Guardian*.

Kahr, M. M. 1975. Velazquez and Las Meninas. *The Art Bulletin* 57(2).

Kimmelman, M. 1999. ART REVIEW; Plucking Warmth from Millet's Light. *The New York Times*. New York City.

Kleiner, Fred; Christian J. Mamiya. 2005. *Gardner's Art Through the Ages*. 12ed. California: Wadsworth/Thompson Learning.

Le Faye, D. 2002. *Jane Austen: The World of Her Novels*. New York: Harry N.

Abrams.

Licht, F. 1979. *Goya, the Origins of the Modern Temper in Art*. New York: Universe Books.

Lightbown, R. 1989. *Sandro Botticelli: Life and Work*. Thames and Hudson.

Linduff, D. G., B. Wilkins & K. M. Schultz. 1994. *Art past, art present*. 2nd ed. Englewood Cliffs, N.J.: Prentice-Hall.

Livio, M. 2003. *The Golden Ratio: The Story of Phi, the World's Most Astonishing Number*. NYC: Broadway Books.

Livio, M. November 1, 2002. The golden ratio and aesthetics. *Plus Magazine*.

Livo, M. 2003. The Golden Ratio: The Story of Phi, the World's Most Astonishing Number. NYC: Broadway Books.

Long, J. C. 2008. Botticelli's Birth of Venus as Wedding Painting. *Aurora*.

Lubow, A. July 27, 2003. *The Secret of the Black Paintings*. New York Times.

Mackie, E. R. and D. M. Smith. 2007. *Social Psychology*. 3rd ed. Hove: Psychology Press.

Man, J. 2002. *Gutenberg: How One Man Remade the World with Word*. Wiley.

Manly, P. Hall. 2003. *The secret teachings of all ages: An encyclopedic outline of Masonic, Hermetic, Qabbalistic and Rosicrucian symbolical philosophy*. TarcherPerigee.

Markowsky, G. January 1992. Misconceptions about the Golden Ratio. *College Mathematics Journal*. Mathematical Association of America. 23(1).

Marr, B. April 5, 2018. Why Everyone Must Get Ready For The 4th Industrial Revolution. *Forbes*.

Marshall, D. 2014. *Eighteenth Century England*. Taylor & Francis.

McLean, B. and P. Elkind. 2003. *The Smartest Guys in the Room: The Amazing Rise and Scandalous Fall of Enron*. Portfolio Trade.

Meisner, G. B. 2018. *The Golden Ratio: The Divine Beauty of Mathematics*. Race Point Publishing.

Miller, R. J. 2006. *Native America, Discovered And Conquered: Thomas Jefferson, Lewis & Clark, And Manifest Destiny*. Westport, CT: Praeger Publications.

Morford, M. 2007. *Classical Mythology*. Oxford University Press.

Moscovich, I. 2004. *Ivan Moscovich Mastermind Collection: The Hinged Square &*

Other Puzzles. New York: Sterling.

Muybridge, E. 1907. *The Human Figure in Motion*. Dover Publications, Inc.

Nagarajan, K. V. 2011. The Code of Hammurabi: An Economic Interpretation. *International Journal of Business and Social Science*. Vol.2. No.8.

Nash, S. A., L. F. Orr, M. C. Stewart. 1999. *Masterworks of European Painting in the California Palace of the Legion of Honor*. Hudson Hills Press: New York.

Newell, A. and H. A. Simon. 1972. *Human Problem Solving*. Prentice-Hall.

O'Connor, J. J. and E. F. Robertson, July 1999. Luca Pacioli. *School of Mathematics and Statistics*. University of St. Andrews.

O'Farrell, J. 2008. *An Utterly Impartial History of Britain: (Or 60 Years of Upper Class Idiots in Charge)*. Black Swan.

Osler, C. 2000. Support for Resistance: Technical Analysis and Intraday Exchange Rates. *Federal Reserve Bank of New York Economic Policy Review*. 6(2).

Panofsky, E. March 1934. Jan van Eyck's Arnolfini Portrait. *The Burlington Magazine for Connoisseurs*. 64(372).

Panofsky, E. 1953. *Early Netherlandish Painting, its Origins and Character*. Vol.1. Cambridge: Harvard University Press.

Paul, H. J. 2010. *The South Sea Bubble: an economic history of its origins and consequences, Routledge Explorations in Economic History*. Routledge, London.

Paul, H. J. 2010. The South Sea Bubble: an economic history of its origins and consequences. *Routledge Explorations in Economic History*. Routledge, London.

Paulson, R. 1992. *Hogarth: The modern moral subject, 1697-1732*. Lutterworth Press.

Peterson, I. April 1, 2005. Sea shell spirals. *Science News*.

Plaut, G. 2006. *The Torah – A Modern Commentary*. 2nd ed. Central Conference of American Rabbis: New York.

Plous, S. 1993. *The Psychology of Judgment and Decision Making*. McGraw-Hill.

Quintus Smyrnaeus. *The Fall of Troy*. Book 12.

Rice, M. 2003. *Egypt's Legacy: The Archetypes of Western Civilisation, 3000 to 30 B.C.* Routledge.

Roberts, S. June 26, 2017. 200 Years Ago, Erie Canal Got Its Start as Just a 'Ditch'. *The*

New York Times.

Rosci, M. 1983. *Leonardo*. Mayflower Assoc.

Rosenblum, Robert. 1989. *Paintings in the Musée d'Orsay*. New York: Stewart, Tabori & Chang.

Rosenthal, R. and Jacobson, L. 1992. *Pygmalion in the classroom: teacher expectation and pupils' intellectual development.* (Newly expanded ed.). Bancyfelin, Carmarthen, Wales: Crown House Pub.

Rumerman, J. 2003. *Early Helicopter Technology. Centennial of Flight Commission*. U.S. Centennial of Flight Commission.

S&P Global's Acquisition of Kensho Technologies Hits Early Milestone; Expands Private Company Data Offering to Clients. May 14, 2018. prnewswire.com.

Sadie, S. Acis and Galatea. *Grove Music Online*, ed. By L. Macy. grovemusic.com

Schama, S. 1989. *Citizens: A Chronicle of the French Revolution*. New York: Random House.

Schjeldahl, P. November 10, 2002. The Spanish Lesson: Manet's gift from Velazquez. *The New Yorker*.

Schneider, N. March 24, 2015. The Angelus at Work. *America*.

Schwartz, G., 2006. *The Rembrandt Book*. Harry N. Abrams.

Seuphor, M. 1956. *Piet Mondrian: Life and Work*. H.N. Abrams. New York.

Sidis, W. J. 1935. Chapter 7. PISCATAQUA AND MASADCHU. *The Tribes And The States*. Unpublished manuscript.

Simon, H. A. 1957. *Models of Man: Social and Rational-Mathematical Essays on Rational Human Behavior in a Social Setting.* Wiley.

Singleton, T., A. Singleton, J. Bologna, R. Lindquist. 2006. *Fraud Auditing and Forensic Accounting*. 3rd ed. Wiley & Sons. Hoboken, NJ.

Smith, J. B. 2015. France's Financial Crisis: Analyzing the Role of the Finance Minister. *Bound Away: The Liberty Journal of History*: Vol.1. Iss.1, Article 4.

Smith, W. 2014. *Dictionary of Greek and Roman Biography and Mythology*. Amazon Digital Servicres LLC.

Snyder, J. 1985. Las Meninas and the Mirror of Prices. *Critical Inquiry*. 11(4).

Sooke, A. 28 July 2013. When Leonardo da Vinci met death: dissected corpses, embryos and hearts sculpted out of glass. *Daily Telegraph*.

Steinbeck, J. 1939. *The Grapes of Wrath*. The Viking Press-James Lloyd.

Stone, H. 1996. *The Classical model: literature and knowledge in seventeenth century France*. Cornell Univ., Ithaca: NY.

Taub, S. Jan. 23, 2018. The Top-Earning Hedge Fund Firms of All Time. *United States: Institutional Investor*. Institutional Investor LLC.

Terpening, R. H. 1997. *Lodovico Dolce, Renaissance Man of Letters*. Toronto: University of Toronto Press.

Thaler, R. 1999. Mental accounting matters. *Journal of Behavioral Decision Making* 12(3).

The Historical Society of Pennsylvania. 2006. Philadelphia Stock Exchange.

The LOC.GOV. Wise Guide. Walloons and Wallets. The Library of Congress.

Thornbury, W. 1878. Threadneedle Street. *Old and New London: Volume 1*.

Tomkins, C. 1996. *Duchamp: A Biography*. Henry Holt and Company, Inc.

Tversky, A. and D. Kahneman. 1981. The framing of decisions and the psychology of choice. *Science*. 211.

Van Dyke, H. and H. Craig (eds.). 1909. *Little Masterpieces of English Poetry*. Vol.7. New York, Doubleday, Page and Co.

Van Mersbergen, A. M. 1998. Rhetorical Prototypes in Architecture: Measuring the Acropolis with a Philosophical Polemic. *Communication Quarterly*. 46(2).

Vaughan, W. 1980. *German Romantic Painting*. New Haven: Yale University Press.

Walker, H. J. 2004. *English translation of Valerius Maximus' Memorable Deeds and Sayings: One Thousand Tales from Ancient Rome*. Hackett Publishing.

Weller, T. 2010. The "Spanish Century." *EGO: European History Online*.

White, C. and Q. R. Buvelot. 1999. *Rembrandt by Himself*. National Gallery.

Wind, E. 1967. *Pagan Mysteries in the Renaissance*. Peregrine Books.

Windekens, A. J. van. 1958. *Hra" (die) junge Kuh, (die) FÃ⌧rse*. Glotta 36(3).

Wood, M. 1998. *In Search of the Trojan War*. University of California Press.

Wroughton, L. and F. Murphy. Oct. 12, 2008. IMF warns of financial meltdown. Reutors.

Yalom, M. April 14, 2013. Roman Charity. *Book Review in New York Times*.

Zirpolo, L. 1991. Botticelli's Primavera: a Lesson for the Bride. *Woman's Art Journal*. 12(2).

Zollner, F. 1998. *Botticelli: Images of Love and Spring, Munich*.

http://archive.fortune.com/magazines/fortune/fortune500_archive/snapshots/2001/478.html.

http://content.time.com/time/specials/packages/0,28757,2021097,00.html.

http://dart.fss.or.kr/dsext004/mainA.do.

http://moonlight.movie.

http://news.bbc.co.uk/2/hi/business/7689633.stm.

http://penelope.uchicago.edu/Thayer/E/Roman/Texts/Vitruvius/3*.html.

http://slavenorth.com/nyemancip.htm.

http://v.media.daum.net/v/20170302142049321.

http://www.agreement.jp.

http://www.darkfiber.com/pz/chapter3.html.

http://www.easy-kost.fr.

http://www.ebs.co.kr/tv/show?prodId=567&lectId=10159320.

http://www-history.mcs.st-and.ac.uk/Biographies/Pacioli.html.

http://www.imanet.org.

http://www.imdb.com/title/tt0379889.

http://www.krx.co.kr.

http://www.lalaland.movie.

http://www.sauco.ru/?razdel=image&cur_y=2012&item=0.

http://www.ushistory.org/us/29.asp.

http://www.wetcanvas.com/Museum/Artists/b/Frederic_Bazille/index.html.

http://www.ytn.co.kr/_ln/0104_201702281713566325.

https://100.daum.net/encyclopedia/view/47XXXXXXb995.

https://avalon.law.yale.edu/ancient/hamframe.asp.

https://catalogue.nla.gov.au/Record/4193159 National Library of Australia, Canberra.

https://dianneduranteawriter.com/archives/1563.

https://doi.org/10.1093/gao/9781884446054.article.T010385.

https://doi.org/10.1093/gmo/9781561592630.article.O005248

https://encyclopedia.thefreedictionary.com/Grand+Canal+(China) 참조.

https://images.samsung.com/is/content/samsung/p5/sec/ir/financialinfo/inspection/

2018/2018_con_quarter04_bs.pdf.
https://oll.libertyfund.org/titles/hammurabi-the-code-of-hammurabi.
https://plus.maths.org/content/golden-ratio-and-aesthetics.
https://tfwiki.net/wiki/Live-action_film_series.
https://www.aicpa.org/becomeacpa/cpaexam/forcandidates/tutorialandsample test/cpa-exam-videos.html.
https://www.americamagazine.org/content/all-things/angelus-work.
https://www.apple.com/newsroom/2019/01/letter-from-tim-cook-to-apple-investors.
https://www.british-history.ac.uk/old-new-london/vol1/pp.531-544.
https://www.goldennumber.net/botticelli-birth-venus-golden-ratio-art.
https://www.imdb.com/title/tt1074638.
https://www.investopedia.com/ask/answers/bull-bear-market-names.
https://www.journalofaccountancy.com/issues/2019/jun/artificial-intelligence-in-audit.html.
https://www.kicpa.or.kr.
https://www.livescience.com/6394-corporate-greed.html.
https://www.loc.gov/wiseguide/mar09/wallets.html.
https://www.mercedes-benz.com/en/mercedes-benz/classic/museum/legend-1-pioneers-the-invention-of-the-automobile.
https://www.newyorker.com/ magazine/2002/11/18/the-spanish-lesson.
https://www.nytimes.com/1999/08/27/arts/art-review-plucking-warmth-from-millet-s-light.html.
https://www.nytimes.com/2013/04/14/books/review/roman-charity.html.
https://www.nytimes.com/2017/06/26/nyregion/history-of-the-erie-canal.html 참조.
https://www.orwellfoundation.com/the-orwell-foundation/orwell/essays-and-other-works/benefit-of-clergy-some-notes-on-salvador-dali.
https://www.phillips.com/article/37187333/arturo-di-modica-charging-bull.
https://www.reuters.com/article/us-financial3/imf-warns-of-financial-meltdown-idUSTRE49A36O20081011.
https://www.sciencenews.org/article/sea-shell-spirals.
https://www.samsung.com/sec/ir/financial-information/audited-financial-statements.
https://www.tate.org.uk/art/art-terms/n/neo-plasticism.

https://www.theguardian. com/artanddesign/jonathanjonesblog/2009/jun/09/george-orwell-art-critic-salvador-dali.
https://www.theoi.com/Text/QuintusSmyrnaeus12.html.
https://www.theroot.com/how-slave-labor-made-new-york-1790895122.
https://www.wikiart.org/en/rene-magritte/attempting-the-impossible-1928.
https://www.xbrl.org.
https://www6.nhk.or.jp/drama/pastprog/detail.html?i=kansahoujin.
https://youtu.be/6B8R8CJqMwc.

| 찾아보기 |

ㅇ

ㅈ

| 저자약력 |

도상호

연세대학교 경영대학 및 대학원을 졸업하고 University of Pittsburgh에서 박사학위를 받았다. 한국관리회계학회 회장, 한국회계학회 부회장을 역임하였다.

관리회계원리, 회계와 사회, 회계윤리, 관리회계 연구와 심리학모형의 활용 등의 저・역서가 있으며, Accounting, Organizations and Society, 회계학연구, 회계저널, 관리회계연구, 국제회계연구, 경영교육연구 등에 논문을 발표하였다.

현재 계명대학교 경영대학에서 회계학을 가르치고 있다.

김혜진

융합적 회계교육의 효과를 주제로 한 연구가 2018년 한국연구재단의 신진연구자지원사업에 선정되었으며, 합병공시의 정보효과에 대한 계명대학교 박사학위논문으로 한국연구재단의 연구장려금지원사업에 선정되기도 하였다. 현재 계명대학교 경영대학에서 회계와 세금입문 등을 가르치고 있으며, 저서로는 K-IFRS 회계원리, KcLep 전산회계, 계정과목회계 등이 있다.

예술로 풀어낸 회계 마음으로 이해하기

2020년 3월 10일 1판 1쇄 인쇄
2020년 3월 15일 1판 1쇄 발행

저 자 | 도상호 · 김혜진
발행인 | 이수영
발행처 | 도서출판 청람
서울시 마포구 독막로 288(대흥동, 세양상가 109호)
전 화 | 02)3272-2601~2
팩 스 | 02)3272-2603
이메일 | crbooks@daum.net
홈페이지 | http://www.crbooks.co.kr
등 록 | 2000.8.26 제6-0509호

ISBN 978-89-5972-744-5 93320 [정가 23,000원]